영유아교육기관 운영관리

질 높은 어린이집 운영관리
포트폴리오 작성하기

| 성미영 · 정현심 · 이세라피나 공저 |

학지사

머리말

그동안 '유아교육기관 운영관리' '어린이집 운영관리' 등 영유아교육기관의 운영 및 관리에 대한 내용을 다루는 학부 교재들은 주로 유치원과 어린이집을 구분하여 출판되어 왔다. 최근 들어 일부 책에서는 '영유아교육기관 운영관리'라는 제목으로 유치원과 어린이집의 운영과 관리에 대한 내용을 모두 다루고 있기도 하다. 이 책도 처음에는 어린이집과 유치원의 설립, 운영, 관리 등의 내용을 포괄적으로 다루고자 '영유아교육기관 운영관리'라는 제목으로 원고를 집필하기 시작하였다. 그러나 원고 작업이 진행될수록 어린이집과 유치원의 내용을 모두 포괄하여 다루기에는 두 마리 토끼를 모두 놓칠 수 있다는 생각이 들었다. 이에 '영유아교육기관 운영관리'라는 제목은 유지하되 어린이집의 설치, 운영, 관리를 중점적으로 다루게 되었다.

'예비보육교사인 학부생들이 어린이집을 운영하고 관리하는 것에 대해 관심이 있을까? 아직 보육교사로서의 현장 경험도 없는 상태에서 어린이집 운영에 관한 내용을 배우는 것이 흥미로울까?'라는 생각에 예비보육교사의 관점에서 어떻게 하면 보다 쉽게 어린이집의 운영 및 관리에 대해 이해할 수 있을지를 고민하며 전 · 현직 어린이집 원장인 공동저자들과 머리를 맞대어 보았다. 그 결과, 스스로 어린이집 명칭을 정하고, 어떤 유형의 어린이집을 설치할지 결정하는 등 실제적인 어린이집의 설치, 운영, 관리 과정을 어설프게나마 직접 체험해 보는 형태로 교재의 내용을 구성하게 되었다. 의욕적인 시도와 달리 아직 부족한 부분이 많아 앞으로 차근차근 교재의 내용을 보완할 예정이다.

이러한 의도로 집필된 이 책은 총 11개의 장으로 구성되었다. 먼저, 1장에서는 어린이집의 유형과 인가 과정을 살펴보고, 2장에서는 반 편성에 따라 원아를 모집하여 신입원아 적응프로그램을 진행하는 내용을 다룬다. 3장에서는 어린이집의 문서관리와 재무관리에 대해, 4장에서는 어린이집에서 갖추어야 할 시설설비와 비품 관리에 대해, 5장에서는 어린이집의 실내외 환경구성과 교재교구관리에 대해 살펴본다. 보육교직원의 임용과 업무 분장에 대해서는 6장에서, 교육프로그램 관리는 7장에서 다룬다. 8장과 9장에서는 건강, 영양, 안전 관리에 대해 알아보고, 10장에서는 부모참여와 지역사회 연계방안에 대해 살펴보며, 11장에서는 평가인증의 추진배경과 절차 그리고 통합지표를 알아본다. 1, 2, 3장은 이세라피나 원장이, 4, 5, 7, 11장은 정현심 교수가, 6, 8, 9, 10장은 성미영 교수가 집필하였다. 이와 같은 차례 구성과 함께 각 장별로 실제 어린이집에서 활용되는 관련 자료를 [첨부서류]로 제시하였다. 이를 참고하여 활동 을 직접 해 볼 수 있도록 지면을 실제 크기로 구성하여 관련 내용을 파악할 수 있게 하였다. 또한 부록에는 예비보육교사가 작성한 '나만의 어린이집 운영관리하기' 포트폴리오를 제시함으로써 이를 참고하여 과제를 수행할 수 있도록 하였다.

이 책의 내용과 구성 방식이 예비보육교사가 영유아교육기관의 운영관리를 이해하는 데 실제적인 도움이 되기를 바람과 동시에, 이 책이 출판되기까지 적극적으로 지원해 주신 학지사 김진환 사장님과 편집부 박나리 대리님께 감사드린다.

2017년 12월

저자 일동

차례

제7장

교육프로그램 관리 • 177

제8장

건강 · 영양 관리 • 219

제9장

안전관리 • 249

제10장

부모참여 및 지역사회 연계 • 273

제11장
평가인증 • 293

제1장

어린이집의 설치

1. 어린이집의 개념
2. 어린이집의 유형
3. 어린이집의 인가

1. 어린이집의 개념

어린이집이란 만 6세 미만의 취학 전 아동을 대상으로 보호자의 위탁을 받아 영유아를 건강하고 안전하게 보호 · 양육하고 영유아의 발달 특성에 맞는 교육을 제공하는 기관을 말하며, 보육대상은 정원 내에서 만 12세까지 연장할 수 있다. 영유아의 보육, 건강 및 영양관리, 가정양육 지원과 어린이집의 관리 · 운영 등의 업무는 원장과 보육교사를 포함한 보육교직원이 담당한다.

어린이집의 기본적인 보육이념은 다음과 같다.

- 첫째, 영유아의 이익을 최우선으로 고려하여 제공한다.
- 둘째, 영유아가 안전하고 쾌적한 환경에서 건강하게 성장할 수 있도록 한다.
- 셋째, 영유아는 자신이나 보호자의 성, 연령, 종교, 사회적 신분, 재산, 장애, 인종 및 출생지역 등에 따른 어떠한 종류의 차별도 받지 아니한다.

더 알아보기 「영유아보육법」 제2조(정의)

1. "영유아"란 6세 미만의 취학 전 아동을 말한다.
2. "보육"이란 영유아를 건강하고 안전하게 보호 · 양육하고 영유아의 발달 특성에 맞는 교육을 제공하는 어린이집 및 가정양육 지원에 관한 사회복지서비스를 말한다.
3. "어린이집"이란 보호자의 위탁을 받아 영유아를 보육하는 기관을 말한다.
4. "보호자"란 친권자 · 후견인, 그 밖의 자로서 영유아를 사실상 보호하고 있는 자를 말한다.
5. "보육교직원"이란 어린이집 영유아의 보육, 건강관리 및 보호자와의 상담, 그 밖에 어린이집의 관리 · 운영 등의 업무를 담당하는 자로서 어린이집의 원장 및 보육교사와 그 밖의 직원을 말한다.

2. 어린이집의 유형

어린이집의 유형은 설치 주체에 따라 국공립어린이집, 사회복지법인어린이집, 법인 · 단체등어린이집, 직장어린이집, 가정어린이집, 협동어린이집, 민간어린이집으로 구분된다. 민간어린이집과 가정어린이집은 개인이 설치 주체가 되며, 협동, 법인 · 단체등, 사회복지법인, 직장 어린이집은 크고 작은 조직이 설치 주체가 된다. 이처럼 개인이나 조직이 어린이집을 설치하는 경우 이외에 최소한의 보육서비스를 제공하기 위해 국가와 지방자치단체가 주체가 되어 국공립어린이집을 설치 · 운영한다.

모든 설치 주체는 우리나라 영유아 모두가 건강하고 안전한 보호와 양육, 발달 특성에 맞는 교육을 받도록 다양한 보육이념과 철학을 바탕으로 질 높은 보육프로그램을 운영해야 한다. 설치 주체별 어린이집의 구체적인 특징은 다음과 같다.

- 국공립어린이집은 국가나 지방자치단체가 설치 · 운영(위탁운영 포함)하는 어린이집(직장어린이집 제외)으로 상시 영유아 11인 이상을 보육할 수 있는 기관이다.
- 사회복지법인어린이집은 「사회복지사업법」에 의한 사회복지법인이 설치 · 운영하고, 법인 · 단체등어린이집은 각종 법인(사회복지법인을 제외한 비영리법인)이나 단체 등이 설치 · 운영하는 어린이집으로 상시 영유아 21인 이상을 보육할 수 있는 기관이다.
- 직장어린이집은 상시 여성근로자가 300명 이상이거나 상시 근로자 500명 이상을 고용하고 있는 사업장은 의무적으로 설치해야 한다는 관련법에 의해 설치 · 운영된다. 즉, 사업주가 사업장의 근로자를 위하여 설치 · 운영하는 어린이집으로 상시 영유아 5인 이상을 보육할 수 있는 시설을 갖추어야 한다. 직장어린이집은 해당 사업장의 영유아 자녀 수가 현원의 3분의 1 이상이 되면 고용보험기금을 추가로 지원받을 수 있다.
- 가정어린이집은 개인이 가정 또는 그에 준하는 곳에 설치 · 운영하는 어린이집이다. 「건축법」에 의한 '노유자시설'로 용도 지정을 받지 않은 아파트 또는 주택에 설치 · 운영할 수 있으며 5인 이상 20인 이하의 영유아만을 보육할 수 있다.
- 협동어린이집은 보호자 또는 보호자와 보육교직원 11인 이상이 조합법을 결성하여 설치 · 운영하는 어린이집으로 상시 영유아 11인 이상을 보육할 수 있는 기관이다.
- 민간어린이집은 국공립, 사회복지법인, 법인 · 단체등, 직장, 가정, 협동 어린이집을 제외한 어린이집으로 상시 영유아 21인 이상을 보육할 수 있는 기관이다.

활동

제1장 '어린이집의 설치'에서는 어린이집의 개념과 유형을 이해하고, 어린이집 설치 과정을 절차별로 살펴보고자 합니다. 다음에 제시된 내용별로 확인 사항을 살펴보고, 내가 운영하고자 하는 어린이집의 유형을 선택해 보세요.

내용	확인 사항
나는 내가 왜 좋은 어린이집을 설치 · 운영하려고 하는지 알고 있다.	• 지역사회에서 표준보육과정을 실현하는 어린이집 운영(　　　) • 나의 보육철학을 담을 수 있는 어린이집 운영(　　　) (20인 이하 가정 또는 300인 이하 민간 어린이집) • 종교 또는 사회복지, 학교 등 비영리법인의 설립목적 실현을 위한 어린이집 운영(　　　) • 일 · 가정 양립 또는 직원들의 복지를 위한 사내 어린이집 운영(　　　) • 공동체와 함께 자녀 보육을 하기 위한 어린이집 운영(　　　)
나는 어떤 유형의 어린이집을 설치 · 운영할 것인지 결정하였다.	• 국공립어린이집(　　　) • 민간어린이집(　　　) • 가정어린이집(　　　) • 법인 · 단체등어린이집(　　　) • 사회복지법인어린이집(　　　) • 직장어린이집(　　　) • 협동어린이집(　　　)
나는 어린이집을 설치 · 운영할 지역의 입지를 조사하고 지역과 건물형태를 선정하였다.	• 지역명(　　　　　　　　　) • 건물형태: 단독(　　　), 공동주택(　　　)
나는 보육정원과 놀이터 설치 유무를 결정하였다.	• 보육정원(　　　명) • 보육정원이 50명 이상일 경우, 놀이터 설치(　　　), 인근 놀이터 이용(　　　)

표 1-1 어린이집의 종류와 설치 기준*

구분	관련 조항	국공립어린이집	민간, 사회복지법인, 법인·단체등어린이집	가정어린이집	직장어린이집	협동어린이집
정의	「영유아보육법」 제10조	• 국가나 지방자치단체가 설치·운영(위탁운영 포함)하는 어린이집(직장어린이집 제외)	• 민간어린이집: 국공립·사회복지법인·법인단체등·직장·가정·협동어린이집이 아닌 어린이집 • 사회복지법인어린이집: 「사회복지사업법」에 의한 사회복지법인이 설치·운영하는 어린이집 • 법인·단체등어린이집: 각종 법인(사회복지법인을 제외한 비영리법인)이나 단체 등이 설치·운영하는 어린이집	• 개인이 가정 또는 그에 준하는 곳에 설치·운영하는 어린이집	• 사업주가 사업장의 근로자를 위하여 설치·운영하는 어린이집(국가 또는 지방자치단체의 장이 소속 공무원 및 국가나 지방자치단체의 장과 근로계약을 체결한 자로서 공무원이 아닌 자를 위하여 설치·운영하는 어린이집 포함)	• 보호자 또는 보호자와 보육교직원이 조합(영리를 목적으로 하지 아니하는 조합에 한정한다)을 결성하여 설치·운영하는 어린이집
규모	시행규칙 제9조	• 상시 영유아 11인 이상을 보육할 수 있는 시설을 갖추어야 함	• 상시 영유아 21인 이상을 보육할 수 있는 시설을 갖추어야 함	• 상시 영유아 5인 이상 20인 이하를 보육할 수 있는 시설을 갖추어야 함	• 상시 영유아 5인 이상을 보육할 수 있는 시설을 갖추어야 함	• 상시 영유아 11인 이상을 보육할 수 있는 시설을 갖추어야 함
명칭	시행규칙 제23조	• 어린이집의 명칭은 "○○어린이집"으로 하여야 하며, 유치원, 학원 등 유사기관으로 오인할 수 있는 명칭은 사용할 수 없음				
설치 기준 및 절차	법 제15조	• 「영유아보육법」상의 설치 기준을 모두 갖추어야 함(법 제15조)				
	「건축법 시행령」 별표1	• 「건축법 시행령」 별표1의 제11호(노유자시설 중 어린이집)에 설치				

구분	관련 조항	국공립어린이집	민간, 사회복지법인, 법인 · 단체등어린이집	가정어린이집	직장어린이집	협동어린이집
설치 기준 및 절차		• 국가 및 지방자치단체의 장이 인가절차 없이 직접 설치(법 제12조) • 어린이집 수급계획 등을 포함한 보육계획을 사전에 수립(법 제12조) • 지방자치단체의 경우 설치 시 지방보육정책 위원회의 심의를 거쳐야 함	• 특별자치도지사 · 시장 · 군수 또는 구청장에게 사전에 인가 신청(법 제13조)			
					• 사업주가 직장어린이집을 설치할 경우에는 안전사고 및 재난에 대비한 시설을 갖추어 건물 내 5층까지 보육실을 설치할 수 있음(시행규칙 제9조)	
	「주택건설 기준 등에 관한 규정」 제9조의 2	•「주택건설기준 등에 관한 규정」제9조의 2 제1항에서 규정하고 있는 위험시설로부터 수평거리 50m 이상 떨어진 곳에 배치				
입지 조건	「건축법 시행령」 별표1			•「건축법 시행령」 별표1 제1호(단독주택) 및 제2호(공동주택)에도 설치가능 •「건축법 시행령」 별표1의 제2호에 따라 가정어린이집이 공동주택에 포함되므로, 임대아파트 단지 내 가정어린이집 설치는 소재지 관할 지자체의 인가를 득한 경우 설치가 가능함	• 단,「건축법 시행령」 제2조 제13호의 "부속용도"에 해당하는 곳에 직장어린이집 설치 시 「영유아보육법」,「산업집적활성화 및 공장설립에 관한 법률」 및 관계법령(자치법규 포함)에 반하지 아니하는 경우 별도의 노유자시설로의 용도변경 없이 설치 가능	• 정원 20인 이하인 경우, 동 시행령 별표1 제1호(단독주택) 및 제2호(공동주택)에도 설치 가능

구분	관련 조항	국공립어린이집	민간, 사회복지법인, 법인 · 단체등어린이집	가정어린이집	직장어린이집	협동어린이집
				• 상가 등을 주택으로 용도 변경하고 가정어린이집으로 인가 신청하는 경우, 내부구조가 가정 또는 이에 준하는 곳으로 인정되는 경우에 인가		
배치 기준	「건축법」	• 도시 저소득주민 밀집 주거지역 및 농어촌지역 등 취약지역, 「건축법」에 따른 공동주택 중 대통령령으로 정하는 일정 세대 이상의 공동주택을 건설하는 주택단지 지역, 「산업입지 및 개발에 관한 법률」 제2조 제8호에 따른 산업단지 지역에 우선적으로 설치하는 등 지역별로 균형 있게 배치함(법 제12조)	• 지역 보육수요와 어린이집의 공급현황 등을 감안하여 지역별로 균형 있게 배치되도록 함		• 지역 보육수요와 어린이집의 공급현황에 따른 인가 제한 금지 규정에서 예외처리함 • "상시 여성근로자 300명 이상 또는 근로자 500명 이상을 고용하고 있는 사업장"의 사업주는 직장어린이집을 설치하여야 함 • 상시 근로자의 수 산정은 단위사업장을 기준으로 하며, '상시근로자'는 임시직, 정규직, 일용직 등을 총망라하여 평균적으로 사용하는 근로자를 말함	• 지역 보육수요와 어린이집의 공급현황 등을 감안하여 지역별로 균형 있게 배치되도록 함 • 보육아동을 둔 보호자 또는 보호자와 교직원 11인 이상이 상호 출자하여 공동으로 어린이집을 설치 · 운영할 것을 약정함으로써 그 효력이 발생 • 출자는 조합원의 약정에 따라 금전, 기타 재산 또는 노무로 할 수 있음
위탁 운영		• 국공립어린이집 위탁체 선정관리 권장표준안 참조				

구분	관련 조항	국공립어린이집	민간, 사회복지법인, 법인 · 단체등어린이집	가정어린이집	직장어린이집	협동어린이집
기타					• 의무사업장의 사업주가 직장어린이집을 단독으로 설치하기 어려운 경우에는 사업주 공동으로 직장어린이집을 설치 · 운영하거나, 지역의 어린이집과 위탁 계약을 체결하여 근로자 자녀의 보육을 지원하여야 함 • 보건복지부장관은 직장어린이집 설치, 위탁보육 등의 의무를 이행하지 아니하거나 실태조사에 불응한 사업장의 명단을 공표할 수 있음 (법 제14조의2) • 시 · 도지사 또는 시장 · 군수 · 구청장은 직장어린이집 설치의무 미이행사업장에 대하여 이행명령, 이행강제금을 부과할 수 있음(법 제44조의2, 제44조의3) • 사업주는 직장어린이집의 운영 및 수탁 보육 중인 영유아의 보육에 필요한 비용의 100분의 50 이상을 보조하여야 함 • 직장어린이집 설치 의무는 국가 및 지자체에도 적용됨	• 조합원은 아동보육의 필요성이 없게 되거나 기타 조합계약으로 정하는 시기에 탈퇴할 수 있으며, 출자금은 탈퇴 당시 조합의 재산 상태 및 지분에 의함 (부득이한 사유 없이 조합의 불리한 시기에 탈퇴하지 못함) • 조합의 업무집행자는 조합계약 또는 조합원의 3분의 2 이상의 찬성으로 선임 • 어린이집 대표자는 조합원 중에서 선임하고, 시설 운영에 관한 통상 사무는 원장이 전임하며, 주요 사항은 조합원 과반수 이상의 찬성으로 결정 (원장은 조합원이 아닌 자 중에서도 선임 가능) • 조합원이 최대한 보육과정 및 의사결정에 참여하여 소기의 설립 목적을 달성하도록 노력 • 기타 사항은 「민법」 제703조 내지 제724조를 적용

* 표에서 '법'은 「영유아보육법」, '시행령'은 「영유아보육법 시행령」, '시행규칙'은 「영유아보육법 시행규칙」을 의미함

3. 어린이집의 인가

어린이집을 설치하기 위해서는 시설의 소재지를 관할하는 시장 · 군수 또는 구청장의 인가를 받아야 하는데, 이를 위해 어린이집의 설치 기준을 숙지하고, 설치 전 상담 시 및 보육계획 수립 시 유의사항을 확인해야 한다.

1) 어린이집 설치 시 고려사항

(1) 어린이집의 입지조건

어린이집은 보육수요 · 보건 · 위생 · 급수 · 안전 · 교통 · 환경 및 교통편의 등을 충분히 고려하여 쾌적한 환경을 갖춘 부지를 선정하여야 하며, 위험시설로부터 수평거리 50m 이상 떨어진 곳에 위치하여야 한다.

모든 어린이집은 「건축법 시행령」 별표1에 따라 각 어린이집을 설치할 수 있는 곳에만 설치해야 한다. 단, 20인 이하의 영유아를 보육하는 어린이집은 용도가 노유자시설(어린이집)이 아닌 단독주택 또는 아파트와 같은 공동주택에 설치할 수 있다.

(2) 어린이집의 규모

어린이집은 다음의 〈표 1-2〉와 같이 유형별로 해당 인원을 보육할 수 있는 시설을 갖추어야 하며, 정원은 총 300명을 초과할 수 없다.

표 1-2 어린이집 유형별 상시 보육정원

어린이집 유형	국공립	직장	사회복지법인, 법인 · 단체등, 민간	가정	협동
상시 영유아 수	11명 이상	5명 이상	21명 이상	5명 이상 20명 이하	11명 이상

(3) 설치 전 상담 시 유의사항

영유아보육법령 및 건축 관계 법령, 소방 관계 법령, 「장애인 · 노인 · 임산부 등의 편의증진 보장에 관한 법률」, 「장애인차별금지 및 권리구제 등에 관한 법률」, 「어린이놀이시설 안전관리법」, 「실내공기질 관리법」, 「환경보건법」 등 어린이집 인가 관련 법령 및 인가절차를 고지하고, 법령 준수여부를 관계 행정기관을 통해 개별적으로 확인해야 한다(보건복지부, 2017).

(4) 보육계획 수립 시 유의사항

지방자치단체의 장은 어린이집이 지역별로 균형 있게 배치되고 지역 주민의 보육 요구를 반영할 수 있도록 지방보육정책위원회의 심의를 거쳐 보육 계획을 수립하고, 인가 시 이를 판단 기준으로 활용할 수 있다. 예를 들어, 우리 지역의 모든 어린이집 정원을 합한 영유아 수가 현재 어린이집에 다니고 있는 총 재원아 수보다 많을 경우, 해당 지역의 신규인가를 제한할 수 있다. 이때 전국 어린이집 평균 정원충족률(매월)이 해당 지역 정원충족률의 기준이 된다. 이 외에도 향후 보육수요의 증가 전망과 어린이집 평가인증율 등을 고려하여 보육정책위원회에서 초과율의 범위를 탄력적으로 조정, 인가여부를 결정한다. 예를 들어, 해당 지역의 어린이집 정원충족률이 89.5%인 경우 전국 어린이집 정원충족률(82.2%, 2010년 12월 31일 기준)의 초과율 82.2~89.5% 범위 내에서 신규 인가를 허용할 수 있다. 예외적으로 직장어린이집은 인가 제한을 받지 않는다.

예시 인가 제한의 판단 기준

- 해당 지역의 어린이집별 정원이 '보육수요 또는 현원'보다 많을 경우
- 해당 지역의 어린이집 평가인증율이 전국 및 각 시・도 평가인증율 미만이거나, 자체 수립한 평가인증 목표율 미만인 경우

보육수요에 따라 신규 어린이집 인가를 제한하는 정책은 개별 어린이집의 기본 수입을 보장, 전체적인 보육의 질을 관리한다는 측면에서 긍정적 효과도 있는 반면, 다양한 어린이집이 설치될 수 있는 가능성이 감소한다는 부정적 영향도 있다.

2) 어린이집 인가절차 구성도

국공립어린이집 외의 어린이집을 설치・운영하려고 하는 자는 어린이집의 소재지를 관할하는 특별자치도지사・시장・군수 또는 구청장의 인가를 받아야 한다(「영유아보육법」 제13조). 어린이집 인가를 받기 위해서는 모두 동일한 인가절차를 거치며 전체적인 구성도는 다음의 [그림 1-1]과 같다.

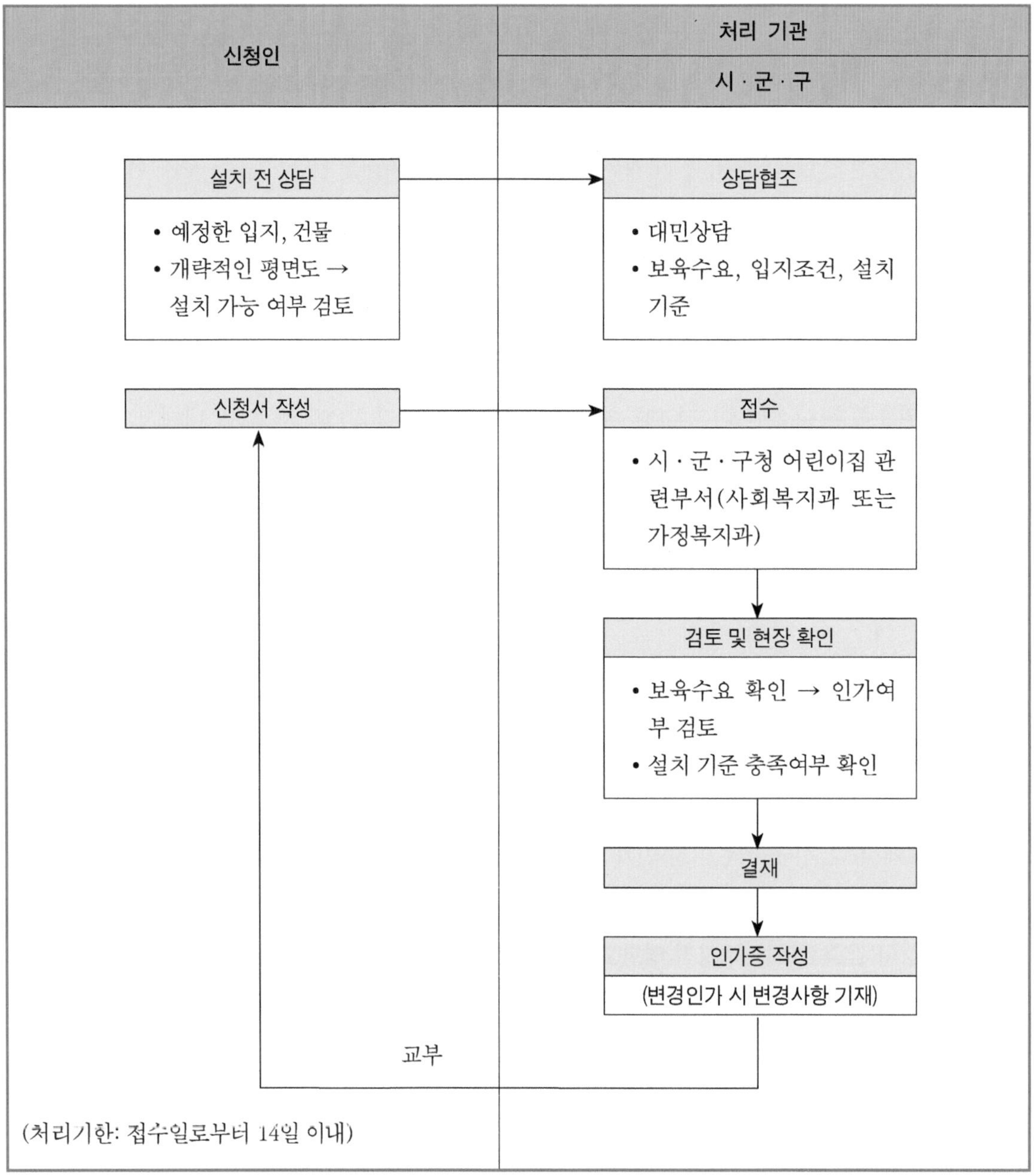

그림 1-1 어린이집 신규(변경) 인가절차 구성도

3) 어린이집 인가절차별 구체적 내용

(1) 어린이집의 설치 전 상담

어린이집의 설치 전 상담은 어린이집을 운영할 집을 매매 또는 건축한 뒤에 인가요건이 맞지 않아 재산상의 피해를 보는 일을 없애기 위한 정책이다. 따라서 지방자치단체의 장은 어린이집을 설치하고자 하는 자 또는 설치인가 사항을 변경하려는 자가 사전 상담을 요청하는 경우, 첫째, 관할 지역의 보육수요, 둘째, 어린이집 입지조건, 셋째, 설치 기준에 관한 사전 고지 등 어린이집 설치에 적극 협조하여야 한다. 관련 업무 담당자는 이 세 가지 외에도 인가관련 법령, 경비의 지급 및 변제 능력에 관한 서류, 재산요건 관련 세부 사항 등을 안내한다. 이때 어린이집을 설치할 장소 또는 건물, 개략적인 평면도 등을 가지고 방문하여 설치가능 여부와 담당자 요구 사항을 명확히 확인하는 것이 필요하다(보건복지부, 2017).

설치 전 상담은 전화, 팩스 등을 통하여 상담을 접수하면 인가 담당 공무원이 상담 일정을 확정하여 통보한다. 신청인은 관할 시·군·구청의 보육담당부서를 직접 방문해서 인가 담당 공무원과 상담한다.

그림 1-2 설치 전 상담의 절차

출처: 중앙육아종합지원센터(2016).

(2) 어린이집 인가신청

모든 준비가 끝나면 어린이집 인가신청서 및 첨부서류를 구비하여 관할 특별자치도지사·시장·군수 또는 구청장에게 제출한다. 제출 전에 누락된 것이 없는지 어린이집 인가신청서(또는 어린이집 변경인가신청서)와 첨부서류를 한 번 더 확인할 필요가 있다.

신청인이 인가신청서를 제출하면 처리기관은 먼저 지역사회 내에 어린이집이 너무 많지 않은지 어린이집 수급현황을 확인 후 인가여부를 검토한다. 어린이집의 입지조건, 소방 및 안전 설비, 보육가능한 물리적 환경구성 등을 확인하기 위해 현장을 방문한다. 「영유아보육법」에 따른 설치요건의 확인을 통해 인가여부를 결정한다.

(3) 어린이집 인가증 교부

서류 접수일로부터 14일 이내에 담당 공무원이 어린이집을 방문하여 확인하는 과정을 거친 후 최종 인가여부를 결정한다. 인가가 확정되면 인가증을 수령하며, 교부받은 인가증 뒷면에 기록된 최초 인가일부터 어린이집 운영을 시작할 수 있다.

표 1-3 어린이집 인가신청 시 서류별 작성 내용

구비서류		내용
어린이집 인가신청서		☑ 명칭: "○○어린이집", 시군구 내에서 동일 명칭 사용 불가 ☑ 소재지: 실제 어린이집이 실치되는 주소 ☑ 인가정원 산정: A. 어린이집 전용면적: 영유아 1인당 4.29㎡ 이상 B. 보육실 면적: 영유아 1인당 2.64㎡ 이상 → A와 B 중 더 적은 수로 정원을 책정함
첨부 서류	1. 법인의 정관 및 출연금 등에 관한 서류	☑ 법인인 경우에만 해당
	2. 단체의 회칙 또는 규약	☑ 단체인 경우에만 해당
	3. 임대차계약서	☑ 부동산을 임차하는 경우에만 해당
	4. 어린이집의 구조별 면적이 표시된 평면도와 시설 및 설비 목록	☑ 평면도: 어린이집 공간별 면적이 표시된 도면 ☑ 시설 설비 목록: 어린이집에 설치한 설비 및 비품 ○ 기본시설은 보육실, 조리실, 목욕실, 화장실, 놀이터(50인 이상), 급배수 시설, 소방등 비상재해시설임
	5. 어린이집의 원장의 자격을 증명하는 서류	☑ 원장 자격증, 신원조회를 위한 증명서, 동의서
	6. 보육교직원 채용계획서	☑ 반 구성에 따른 보육교사, 조리원, 간호사, 영양사 등 보육교직원 수
	7. 어린이집 운영계획서	☑ 운영경비와 유지방법을 포함한 연간계획서 ○ 연간예산안(당해 3월~익년도 2월까지) ○ 운영계획서: 보육목적, 목표, 연간보육계획 등
	8. 경비의 지급 및 변제 능력에 관한 서류	☑ 설립자가 개인인 경우 ○ 국공립어린이집 재산요건 관련: 어린이집 연간 경상보조금 수입 총액과 보육료 수입(보호자 부담 보육료 수입은 제외)을 기준으로 보증보험(공제)에 가입한 증명서류(보증기간 1년 이상)를 제출 ○ 가정 · 민간어린이집 재산요건 관련: 어린이집으로 사용되는 토지 · 건물에 대한 대표자의 부채비율이 50% 미만이 되도록 함 ※ 임차건물일 경우 전세 · 월세 보증금을 자산으로 봄

	9. 인근 놀이터 이용계획서	☑ 영유아 50인 이상의 어린이집으로서 옥외놀이터나 옥내놀이터를 설치하지 아니하는 경우에 한함
	10. 전기안전점검확인서 및 정기검사증명서	☑「전기사업법 시행규칙」제38조에 따른 전기안전점검확인서 ○ 각 지역 한국전기안전공사에 문의 ☑「도시가스사업법 시행규칙」제25조 및「액화석유가스의 안전관리 및 사업법 시행규칙」제29조에 따른 정기검사증명서 ○ 각 지역 한국가스안전공사에 문의
	11. 현장처리물품의 방염성능검사성적서 및 방염성능검사확인표시	☑「소방용품의 품질관리 등에 관한 규칙」제5조에 따른 현장처리물품의 방염성능검사성적서 및 방염성능검사확인표시 ○ 〈방염필증〉 교부: 방염면허업체에 방염처리 의뢰 → 소방서의 현장조사 → 방염필증 교부
놀이시설 안전검사 (놀이터 설치 기구)		☑ 어린이놀이시설 안전검사: 어린이 놀이기구의 시설기준 및 기술기준에 따라 설치하고 지정된 기관으로부터 안전검사 실시, 신규인가 시 설치검사를 통과해야만 인가 ○ 검사기관 - 한국건설생활환경시험연구원 - 대한산업안전협회 - 한국기계전기전자시험연구원
어린이 활동공간 확인검사 결과 증명서		☑「환경보건법」제23조 제6항,「환경보건법 시행규칙」제11조의2 제3항에 따른 확인검사 결과 증명서 ○ 어린이집 보유공간 전체에 사용한 건축마감재에 대한 중금속, 포름알데히드 수치 검사, 공기질 등 검사

활동 어린이집 인가신청서와 구비서류를 작성해 보세요.

■ 어린이집 인가신청서 - 「영유아보육법 시행규칙」 [별지 제4호 서식] 〈개정 2017. 9. 15.〉

(앞쪽)

어린이집 인가신청서

접수번호	접수일	처리기간 14일

구분			
신청인	성명(대표자)		주민등록번호
	법인 · 단체명		전화번호
	주소		
어린이집 개요	명칭	어린이집 종류	전화번호
	소재지		
	어린이집 원장 성명		주민등록번호

구분						
보육정원	총 인원 명	1세 미만 명	1~2세 미만 명	2세 명	3세 명	4~5세 명

구분			
시설 · 설비	보육실 m²	조리실 m²	목욕실 m²
	화장실 m²	놀이터 m²	사무실 m²
	양호실 m²	대지 m²	기타 m²

구분						
직원	총 인원 명	보육교사 명	간호사 명	영양사 명	조리원 명	기타 명

구분			
예산	수입액 원	지출액 원	비고

「영유아보육법」 제13조 제1항 · 제14조 제1항 및 같은 법 시행규칙 제5조 제1항에 따라
보육시설의 설치인가를 신청합니다.

년 월 일

신청인 (서명 또는 인)

특별자치도지사 · 시장 · 군수 · 구청장 귀하

첨부서류	뒤쪽 참조	수수료 없음

210mm×297mm[백상지 80g/m²](재활용품)

첨부 서류	1. 법인의 정관 및 출연금 등에 관한 서류(법인인 경우만 해당합니다) 2. 단체의 회칙 또는 규약(단체인 경우만 해당합니다) 3. 임대차계약서(부동산을 임차하는 경우만 해당합니다) 4. 어린이집의 구조별 면적이 표시된 평면도와 시설 및 설비 목록 5. 어린이집 원장의 자격을 증명하는 서류 6. 보육교직원 채용계획서 7. 어린이집 운영계획서(운영경비와 유지방법을 포함합니다) 8. 경비의 지급 및 변제 능력에 관한 서류(설립자가 개인인 경우만 해당합니다) 9. 인근 놀이터 이용계획서(영유아 50명 이상의 어린이집으로서 옥외놀이터나 옥내놀이터를 설치하지 않은 경우만 해당합니다) 10. 「도시가스사업법 시행규칙」 제25조 및 「액화석유가스의 안전관리 및 사업법 시행규칙」 제71조에 따른 정기검사증명서 11. 「소방용품의 품질관리 등에 관한 규칙」 제5조에 따른 현장방염처리물품의 방염성능검사성적서 및 방염성능검사확인표시
담당 공무원 확인사항	1. 법인 등기사항증명서(법인인 경우만 해당합니다) 2. 건축물대장 및 건물 등기사항증명서 3. 「전기사업법 시행규칙」 제38조에 따른 전기안전점검확인서

처리절차

신청서 작성	→	접수	→	검토	→	결재	→	인가증 발급
신청인		특별자치도 시 · 군 · 구		특별자치도 시 · 군 · 구		특별자치도 시 · 군 · 구		

활동 어린이집 시설 평면도를 그려 보세요.

■ [첨부서류 4] 어린이집의 구조별 면적이 표시된 평면도

어린이집 시설 평면도

□ 건물 총면적: (   )㎡

보육실 + 화장실 및 목욕실 + 조리실(식당) + 사무실 + 기타 공간

□ 보육실 면적: (   )㎡

보육인원 수 A와 B 중 더 적은 수로 인가정원을 책정함	면적 구분	계산법	산정 인원수
	어린이집 전용면적	전체면적 ÷ 4.29	보육인원 수 A
	보육실 면적	보육실 총면적 ÷ 2.64	보육인원 수 B

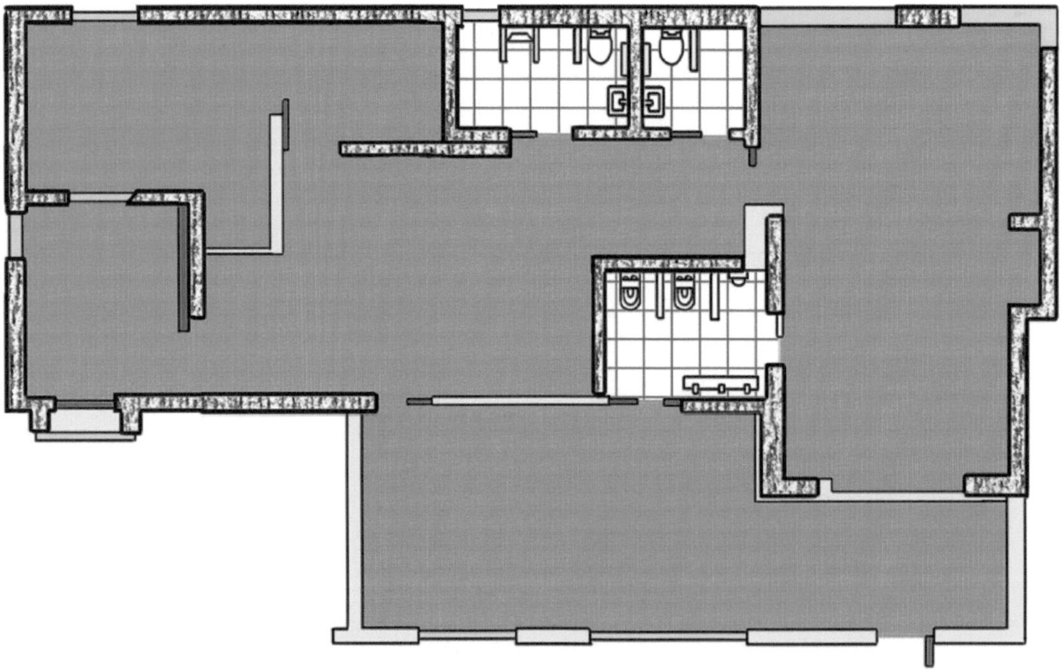

※ 공동주택일 경우 관리사무소 및 부동산 등에서 평면도 발급 가능

○○어린이집

활동 어린이집 시설 및 설비 목록표를 작성해 보세요.

■ [첨부서류 4] 시설 및 설비 목록

시설 및 설비 목록표(부분 예시)

세분류	품명	단위	수량	금액
붙박이장	만 0~1세반 기저귀 갈이대	식		
	각 반 원아용 이불장 각 반 교구교재 보관용 수납장	SET		
	화장실 수납장	SET		
	교직원 책상과 책장, 개인 사물함	SET		
	정수기 보관장	식		
게시판	각 반 게시판 현관 게시판	SET		
주방	업소용 주방가전 (냉장고, 냉동고, 소독고, 칼도마 살균기)	SET		
	하부 작업대, 상부 찬장	식		
	영업용 식기세척기	SET		
	가스레인지	식		
공용공간 설비	현관 영유아, 성인 신발장	식		
	투약함 보관장	개		
	수족관	식		
놀이터 (유희실) 책 영역	조합 놀이대 붙박이 책꽂이	식		

※ 교재교구 5장, 비품은 4장 참조

■ [첨부서류 5] 어린이집 원장의 자격을 증명하는 서류 「영유아보육법 시행규칙」 [별지 제12호의2 서식] 〈개정 2015. 12. 31.〉

제 호

( ) 자격증

성 명:

생년월일:

자 격:

사진 3㎝×4㎝

위 사람은 「영유아보육법」 제22조에 따라 위와 같이 ( )의 자격이 있음을 인정하고 이 증서를 수여함.

년 월 일

보건복지부장관

직인

210mm×297mm[백상지 80g/㎡]

활동 어린이집 보육교직원 채용계획서를 작성해 보세요.

■ [첨부서류 6] 어린이집 보육교직원 채용계획서

보육교직원 채용계획서

☐ 어린이집 명칭:

☐ 개원(예정)일:

☐ 반별 아동 보육정원 계획

(단위: 명)

구분	보육정원	만 0~1세	만 2세	만 3세	만 4세	만 5세	방과 후
인원수							

☐ 교직원 채용계획

(단위: 명)

구분	원장	보육교사			조리원	간호사	영양사	사무원	차량 기사	비고
		1급	2급	3급						
인원수										

☐ 보육교사 채용 시 고려사항

- 교직원 채용계획은 보육아동 수의 증감 현황, 운영시간 변동 등 어린이집 운영 상황에 따라 변동될 수 있습니다.
- 보건복지부 「영유아보육법」 및 보육사업안내에서 정하는 '어린이집 교직원 배치기준'에 근거하여 교직원을 채용할 것입니다.

○○어린이집

활동 어린이집 운영계획서를 작성해 보세요.

■ [첨부서류 7] 어린이집 운영계획서

○○어린이집 운영계획서

1. 운영현황 ※ 1장 참조
    1) 집단크기와 교사 수
    2) 교직원 구성
    3) 보육시간: 월~금요일 오전 7시 30분~오후 7시 30분
    4) 보육료: 정부지원시설 보육료 수납한도액
2. 보육프로그램 ※ 7장 참조
    1) 보육철학
    2) 보육목표
    3) 어린이상
    4) 영아, 유아 보육프로그램
        (1) 보육내용
        (2) 교수·학습방법
        (3) 연령별 연간보육계획안
        (4) 하루 일과
3. 건강, 영양, 안전관리 ※ 8장 및 9장 참조
    1) 건강관리
    2) 전염성 질환에 대한 대책
    3) 아프거나 다친 영유아에 대한 대책(보험과 책임한계 포함)
    4) 안전관리
    5) 등하원 절차 및 귀가동의
    6) CCTV 촬영과 개인정보관리
    7) 영양관리(알레르기 관련 대책 포함)
4. 부모 및 지역사회 연계 프로그램 ※ 10장 참조
    1) 부모참여 프로그램
    2) 어린이집 운영위원회
    3) 지역사회 자원 정보 및 연계 프로그램
5. 기타 운영방침 ※ 2장 참조
    1) 신입원아 적응프로그램
    2) 어린이집 개방원칙

○○어린이집

[첨부서류]

■ [첨부서류 8] 경비의 지급 및 변제 능력에 관한 서류

경비의 지급 및 변제 능력에 관한 서류

1. 보육시설 대표자

대표자		주민등록번호	
시설명		원장	
소재지		연락처	

2. 기본 자산 및 부채 현황

1) 기본 자산 총괄 (단위: 천 원)

구분	면적(㎡)	총 환가액	비고
계			
건물			
토지			
기타(예금액 등)			
부채액			

2) 기본 자산 세부 내역 (단위: 천 원)

구분	소재지	면적(㎡)	과세표준액/ 개별공시지가	환가액	비고
계					
건물					
토지					
기타(예금액 등)					
부채액					

3. 대표자의 부채에 관한 사항 (단위: 천 원)

부채액	부채 발생사유 및 내역	향후 처리 계획

※ 부채가 있는 경우 '변제 능력이 있음을 확인하는 각서' 별도 첨부

첨부: 기본재산 증명서(등기부 등본, 개별공시지가 확인서, 토지대장 등), 예금잔액증명서

○○어린이집

[첨부서류]

■ [첨부서류 9] 어린이놀이시설 설치검사 합격증 - 「어린이놀이시설 안전관리법 시행규칙」 [별지 제13호 서식] 〈개정 2016. 1. 27.〉

[ ] 설치검사 [ ] 정기시설검사 합격증

검사 번호			
신청인	상호(명칭)		
	성명(대표자)		
	주소		
	전화번호		
안전검사 내용	(시설번호) 어린이놀이시설명		( )
	(안전인증번호) 놀이기구 현황		( )
	설치장소		
	설치면적(㎡)		
	검사내역	설치검사일/검사기관	년 월 일 / ※ 누적 기재
		정기시설검사일/검사기관	년 월 일 / ※ 최종분만 기재
	유효기간		년 월 일

「어린이놀이시설 안전관리법 시행규칙」 제14조 제2항 및 제15조 제2항에 따라 위와 같이 어린이놀이시설의 ( )검사 합격증을 발급합니다.

년 월 일

안전검사기관장 직인

210mm×297mm[백상지 150g/㎡]

[첨부서류]

■ [첨부서류 9] 놀이터 이용 승낙서

(놀이터 미설치 시)

놀이터 이용 승낙서

① 놀이터 현황

○ 소재지:

○ 관리주체:

○ 놀이기구: 종 점

(놀이기구명 세부 기재)

② (이용)어린이집 현황

○ 소재지:

○ 대표자(원장):

○ 이용기간: 년 월 일 ~ 년 월 일

상기와 같이 놀이터 이용을 승낙합니다.

년 월 일

놀이터 관리기관 대표 ○○○(인)

[첨부서류]

■ [첨부서류 10] 사용전점검확인증 -「전기사업법 시행규칙」[별지 제32호 서식]〈개정 2012. 10. 5.〉

사용전점검확인증

발행번호: 제 호

신청인	대표자 성명		전화번호	
	회사명 또는 상호			
	주소			
점검 결과	점검전기설비			
	점검연월일			
	점검자	소속	성명	(인)
	판정	적합		

기타

「전기사업법」 제66조 제1항에 따라 사용전점검을 하고 같은 법 시행규칙 제35조 제3항에 따라 위와 같이 확인증을 발급합니다.

년 월 일

한국전기안전공사사장
( )사장 직인

점검신청인 귀하

210mm×297mm(백상지 80g/㎡)

[첨부서류]

■ [첨부서류 10] 가스 안전점검 확인서

발급번호

가스시설 안전점검(기술용역) 확인서

시설명	어린이집	대표자	
소재지	서울		
시공자	(TEL)		
시설구분	[□ LPG □ 도시가스 □ 기타 ( )] • 충전 • 제조 • 저장 • 집단공급 • 판매 • 사용		
점검자		점검일	20
점검의견			

「고압가스 안전관리법 시행규칙」 제8조 및 제47조, 「액화석유가스의 안전관리 및 사업법 시행규칙」 제8조 및 제50조 또는 「도시가스사업법 시행규칙」 제17조의 시설 및 기술 기준을 준용하여 상기시설의 가스시설에 대해 안전점검을 실시하였음.

년 월 일

한국가스안전공사 서울지역본부장

[첨부서류]

■ [첨부서류 11] 방염성능검사 성적서 [별지 제4호 서식]〈2012. 2. 3.〉

제 2017-251호

현장방염처리물품의
방염성능검사 성적서(예시)

1. 신청인

성명: ○○○

상호: ○○○

방염처리업등록번호: 제강남 ○○○-○호

2. 방염처리장소

대표자 성명: ○○○

상호: ○○어린이집

주소(해당 층): 서울특별시 중구 ○○로 ○○
○○빌딩 2층

3. 접수일자 및 접수번호: 2017년 ○○월 ○○일 민원-○○호

4. 검사결과

구 분	잔염시간(초)	잔신시간(초)	탄화면적(㎠)	탄화길이(㎝)	합격 여부	비 고
시료 1						

「소방용품의 품질관리 등에 관한 규칙」 제5조 제5항에 따라 위와 같이 현장처리 물품의 방염성능검사 성적서를 발급합니다.

2017년 ○○월 ○○일

소방서장 직인

[첨부서류]

■ [첨부서류 11] 방염성능검사 성적서

방염성능검사확인표시(시료 1)

방염처리자	○○○	○○
처리방법		서울○○소방서
면적		직인
방염성능검사	제2017-○○호 (2017년 ○○월 ○○일)	

어린이집 인가증(예시)

어린이집 명칭: 어린이집

어린이집 종류: 어린이집

소재지: 서울특별시

보육정원: 61명

법인 · 단체명:

대표자 성명:

어린이집 원장의 성명:

어린이집 원장의 생년월일:

특기사항:

「영유아보육법 시행규칙」 제5조 제3항에 따라 어린이집 인가증을 발급합니다.

년 월 일

서울특별시 ○○구청장 직인

앞면

변경사항		
일자	내용	기록자
2015. 8. 3.	○○어린이집 최초 인가	행정8급 (인)
2016. 2. 15.	○○어린이집 대표자 변경	행정9급 (인)
2017. 1. 9.	○○어린이집 정원 변경 49명 → 61명	행정8급 (인)

뒷면

제2장

원아 및 학급 관리

1. 원아모집 및 반 편성
2. 부모 오리엔테이션
3. 신입원아 적응프로그램

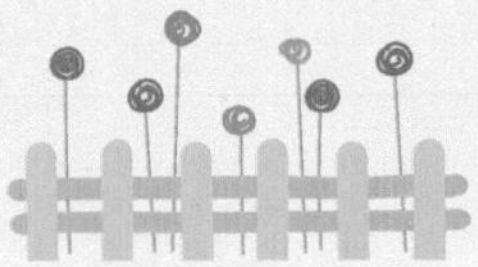

1. 원아모집 및 반 편성

어린이집에서 원아를 모집하기 위해서는 다양한 방식으로 어린이집을 홍보하고, 입소상담을 진행하며, 이러한 과정을 통해 입소 순위에 따라 원아를 모집한다.

1) 어린이집 홍보

표 2-1 어린이집 홍보를 위한 준비사항 확인

내용	준비사항	확인
어린이집 인가증을 수령하였다.	인가증	□
어린이집 운영 관련 홍보 내용을 작성하고 2~3종의 자료를 만들었다.	어린이집 운영안내서, 소책자, 리플릿, 현수막 등	□
홍보 지역과 홍보 방법을 선정하였다.	홍보 지역, 장소, 방법	□

원아모집을 위한 어린이집 홍보는 인가증을 수령한 후에 시작할 수 있다. 대표자와 원장, 소재지, 보육정원이 기재된 '어린이집 인가증'은 영유아의 부모가 확인할 수 있도록 어린이집 현관 또는 사무실 벽면 등 잘 보이는 장소에 게시한다.

홍보할 내용을 미리 결정하고 2~3종의 자료를 제작해 두면 인가증 수령 당일부터 홍보를 시작할 수 있다. 홍보 방법은 다양하므로 지역사회와 어린이집의 특성을 살려 효과적인 매체와 방법을 사용한다.

표 2-2 어린이집 홍보를 위한 단계별 내용

단계	내용
1단계	어린이집 운영 내용 결정
2단계	인가증 수령
3단계	보육통합 홈페이지: 어린이집 정보 입력
4단계	인가증 수령 후 유인물 제작(소책자, 리플릿, 현수막 등)
5단계	홍보 지역과 방법, 장소와 시간 선정 후 홍보
6단계	• 입소상담 및 입소신청 받기 • 오픈하우스, 부모교육 등의 행사
7단계	홍보 방법 평가

더 알아보기 **어린이집 홍보용 자료 제작을 위해 필요한 내용**

- 어린이집 이름, 홈페이지나 웹 주소
- 찾아오는 방법, 약도, 주소, 전화번호
- 보육철학
- 연령별 보육프로그램 안내
- 핵심 보육프로그램 내용
- 실내외 환경
- 건강, 영양, 안전 교육
- 가정 및 지역사회와의 연계 방법
- 운영 시간
- 모집 대상
- 원아모집 과정 및 등록 절차
- 기타 교직원 소개, 어린이집의 특징과 장점 등

홍보용 자료 작성에는 많은 시간이 소요되므로 어린이집 설립 계획을 세울 때부터 미리 필요한 자료를 수집하고 편집 디자인을 생각해 두는 것이 좋다.

어린이집은 대부분의 영유아가 도보로 이용 가능한 거리에 위치하여 지역사회를 기반으로 운영되는 기관이다. 따라서 현수막, 전단지와 같이 일반 업체에서 사용하는 홍보 방법보다는 입소문, 지인의 추천, 보건복지부의 아이사랑 포털 홈페이지를 이용한 홍보가 일반적으로 사용된다. 이외에도 다음과 같은 홍보 방법을 이용할 수 있다.

표 2-3 어린이집 홍보 매체별 내용

홍보 매체	내용
어린이집 안내 소책자, 리플릿	어린이집 보육철학, 프로그램의 특징과 장점을 기록하여 방문상담 시 배포
현수막	어린이집명, 연락처 등을 기입하여 장소별로 허가를 득한 후 일정 기간 게시
리플릿, 대형포스터 출력	• 유동인구가 많은 지역의 게시판 이용 • 운영 주체가 있는 곳은 미리 허가를 받아 일정 기간 게시
이벤트	오픈하우스, 기념품 배포, 부모교육 등과 같이 지역사회와 함께할 수 있는 행사 실시
간판, 홍보용 유리 선팅	가독성이 높고 전체적인 분위기와 맞는 디자인으로 제작

2) 반 편성

원아모집 상담을 진행하기 위해서는 어린이집의 총 정원과 연령별 반 편성이 미리 이루어져 있어야 한다. 따라서 원아모집 상담을 위해서는 〈표 2-4〉와 같은 준비사항을 미리 확인해야 한다.

표 2-4 원아모집 상담을 위한 준비사항 확인

내용	준비사항	확인
총 정원을 준수하여 접수된 원아의 반을 편성한다.	정원, 반별 정원 확정	□
입소상담 장소와 자료를 마련하였다.	상담 장소와 자료 준비, 입소신청서	□
상담 업무를 담당할 교직원을 정하고 상담 내용을 논의하였다.	상담 담당자 결정, 연습	□

출처: 중앙육아종합지원센터(2016).

어린이집은 만 0세부터 만 5세까지의 영유아를 대상으로 보육하며, 필요한 경우 만 12세까지 연장하여 보육할 수 있다. 가능한 한 만 2세 미만 영아반, 만 2세 영아반, 만 3세 이상의 유아반을 동시에 운영하여야 한다. 반 편성의 기준은 동년도 출생아(동년도 1. 1.~동년도 12. 31. 출생아)를 함께 편성하는 것이 원칙이다. 이때 『보육사업안내』의 교사 대 아동의 비율은 필히 준수하여야 한다. 예외적으로 장애아가 있는 경우, 장애아만으로 구성된 반을 운영할 수 있다.

표 2-5 연령별 반 편성 시 반별 정원 기준

반별 정원 (교사 1명당)	만 0세	만 1세	만 2세	만 3세	만 4세 이상
원칙	3명	5명	7명	15명	20명

출처: 보건복지부(2017).

표 2-6 혼합반 편성 시 반별 교사 대 아동 비율

혼합반 운영	만 0세와 만 1세 영아	만 1세와 만 2세 영아	만 0세와 만 2세 영아	만 2세 이하 영아와 만 3세 이상 유아	만 3세와 만 4세 이상 유아
원칙	가능	가능	불가능	불가능	가능
교사 대 아동 비율	1:3	1:5	-	-	1:15

출처: 보건복지부(2017).

혼합반 운영 시에는 낮은 연령의 교사 대 아동 비율을 준수한다. 단, 정부 인건비 미지원시설은 지역 내 수급상황(인근지역 여유 정원이 없는 경우 등), 학부모의 요구(형제 등 동반입소) 등 불가피한 사유가 있는 경우에 시 · 군 · 구의 사전 승인 후 예외적으로 만 2세와 만 3세 아동의 혼합반 운영이 가능한데, 가정어린이집의 경우에만 만 2세아와 유아의 혼합반 운영이 가능하다.

어린이집이 개원하는 경우라면 입소 원아의 연령 편중이 발생할 수밖에 없으므로, 단일 연령반보다는 혼합반으로 어린이집 운영을 시작하는 경우가 많다. 보육프로그램의 철학이나 특성에 따라 의도적으로 혼합반을 구성하기도 하지만, 우리나라는 동년도 출생아로 구성하는 단일반 편성을 선호하는 편이다.

당초 편성된 반을 유지하는 것이 원칙이지만, 조기 등원 및 귀가 등으로 보육아동이 현저히 적을 경우 연령별 교사 대 아동 비율을 준수하는 범위 내에서 반을 통합하여 운영하는 경우를 통합반이라고 한다. 통합반은 오전 9시 이전 및 오후 3시 이후에만 편성이 가능하며, 담당교사를 지정하여 보육하고 보육일지를 작성해야 한다.

3) 입소상담

부모를 위한 입소상담은 어린이집 운영 전반을 이해할 수 있는 다양한 자료를 활용하는 것이 효과적이다. 어린이집 운영안내를 제본하여 책자로 만들거나 필요한 부분의 내용을 출력하여 파일링한 것을 상담자료로 사용할 수 있다.

입소상담을 위한 장소는 교직원과 부모와의 의사소통이 원활히 이루어질 수 있도록 일반적으로 조용하고 환하며, 환기가 잘되고 온도가 적절한 곳이 좋다. 방문 입소상담 시에는 대부분 자녀를 동반하므로, 영유아를 위한 놀이 공간과 교재를 마련하여 영유아 중심 보육이 이루어지는 어린이집이라는 점을 실제로 경험할 수 있도록 〈표 2-7〉과 같은 환경을 준비한다.

표 2-7 방문 입소상담 시 동반 자녀를 위한 환경 구성

작은 책상, 영유아와 부모를 위한 간단한 음료(뜨겁지 않은 것)
도화지, 크레파스, 색연필 등의 그리기 자료
다양한 점토와 점토놀이를 위한 자료(점토 찍기, 오리기, 누르기 자료 등)
색종이, 잡지, 색지, 포장지 등 접기나 만들기를 위한 자료
간단한 소꿉놀이나 블록놀이 자료

출처: 중앙육아종합지원센터(2016).

어린이집을 찾은 부모를 위한 입소상담은 크게, 첫째, 놀이터, 식당, 화장실 등 어린이집 공용 공간, 교실 등 물리적 환경을 둘러보는 것, 둘째, 반 구성, 연령별 보육프로그램, 보육료, 운영시간, 급 · 간식 식단, 특별활동 등 운영 안내로 나눌 수 있다. 세부 면담은 어린이집의 특성과 개별 부모

활동 단일반, 혼합반을 포함하여 어린이집 반을 편성해 보세요.

○○○○년(기준연도) 반 편성 계획표

반 편성	출생일 기준	교사 수	반별 인원	총 정원
만 0세반				
만 1세반				
만 0~1세반				
만 1~2세반				
만 2세반				
만 3세반				
만 4세반				
만 5세반				
만 3~4세반				
만 4~5세반				
만 3~5세반				

님의 요구에 따라 융통성 있게 진행한다.

다만, 누락되는 내용이 없도록 상담 목록 자료를 참고하여 설명하고 가정에서 참고할 수 있는 안내 자료를 배포하는 것이 좋다. 상담 후에는 인적사항과 연락처, 영유아 특징, 입소 여부와 입소 시기, 전달 사항 등을 상세히 기록하고 잘 보관하며, 상담 내용은 교직원들과 공유한다.

그림 2-1 입소상담: 자녀와 함께 방문

그림 2-2 입소상담: 함께 온 자녀가 놀이할 수 있는 블록이나 소꿉자료 준비

그림 2-3 입소상담: 어린이집 안내 자료 준비

그림 2-4 입소상담: 상담 업무 분담과 음료 준비, 면담 내용 기록

전화 예약, 방문을 통한 입소상담 신청, 맞이하기
▼
어린이집 공용 공간 및 보육실 둘러보기
▼
반 구성, 연령별 보육프로그램, 보육료, 운영시간, 급·간식 식단, 특별활동 등 운영 안내
▼
어린이집 운영 안내자료 배포, 배웅하기
▼
상담 후에는 이용신청자와 상담자의 인적사항과 연락처, 영유아 특징, 입소 여부와 입소 시기, 전달 사항 등을 상세히 기록, 교직원들과 공유

그림 2-5 입소상담의 절차

4) 입소

어린이집 입소를 위한 입소상담을 마친 후에는 입소와 관련하여 〈표 2-8〉과 같은 내용을 확인한다.

표 2-8 어린이집 입소를 위한 준비사항 확인

내용	준비사항	확인
입소순위에 대한 내용을 숙지하고 안내하였다.	보육사업안내, 입소순위 안내문	□
입학금, 보육료, 수익자 부담금, 수납방법에 대해 안내하였다.	수납금액 확정 및 안내	□
입소관련 구비서류를 안내하였다.	입소구비서류 안내	□

출처: 중앙육아종합지원센터(2016).

표 2-9 어린이집 이용신청자 명부

이용신청자 명부

접수 순위	접수 일자 (년월일)	이름	성별		생년월일	보호자 이름	주소	전화 번호	입소 순위 대상 점수	입소상황		기록자 ㊞	보호자 접수자 ㊞
			남	여						입소 일자	포기		
1													
2													
3													
4													
5													
6													
7													
8													
월 분기 누계													

「정보통신기반 보호법」에 따라 본인 동의 없이 추가 작성이나 외부 유출 및 영유아 지원 정책 외 용도로 사용하지 않는 조건으로 정보 이용에 동의합니다.

○○어린이집

(1) 입소순위

어린이집은 입소순위가 보육사업안내 지침으로 정해져 있어 직장과 협동어린이집을 제외한 모든 어린이집은 다음의 입소 우선순위를 반드시 준수해야 한다.

입소 1순위(법 제28조, 시행령 제21조의3, 시행규칙 제29조)는 다음과 같다.

① 「국민기초생활 보장법」에 따른 수급자(법정)
② 「한부모가족지원법」 제5조의 규정에 의한 보호대상자의 자녀
③ 「국민기초생활보장법」 제24조의 규정에 의한 차상위계층(중위소득의 50% 이하)의 자녀
④ 「장애인복지법」 제2조의 규정에 의한 장애인 중 보건복지부령이 정하는 장애등급 이상에 해당하는 자(장애부모)의 자녀
⑤ 아동복지시설에서 생활 중인 영유아
⑥ 부모가 모두 취업 중이거나 취업을 준비 중인 영유아
⑦ 「다문화가족지원법」 제2조 제1호에 따른 다문화가족의 영유아
⑧ 자녀가 3명 이상인 가구 또는 영유아인 자녀가 2명 이상인 가구의 영유아
⑨ 산업단지 입주기업체 및 지원기관 근로자의 자녀로서 산업단지에 설치된 어린이집을 이용하는 영유아
⑩ 법인 · 단체 등이 어린이집을 국가 또는 지방자치단체에 기부채납하여 국공립어린이집으로 전환된 경우 해당 법인 · 단체 등의 근로자 자녀로서 그 어린이집을 이용하는 영유아
⑪ 「주택법」 제2조 제3호에 따른 공동주택에 「주택건설기준 등에 관한 규정」 제55조의2 제3항에 따라 설치하여야 하는 어린이집의 부지 또는 건물을 국가 또는 지방자치단체에 기부채납하거나 무상임대하여 국공립어린이집으로 운영하는 경우 해당 공동주택의 거주자 자녀로서 그 어린이집을 이용하는 영유아

입소 2순위는 기타 한부모 · 조손 가족, 입양된 영유아, 어린이집 재원 중인 아동의 형제 · 자매가 있는 경우이다. 입소 1, 2순위가 아닌 가정의 자녀는 입소 3순위에 해당한다.

(2) 입소아동 결정

어린이집의 원장은 신청순위에 따라 어린이집 이용신청자 명부를 작성 · 비치하여 이를 열람할 수 있도록 하여야 한다. 이 명부는 입소대기관리시스템의 대기자 전산 출력물로 대체 가능하다. 입소 1, 2순위는 관련 증빙서류를 제출받아 반드시 확인하고 3년간 보관한다. 신청자는 입소확정 후 입소 전 7일(휴일 포함) 이내에 증빙서류를 제출하여 입소순위에 대한 증빙을 해야 할 의무가 있다.

정해진 기한 내에 입소 우선순위 증빙서류를 제출하지 못하거나 거짓이나 부정한 방법으로 증빙

서류를 제출한 경우, 신청한 전체 어린이집에 대한 입소 대기신청이 취소된다. 입소 우선순위 해당 여부 및 증빙서류는 '입소일'을 기준으로 판단한다. 다만, 대기자 없이 정원 미충족으로 인해 즉시 입소하는 경우에는 증빙서류 제출 및 확인을 제외한다.

어린이집의 원장은 결원이 생길 때마다 상기 '입소 우선순위'를 기준으로 선순위 자를 우선 입소시켜야 한다. 동일 순위 내 경합이 있을 경우, 신청한 순서에 따라 선착순으로 입소를 결정한다. 다만, 공동주택 관리동 의무어린이집의 경우 동일 순위 내 경합이 있을 경우, 공동주택 단지 내 가구의 영유아가 우선 입소가 가능하고, 지자체가 기부채납받은 어린이집의 경우, 기부채납한 주체와 지자체 간 협의한 범위 내에서 우선 입소가 가능하다.

만약 동일 입소신청자가 1, 2순위 항목에 중복되면, 해당 항목별 점수를 합하여 고득점자 순으로 입소한다.

① 1순위 항목당 100점(맞벌이의 경우 200점), 2순위 항목당 50점으로 산정
② 다만, 2순위 항목만 있는 경우 점수합계가 같거나 높더라도 1순위보다 우선순위가 될 수 없음
③ 1순위 항목 점수가 동일한 경우에 한하여 2순위 항목이 해당될 경우 추가 합산 가능

(3) 생활기록부

어린이집 원장은 영유아의 발달 등을 종합적으로 관찰 · 평가하여 영유아 생활지도 및 초등학교 교육과의 연계지도에 활용할 수 있는 생활기록부(전자서식 포함)를 작성 · 관리하여야 한다. 보호자 또는 아동이 전학하는 어린이집의 원장, 아동이 입학한 초등학교의 교장 등이 생활지도에 필요하여 요청할 경우에는 보호자의 동의를 얻어 생활기록부 사본(전자서식 포함)을 송부한다.

(4) 보육료 수납액

원장은 시 · 도지사가 정한 보육료의 수납한도액 범위 내에서 보호자와 협의하여 수납액을 자율적으로 결정하고, 이를 시장 · 군수 · 구청장에게 신고한다. 대부분의 어린이집은 수납할 수 있는 최

더 알아보기 **보육료 관련 안내 내용**

- 시 · 도지사가 결정한 보육료 및 필요경비 수납한도액
- 해당 어린이집의 보육료 및 필요경비의 실 수납액
- 보육료 지원내역(만 0~5세 보육료, 장애아 보육료, 기본보육료 등)
- 기타 보육료 및 입소료 반환 등

고액을 보육료로 결정한다.

보육료는 신청일부터 지원하므로, 보호자가 입소 전 또는 입소와 동시에 주소지 읍・면・동 또는 복지로(http://bokgiro.go.kr)에 보육료 지원을 신청하도록 안내한다. 양육수당을 보육료로 변경 신청하는 경우, 15일 이전에 신청하여야 신청일부터 해당월 보육료를 지원, 16일 이후에는 익월 1일부터 지원받는다. 어린이집은 보육료 지원 및 수납과 관련한 금전적인 분쟁이 발생하지 않도록 부모에게 보육료 수납기준을 사전에 상세히 고지하고 서면으로 안내하여 보호자들이 충분히 인지할 수 있도록 안내한다.

인건비, 교재교구비, 급식비 일 1회, 간식비 일 2회, 관리운영비(난방비, 공공요금 및 제세공과금, 사무용품비 등)가 보육료에 포함된 비용의 내역이다. 보육료를 제외한 여타 잡부금품 수납은 원칙적으로 금지한다. 다만, 입소료, 현장학습비 등 불가피한 필요경비는 당해 시・도지사가 정한 수납한도액의 범위 내에서 운영위원회를 통해 수납액을 결정한다.

(5) 입소 시 구비서류

개별적으로 받아야 하는 공통서류는 일반적으로 다음과 같다. 이 외의 구비서류는 지자체와 기관에 따라 상이할 수 있다.

- 생활기록부(부모는 기본사항만 기록, 영유아 증명사진 부착)
- 동의서: 운영방침 동의서, 응급처치 동의서, 귀가 동의서, 특별활동(해당반) 동의서, 영상정보처리기기 운영관리 방침 동의서, 영상정보 열람에 관한 사전 동의서, 개인정보 관리 방침 동의서
- 개별 영유아의 건강관리 및 식품 알레르기 조사서
- 예방접종, 건강검진서

2. 부모 오리엔테이션

신입원아 부모 오리엔테이션은, 첫째, 어린이집의 운영 철학 및 방침, 건강・영양・안전 등 전체 프로그램 안내, 둘째, 반별 보육프로그램 및 적응프로그램 안내, 셋째, 부모와 담임교사 간, 부모 상호 간 인사, 소통방법 및 준비물 안내를 목적으로 한다. 대부분의 어린이집에서는 개별적인 입소상담과 별도로 입소하기 몇 주 전에 오리엔테이션을 실시한다.

어린이집 운영 안내 책자, 각종 동의서 양식 및 구비서류, 반별 적응프로그램 및 반 운영 안내 유인물을 배부하며, 사진자료나 비디오 시청을 통해 보육프로그램을 소개하는 시간을 가진다.

표 2-10 부모 오리엔테이션을 위한 준비사항 확인

내용		준비사항	확인
장소, 기자재 준비	전체, 반별로 참석 가능한 공간은 마련되었는가?		☐
	함께 참석한 영유아가 놀이할 수 있는 장소를 마련하고 담당교사를 배정하였는가?	담당자 배정	☐
	빔프로젝터, 노트북, 마이크, 앰프 등을 설치하고 전선이 이동 시 걸리지 않도록 테이프로 마무리하였는가?	기자재	☐
	모든 기기가 작동하는지 체크하였는가?		☐
	교실 및 전체 환경이 안전하고 위생적이며 보육 철학과 프로그램이 보일 수 있도록 잘 준비되어 있는가?		☐
	카메라(충전, 메모리카드 장착여부 확인)는 준비되어 있는가?	카메라	☐
자료 준비	발표용 자료가 컴퓨터에 저장되어 있는가?	파일	☐
	운영안내서, 각종 동의서 및 구비서류 양식이 인원수(여분 포함)에 맞게 준비되어 있는가?	운영안내서, 보육료 안내, 구비서류 양식 등	☐
	영유아 이름표가 참석하는 가족 수만큼 준비되어 있는가?	이름표	☐
교직원 업무 분담	교사가 분담(촬영, 맞이하고 배웅하기, 자료 배부, 놀이실 담당, 행사장 담당)된 업무 내용과 일정을 잘 숙지하고 있는가?		☐
	오리엔테이션에 적합한 복장과 밝은 미소로 가족과 영유아를 맞이할 준비가 되었는가?	적당한 복장	☐
	담임이 원아의 이름과 특성을 알고 있는가?	신입원아 명단	☐
다과 준비	뜨겁지 않은 음료, 간식, 그릇 등을 준비하여 단체배식 또는 자유배식 세팅을 해 놓았는가?	음료, 간식	☐
반별 모임 준비	교실의 영역 구성과 양육 환경에 대한 소개말을 준비해 놓았는가?		☐
	적응프로그램을 준비해 놓았는가?	적응프로그램	☐
	담임 간 역할을 분담해 놓았는가?	계획서	☐
	준비물(이불, 앞가리개 등 보여 줄 실물 포함), 알림장 또는 앱과 같은 어린이집과의 소통방법에 대한 안내 사항을 준비해 놓았는가?	준비물(실물)	☐
	배변, 식사, 특별활동, 사물함 관리, 개별적 요구 등 예상되는 질문에 대한 응답은 준비해 놓았는가?		☐

표 2-11 오리엔테이션 참석자 명단 예시

○○어린이집 신입원아 오리엔테이션 참석자 명단

연령	번호	원아명(동반 여부)	참석자명(관계)	참석 확인

1) 오리엔테이션 안내

전화, 문자, 이메일을 통해 오리엔테이션의 시간과 장소를 안내한다. 이때 입소 시 제출해야 하는 구비서류 일체와 보육료 안내문 등을 부모의 이메일로 전송할 수도 있다. 시간이 여의치 않아 참석할 수 없는 학부모를 배려하여 2차 또는 개별 오리엔테이션 일정을 미리 계획해 둔다. 이때 오리엔테이션 참석 여부와 참석자, 참석 인원, 영유아 동반 여부를 확인하면 간식 준비와 장소 마련, 업무 분장 등 행사 진행에 도움이 된다.

2) 오리엔테이션 준비 및 진행

오리엔테이션 진행은 일반적으로 맞이하기, 자료 배부, 이름표 부착, 물리적 환경 둘러보기, 전체 운영 방침 및 보육철학 소개, 반별 모임, 개별 상담, 배웅하기로 진행하나, 어린이집의 특성에 따라 모든 과정이 변경 또는 생략될 수 있다.

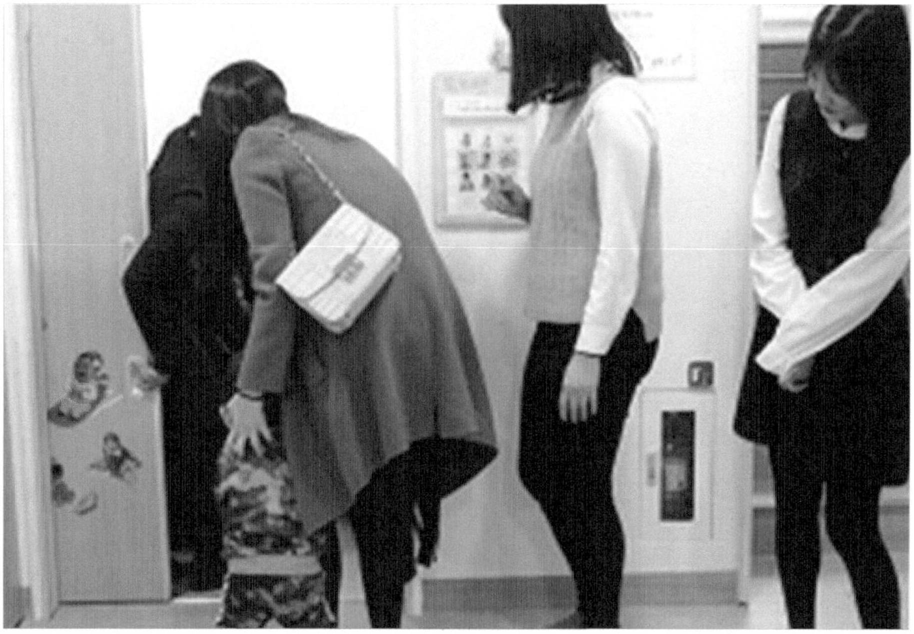

그림 2-6 오리엔테이션: 맞이하기, 이름표 부착, 자료 배부

그림 2-7 오리엔테이션: 반별 모임, 연령별 보육프로그램, 적응프로그램 안내

그림 2-8 오리엔테이션: 개인 준비물 및 물품 관리 방법 안내

그림 2-9 오리엔테이션: 전체 모임, 운영 철학 및 목적, 건강 · 영양 · 안전, 보육료 관련 정보 안내

그림 2-10 오리엔테이션: 간식 및 음료 준비

그림 2-11 오리엔테이션: 함께 온 영유아가 놀이할 공간과 담당 교사 배정

그림 2-12 오리엔테이션: 밝은 표정으로 배웅하기

반별 모임에서 안내할 내용은 일반적으로 다음과 같다.

- 담임교사 인사
- 전체 인원, 교사 대 아동 비율 등 원아 구성 안내
- 학급 소개: 흥미영역, 시간대별 하루 일과, 특별활동(유아반)
- 적응프로그램 안내(일정 배포)
- 개별 준비물(속옷, 여벌옷, 칫솔과 양치컵, 낮잠용 이불과 베개, 기저귀 등), 개인물품 관리 방법
- 등하원 및 인수인계
- 통합보육
- 투약의뢰 및 투약보고, 약 관리 방법
- 어린이집과의 소통방법(앱, 알림장 등) 내용과 주기 등
- 생일잔치
- 필요서류 기록 및 제출시기
- 개별 영유아의 정보 교류, 질의응답
- 전염성 질환, 환아 관리에 대한 재안내

오리엔테이션 당일은 부모들이 처음 어린이집을 공식적으로 방문하는 날이다. 준비과정을 세심하게 챙겨 자녀가 새로운 기관에서 행복하게 성장할 수 있을 것이라는 느낌을 줄 수 있도록 노력해야 한다.

3) 오리엔테이션 기록

오리엔테이션이 끝난 후에는 진행과정, 부모와 영유아의 반응, 역할분담, 배부자료, 참석자 확인표, 준비과정 체크리스트, 개별적인 질문 등을 평가하여 내년에 반영할 사항을 기록해 둔다. 문서기록과 함께 전체 일정, 반별 일정, 물리적 환경, 배포자료, 참석자 등 오리엔테이션 일정 전체를 촬영한 사진 및 영상도 정리하여 참고 및 기록 자료로 남긴다.

3. 신입원아 적응프로그램

신입원아는 어린이집에 등원하여 주 양육자와 떨어져야 할 때와 낮잠 시간 등에 극도의 불안감을 울음으로 표현한다. 특히 영아에게는 어린이집에 등원한다는 것이 집과 다른 낯선 공간에서 처음 보는 교사와 함께 생활하는 것을 의미하기 때문에 불안감은 최고조에 달한다. 주 양육자는 영유아가 이런 변화를 차근차근 받아들이고 교사, 친구들과 편안하고 안정적으로 애착을 형성할 수 있도록 충분한 시간을 주어야 한다.

적응기간은 영유아의 불안감뿐만 아니라 부모가 새로운 기관에 어린 자녀를 보내는 심리적 불안감을 줄이고, 어린이집과 교사에 대한 신뢰감을 형성할 수 있는 기간이기도 하다. 따라서 부모와 영유아 모두에게 탐색과 경험을 통해 안정애착과 신뢰를 형성할 수 있는 적응프로그램은 매우 중요한 의미를 가진다.

담임교사는 영유아가 입소할 때 문서(생활기록부)와 상담(입소상담)을 통해 애착물이 있는지, 아이의 기질은 어떤지, 주 양육자가 누구였는지, 적응기간 동안 도와주는 성인이 누구인지, 적응기간은 얼마나 가질 수 있는지 등 개별 영유아와 관련된 세세한 정보를 파악하여 적응프로그램을 준비한다. 등원이 시작되면 첫날부터 영유아의 정서적인 변화와 발달, 좋아하는 놀이, 대소변, 수면, 식습관, 또래관계 등 모든 변화를 매일 기록하여 부모와 적극적으로 소통한다.

일주일에서 한 달 정도 단축 보육을 실시하는 적응기간 동안, 점차 보육시간을 늘려 가면서 영유아가 어린이집에 익숙해질 수 있도록 돕는다. 하루하루 영유아의 상태를 관찰하면서 단축 보육시간을 조절한다. 영유아가 담임교사에게 안정애착을 형성하면서 점차 기분 좋게 머무는 시간이 늘어나고, 일반적으로 낮잠 들기와 깨기의 일과까지 안정적으로 적응하면 적응프로그램을 종료한다.

1) 신입원아 적응과정

신입원아의 적응프로그램은 다음과 같이 순차적인 과정으로 진행한다.

- 부모 오리엔테이션과 입소상담을 통해 적응프로그램의 일정과 필요성, 각 단계마다 나타나는 영유아의 반응 및 부모역할을 안내한다.
- 담임교사는 개별 영유아의 애착물, 기질, 이전 어린이집 경험, 부모의 양육태도, 가정여건, 식습관 또는 좋아하는 음식, 수면습관, 좋아하는 장난감과 놀이, 기타 개별적인 요구사항 등을 미리 파악한다.
- 입소 전에 어린이집 주변을 방문하여 ○○어린이집에 우리가 언제부터 다닐 것이라는 이야기를 자녀에게 자주 들려준다.
- 1~4주간 단축보육을 단계적으로 실시한다. 이 기간 동안 영유아가 차근차근 일과에 적응할 수 있도록 돕는다. 단축보육 시간과 기간은 연령, 개별적인 특성, 가정환경을 고려하여 융통성 있게 실시한다. 보호자는 영유아가 최소한 3일 이상의 적응기간은 가질 수 있도록 미리 주변의 도움을 구하거나 일정을 조절해 둔다.

2) 신입원아 적응프로그램 운영과 단계별 교사 역할

신입원아가 어린이집에 처음 입소하여 적응하기까지는 일정한 적응기간이 요구된다. 따라서 〈표 2-12〉에 제시된 바와 같이 신입원아 적응프로그램 운영을 위한 준비를 철저히 할 필요가 있다.

표 2-12 신입원아 적응프로그램 운영을 위한 준비사항 확인

내용	준비사항	확인
신입원아의 특성을 파악하고 있다.	생활기록부, 면담	☐
신입원아의 적응일정과 단계별 영유아의 반응, 부모의 역할을 숙지하고 있다.	적응프로그램	☐
교사도 영유아의 애착물을 소중히 생각한다.	애착물	☐
개별적인 스킨십, 즐거운 놀이, 슬픔에 대한 공감 등 영유아와 할 수 있는 애착놀이 방법을 안다.	애착놀이 방법 알기	☐

적응이 시작되는 3월은 신입원아와 부모뿐만 아니라 교사도 가장 힘들고 어려운 기간이다. 반복되는 신입원아 적응프로그램을 위해 교사는 다음과 같은 사항을 숙지하고 실행할 수 있어야 한다.

- 영유아의 불안한 마음과 슬픔에 공감한다.
- 영유아가 잘 적응할 것이라고 믿는다.
- 부모의 마음을 공감하고 적응과정을 공유하며 매일 부모역할에 대해 구체적으로 안내한다.
- 영유아의 적응행동을 보고 다음날 보육계획에 반영한다.
- 애착물이 있는 물건을 집에서 가지고 오게 하고 앞으로의 일과를 말로 설명한다.
- 영유아가 즐겁게 적응할 수 있도록 발달에 적합한 교실 환경을 준비한다.
- 초기 적응과정에서 나타나는 영유아의 부정적인 행동은 문제행동이 아닌 정상행동이라는 것을 부모에게 안내한다.
- 개별적인 영아의 관심에 민감하게 반응하고 가정에서의 습관을 수용한다.

표 2-13 신입원아 적응프로그램 예시(2주 프로그램)

구분	영아	유아	단축보육시간 및 일과
보호자와 함께 둘러보기	1일	1일	(1시간) 보호자와 함께 어린이집과 교실을 둘러본 후 귀가
등원~오전 실내놀이	2일	1일	(2시간) 보호자와 함께 오전 실내자유놀이 후 귀가
등원~오전 실내/실외놀이	2일	1일	(3시간) 보호자가 떨어져 있는 상황에서 오전 실내, 실외 자유놀이 후 귀가
등원~점심	2일	1일	(4시간) 점심식사 후 귀가, 30분 이내에 도착할 수 있는 곳에서 대기
등원~낮잠	2일	1일	(6시간) 낮잠 시도 및 적응, 오후간식
등원~오후일과	2일	1일	(8시간) 적응프로그램 종료, 정상일과 진행
총 적응일수	11일	6일	

표 2-14 신입원아 적응프로그램 예시(26개월 영아)

일시	등원(시간)	간식	배변	실내자유놀이	실외자유놀이	점심	하원(시간)	낮잠
1일째(적응 시작)	부모님과 함께 등원함 양말을 벗고 사물함에 넣음 부모님과 함께 교실을 둘러보면서 탐색함	아빠와 간식 먹기, 놀이하려는 것을 아빠가 안고 왔지만 다시 뛰어 들어감 짜증을 내며 일어나지 않아 간식을 먹지 못함		역할놀이에서 바구니를 들고 시장놀이를 함. 아빠와 교사에게 야채와 생선을 나눠 줌. 교사가 먹는 시늉을 하자 접시와 수저를 나눠 줌. 싱크대에 먹은 놀잇감들을 싱크대에 넣고 물을 틀어 설거지를 하는 시늉을 하였음. 세척한 그릇과 놀잇감은 바구니에 다시 담아 서랍장에 넣어 정리하였음			(10시) 부모님과 함께 하원함 엄마가 인사를 유도하자 윙크를 하며 인사를 하였음 교사들이 손을 흔들며 인사를 하자 "뽀뽀"라고 이야기를 함 교사가 손등을 내밀자 손등에 뽀뽀함	
15일째(적응 완료)	(8시 40분 엄마와 등원) "엄마 가." "엄마, 회사."라고 말하며 엄마를 보냄	시작할 때, 자리에 앉아서 먹기 시작, 먹다가 돌아다님	기저귀 갈이는 좋아하지 않지만 선생님과 함께 대변을 변기에 넣고 "안녕" 하는 것을 즐김			자리에 앉아서 좋아하는 음식을 스스로 떠서 먹음		(4시 하원) 자기 이불을 찾아서 스스로 누울수있음 잠이 들 땐 선생님 품에 안겨서 토닥여 주어야 잠듦

활동 신입원아 적응프로그램을 작성해 보세요.

신입원아 적응프로그램				
이름		○○○	생년월일	○○○○.○○.○○.
입소일			원아정보	
사전정보		예) 쌀밥을 좋아함, 이불이 애착물임, 할머니가 부산에서 키워 주셨음		
구분		적응시간 (등원, 하원 시간)	적응내용	평가 및 계획
1일차	○월 ○일			
2일차	○월 ○일			
3일차	○월 ○일			
4일차	○월 ○일			
5일차	○월 ○일			
6일차	○월 ○일			
7일차	○월 ○일			
8일차	○월 ○일			
9일차	○월 ○일			
10일차	○월 ○일			
11일차	○월 ○일			
12일차	○월 ○일			
13일차	○월 ○일			
14일차	○월 ○일			
총평				

그림 2-13 적응: 영유아가 보이는 초기 불안감

그림 2-14 적응: 교사와의 공감을 통한 애착 형성

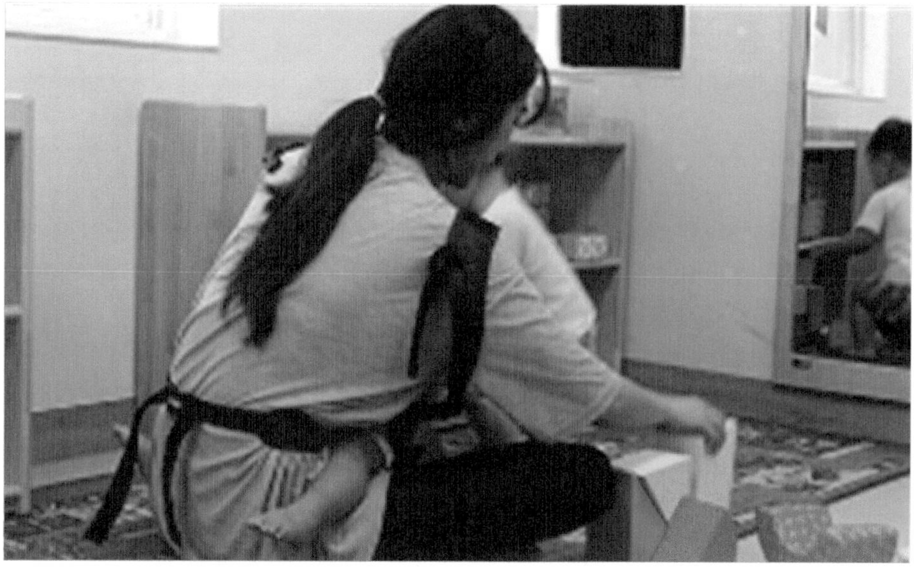

그림 2-15 적응: 교사와의 놀이를 통한 애착 형성

그림 2-16 적응: 개인 애착물 가져오기

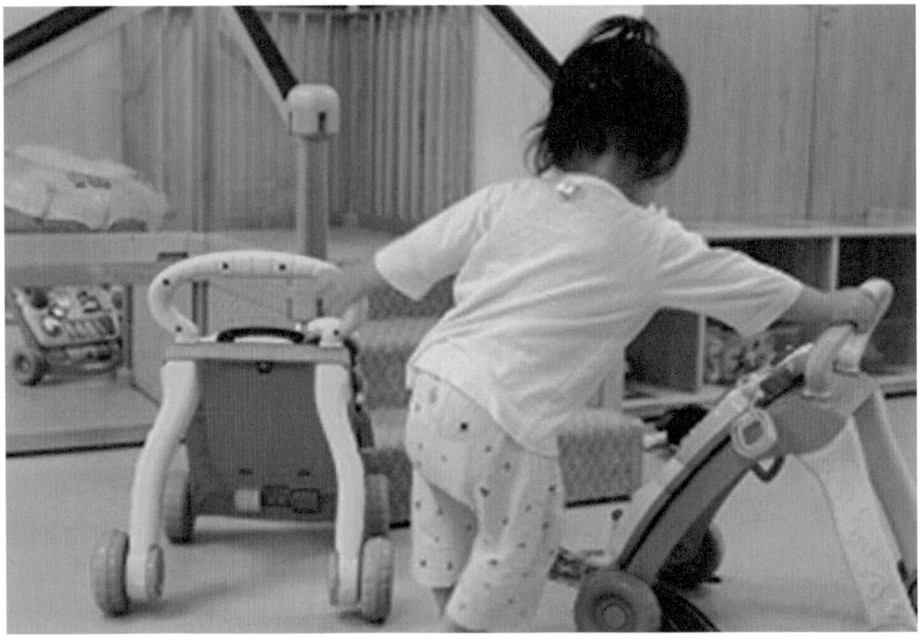

그림 2-17 적응: 발달에 적합한 교실환경 준비

적응내용에는 하루 일과(등하원, 식사, 배변, 기본생활습관)에 대한 적응내용, 놀이활동(좋아하는 놀이 또는 놀잇감, 참여 정도)에 대한 내용, 교사와의 애착 형성 또는 또래와의 사회관계에 대한 내용을 기록하고 총평에는 교사와 가정이 협조해야 할 사항, 특이사항 등을 기록하고 사진을 넣을 수 있다.

3) 수시 적응프로그램

초기 적응에 성공한 영유아들이라도 주말을 지내거나 2~3일 결석 후 등원하거나 가정환경에 변화가 생길 때 다시 분리불안이 일어날 수 있다. 이런 경우를 대비하여 2차 적응프로그램이 계획되어 있는 것이 필요하다. 2차 적응프로그램의 경우 1차 적응프로그램을 반복하는데, 이미 낯선 상황이 아닌 곳에서 자신의 주장을 이야기하는 것이기 때문에 기다려 주고 믿어 주는 성인의 역할이 더 중요하다.

제3장

사무 및 재정 관리

1. 문서관리 및 정보공시

어린이집에서는 「영유아보육법」, 보육사업안내, 평가인증, 지도점검과 관련된 필수 문서를 체계적으로 기록, 관리하고 보존해야 한다. 교직원은 문서를 통해 보육서비스의 질을 확인할 수 있고, 어린이집의 정확한 정보를 부모에게 제공할 수 있다.

1) 어린이집 비치 문서

어린이집에는 「영유아보육법 시행규칙」 제23조 별표 8, 『당해연도 보육사업안내』에 의해 〈표 3-1〉과 같은 장부 등을 비치한다. 장부의 보존기간은 「공공기록물 관리에 관한 법률 시행령」 제26조 제1항에 준하여 정하되, 보육통합정보시스템과 회계관리시스템에서의 전자문서로도 보존할 수 있다. 어린이집에서는 문서대장을 만들어 보존 및 폐기 문서 목록을 관리한다.

그 밖에 어린이집 운영에 필요한 문서는 개별 어린이집의 특성에 따라 작성, 관리할 수 있다. 평가인증 또는 관할 기관의 지도점검 기준에 따라 공통적으로 구비해 두는 문서는 〈표 3-2〉와 같다.

2) 어린이집 문서관리

문서관리 업무는 첫째, 유관기관과의 교류 및 보고를 위한 공문서의 수신 발송처리업무, 둘째, 재무관리, 인사관리, 원아관리, 시설 및 비품관리, 교재교구관리, 보육과정 운영, 부모연계 등에 필요한 문서 및 기안서 작성업무로 나눌 수 있다.

(1) 공문서

공문서는 대외 기관 또는 개인과 공식적으로 소통하고 사실관계를 확인하는 서류로 신중하게 작성하고 철저하게 관리해야 한다. 공문 발송 업무는 먼저 담당자가 공문을 작성하고 원장이 결재하면 문서 발송 대장에 기록한 후 관련 기관에 발송한다. 이후 문서번호 순으로 원본을 보관한다. 공문수신은 담당자가 문서를 수신하여 문서 접수 대장에 접수번호를 기록하고 원장이 결재하면 담당자가 해당 건을 처리한다.

표 3-1 「영유아보육법 시행규칙」 제23조 별표 8에 의한 문서대장

문서대장						
일련번호	보존기간	구분	문서번호	문서명(수량)	보존장소	폐기년월일
①	준영구	재산목록과 그 소유를 증명하는 서류		건축물대장 관리대장(비품, 교재교구, 도서 등)		
②	3년	어린이집 운영일지		어린이집 운영일지		
③	준영구	어린이집 교직원의 인사기록카드(채용구비서류, 이력서 및 사진 포함)		인사기록카드 이력서 및 임면관련 서류 사진		
④	5년	예산서 및 결산서		예산서, 결산서		
⑤	5년	총계정원장 및 수입, 지출 보조부		총계정원장 보육료관리대장 급여관리대장		
⑥	5년	금전 및 물품 출납부와 그 증빙서류		수입지출 결의서(증빙서류 필수) 현금 출납부		
⑦	준영구	소속법인의 정관 및 관계서류		※ 법인일 경우		
⑧	3년	어린이집 이용신청자 명부 및 이용아동 연명부		이용신청자 명부 이용아동 연명부		
⑨	졸업후 3년	생활기록부, 영유아 보육일지 및 건강진단카드		생활기록부 ※누적관리 보육일지 건강검진 결과서		
⑩	준영구	보육교직원 인사 복무 및 시설운영에 관한 규정 등		근로계약서 취업규칙		
⑪	1년	안전점검표		공간별 안전점검표 안전검사 결과표(공기 질, 소방안전, 석면, 놀이터 안전 등)		
⑫	1년	그 밖의 어린이집 운영에 필요한 서류				

표 3-2 평가인증 또는 지도점검을 위한 구비 문서의 종류

영역	문서의 예
보육환경	영역별 기본자료 목록 영역 구성, 주제 구성 자료
건강, 영양, 안전	CCTV관련 서류/동의서 응급처치 동의서 등하원 인수인계 과정에 대한 지침 및 귀가 동의서 다친 영유아와 아픈 영유아에 대한 지침 안전교육 연간계획 및 실행보고 안전사고보고서 응급상황별 응급처치 매뉴얼 감염성 질환의 예방과 대책 개별 영유아 식품알레르기 조사서 투약의뢰 및 보고서 아동학대 예방 지침 차량 안전수칙(차량 운행 시) 소방훈련 연간계획 및 월별 실행보고 비상시 대처방안 식단표/급간식단 실행 기록 조리사 위생 및 안전교육 기록 ※집단 급식소일 경우 관련 서류
보육과정과 보육활동	연간, 월간, 주간 보육계획안 보육일지(반별) 통합보육일지 현장학습 계획 및 보고/동의서 특별활동 계획 및 보고/동의서 관찰기록/포트폴리오/영유아 검사 기록
운영관리	부모 오리엔테이션 관련 문서 출석부/퇴소원서 수료(졸업) 발급대장 부모면담 기록 운영위원회 관련 문서 가족행사 계획 및 보고서 지역사회연계 목록 어린이집 이용관련 설문조사 공문수발 문서 지도점검 관련 문서
교직원	교직원 오리엔테이션 관련 문서 교직원 교육 관련 문서(의무교육 포함) 업무분담표 연월차 관련 문서(휴가신청서, 휴직관련 서류 외) 사직서 교사평가(승급/포상 및 징계) 관련 문서/면담기록지
기타	실습생, 자원봉사, 대체교직원 관련 문서

「행정 효율과 협업 촉진에 관한 규정」 7조(문서작성의 일반원칙)

- 한글로 작성하되 쉽고 간단하게 가로로 작성하며 숫자는 아라비아 숫자로 작성한다.
- 날짜의 표기는 숫자로 하되 연·월·일의 글자는 생략하고 그 자리에 온점을 찍어 표기한다(예: 2017. 11. 11.).
- 시·분의 표기는 24시간제에 따라 숫자로 하되 시·분의 글자는 생략하고 그 사이에 쌍점을 찍어 구분한다(예: 13:30).
- 용지의 규격은 특별한 경우를 제외하고 A4지를 사용한다.

문서 발송 대장

등록번호	결재일자	받는기관명	문서번호	제목	처리자(담당자)	발송일자
1	2017.○○.○○.	○○구청	2017-1	○○어린이집 지원금 신청	○○○	2017.○○.○○.

※ 등록번호: 결재가 끝난 순서에 따라 연도별 일련번호 기재

문서 접수 대장

접수번호	접수일자	보낸기관명	문서번호	제목	인수자(담당자)	비고
1	2017.○○.○○.	○○구청	○○구-203	○○어린이집 지원금 지급	○○○	

※ 접수번호: 접수되는 순서에 따라 연도별 일련번호 기재

※ 문서번호: 접수된 문서의 문서번호를 기재

(2) 기안서

교육과정 운영, 영유아 행사 또는 부모 행사, 지역사회연계 등 어린이집의 모든 업무를 시행하기 전에는 기안서를 작성하여 원장의 결재를 받는다. 기안서(계획서)는 업무의 목적, 필요성, 방법, 담당자, 예산, 작성 연·월·일 등의 내용으로 작성하는데 문서의 종류와 목적에 따라 양식과 내용을 달리 정할 수 있다. 모든 기안서(계획서)는 원장의 결재가 나면 이를 실행하고 필요시 평가를 기록하여 관련 문서와 함께 보관한다.

(3) 문서의 생산과 폐기

매년 1회 정기적으로 문서의 종류 및 보존기간에 따라 해당연도에 필요한 문서를 생산하고 보존기간이 경과된 문서는 폐기하는 업무를 실행한다. 개인정보가 포함된 문서는 폐기 시 파쇄기를 사용한다.

(4) 개인정보 관리

어린이집은 개별 영유아의 주민번호, 주소, 건강 정보, 각종 검사자료, 사진, 부모의 주민번호, 휴대폰번호, 이메일 등 많은 종류의 개인정보를 수집, 보관하고 있다. 따라서 모든 교직원은 개인정보 보호에 대한 중요성을 인식하고 관리체계를 수립해야 한다. 개인정보가 포함된 문서는 잠금장치가 있는 곳에 별도 보관하고 관리 소홀로 정보가 유출되는 일이 없도록 각별히 주의한다.

그림 3-1 어린이집 문서관리 및 보관

그림 3-2 잠금장치가 있는 장에 별도 보관된 개인정보 관련 문서

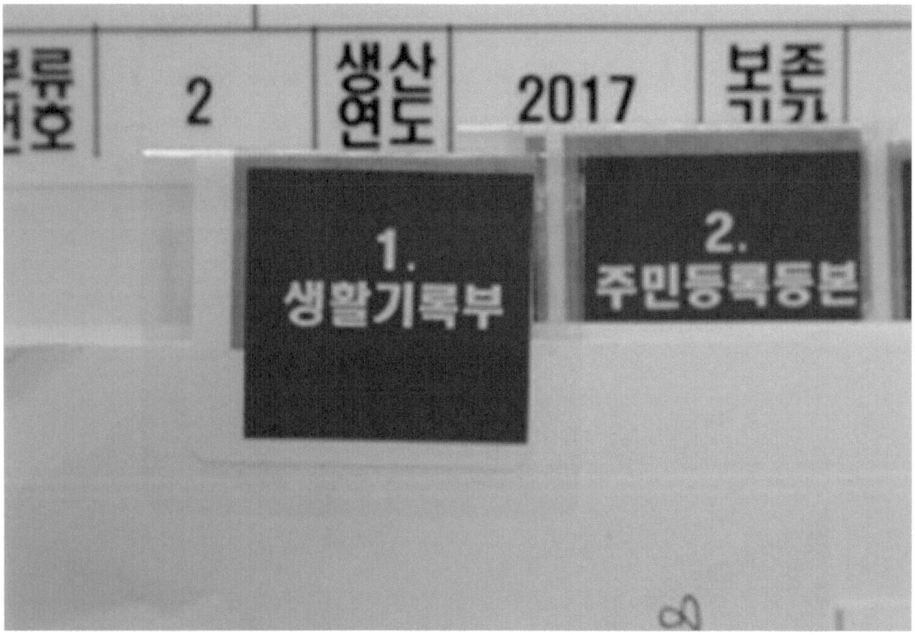

그림 3-3 건강진단, 각종 동의서 등의 문서는 영유아 개별 파일에 보관

생활기록부(유아)

1. 인적사항

어린이집명				졸업 대장		
아동	이름	(한글) (한자)	성별	남 · 여	사진 (2.5× 3㎝)
	생년월일		입.퇴소일	입소 퇴소	
	주소				
	전화번호		혈액형		

	아동과의 관계	부	모	형제(자매)	형제(자매)	기타
보호자	이름					
	직업					
	근무지(전화번호)					
	근무시간 평 일					
	근무시간 토요일					
	근무시간 일요일					
데려오고, 데려가는 사람	(성명 : 관계 :) (성명 : 관계 :)					

※ 비고: 보호자란 중 부.모가 있을 경우 양자 모두 기재

2. 출결상황

구분 \ 연령	3세	4세	5세
보육일수			
결석일수			
의견			

3. 영유아 표준 예방접종

대상전염병 및 백신종류	접종차수	접종 일자	접종 기관
DTaP (디프테리아, 백일해, 파상풍)	4차(추가)		
	5차(추가)		
IPV(폴리오)	4차(추가)		
MMR (홍역/유행성이하선염/풍진)	2차(추가)		
JEV(사백신) (일본뇌염)	3차		
	4차(추가)		
Flu (인플루엔자)	매년 접종		
주사용 (장티푸스)	고위험군에 한함		
기타 임시예방접종 등	명칭 기재		
	명칭 기재		

4. 신체발달상황

구분 \ 연령	3세	4세	5세
신장(㎝)			
몸무게(㎏)			
측정자			

기록 관리자 (인)

5. 활동발달상황

성명			
영역별 \ 연령	3세	4세	5세
기본생활습관			
신체운동 · 건강			
의사소통			
사회관계			
예술경험			
자연탐구			
종합의견			

그림 3-4 문서 보관: 영유아 생활기록부 보관

그림 3-5 교직원 인사기록카드, 건강검진 문서

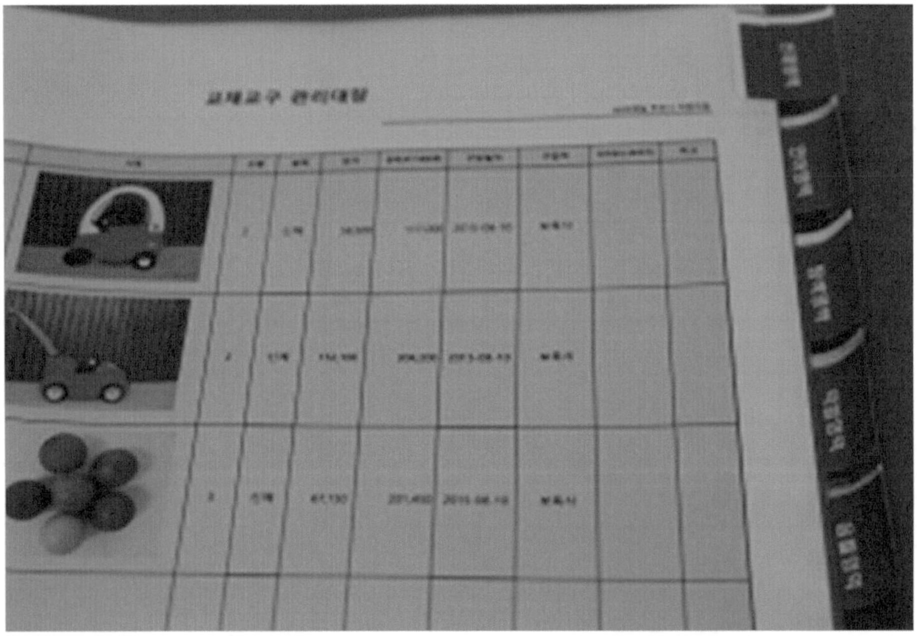

그림 3-6 재산목록 관련 문서: 교재교구 대장

그림 3-7 재산목록 관련 문서: 비품관리 대장

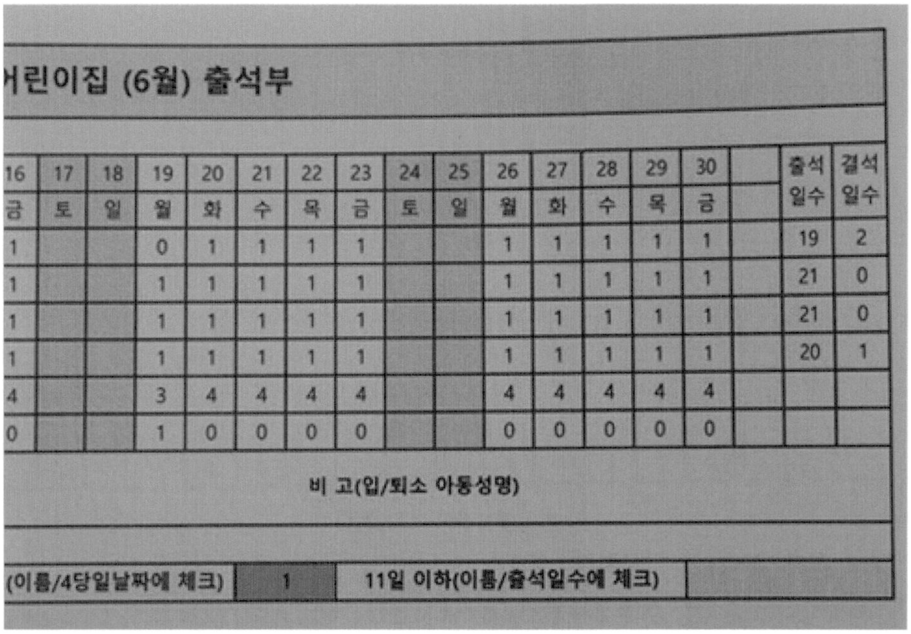

린이집 (6월) 출석부

16	17	18	19	20	21	22	23	24	25	26	27	28	29	30		출석 일수	결석 일수
금	토	일	월	화	수	목	금	토	일	월	화	수	목	금			
1			0	1	1	1	1			1	1	1	1	1		19	2
1			1	1	1	1	1			1	1	1	1	1		21	0
1			1	1	1	1	1			1	1	1	1	1		21	0
1			1	1	1	1	1			1	1	1	1	1		20	1
4			3	4	4	4	4			4	4	4	4	4			
0			1	0	0	0	0			0	0	0	0	0			

비 고(입/퇴소 아동성명)

(이름/4당일날짜에 체크)	1	11일 이하(이름/출석일수에 체크)	

그림 3-8 출석부

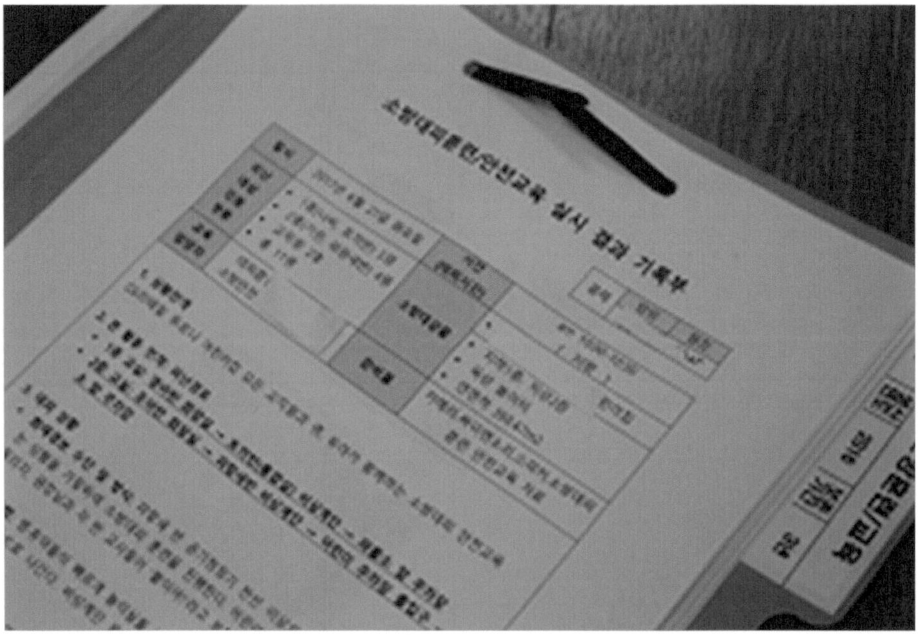

그림 3-9 안전교육 관련 문서(소방대피훈련)

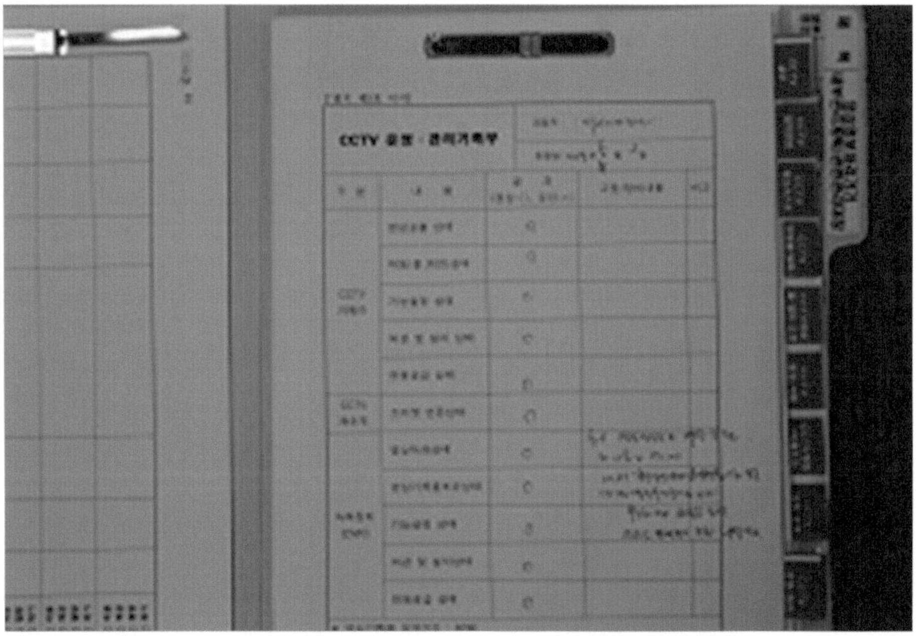

그림 3-10 CCTV 영상정보관리 관련 문서

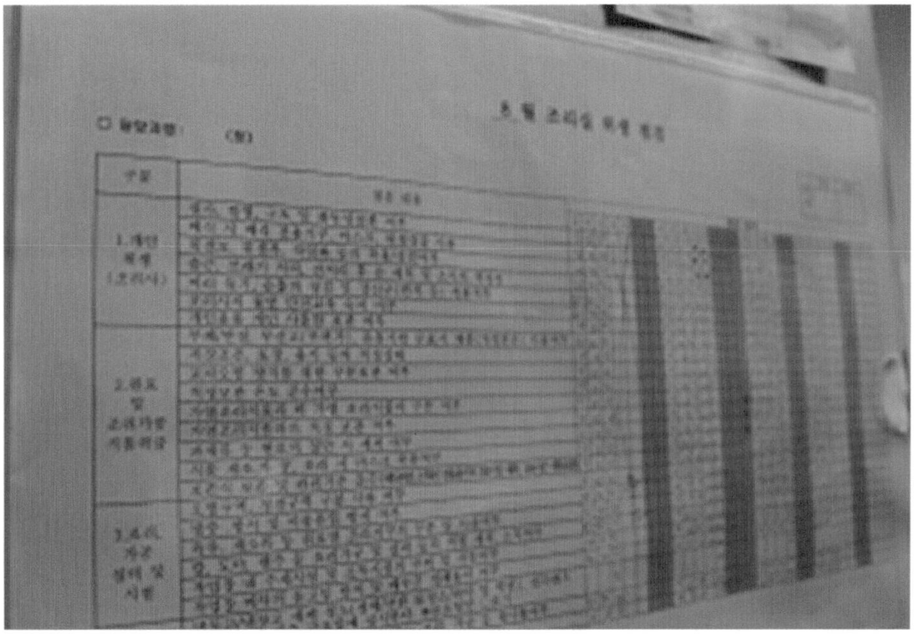

그림 3-11 안전점검표: 조리실 일일 안전점검표

그림 3-12 그 밖에 어린이집 운영에 필요한 자료 ① 주간(월간) 보육계획안

그림 3-13 그 밖에 어린이집 운영에 필요한 자료 ② 일일 보육계획안

3) 어린이집 정보공시

정보공시란 전국의 모든 어린이집의 주요 정보를 부모들에게 투명하게 공개하는 제도이다. 부모들이 어린이집을 선택할 때 보다 쉽고 편리하게 정확하고 자세한 정보를 알 수 있도록 하는 데 그 목적이 있다(「영유아보육법」 제49조의2). 정보공시의 주요 내용은 어린이집의 시설 개요, 설치 운영자, 보육료, 필요경비, 영유아의 건강/영양/안전관리, 기타 어린이집 운영에 관한 사항으로 세부 항목은 〈표 3-3〉과 같으며, 시 · 군 · 구에서 입력하는 기본항목 외의 항목은 원장이 정기적으로 업데이트한다.

그림 3-14 어린이집 정보공개포털(http://info.childcare.go.kr)

표 3-3 어린이집 정보공시 항목

<table>
<tr><th>공시정보항목</th><th colspan="2">공시정보의 범위</th></tr>
<tr><td rowspan="5">기본 현황</td><td rowspan="2">일반 현황</td><td>어린이집 이름, 설립일, 설립유형, 제공서비스, 운영시간, 주소, 전화번호 등</td></tr>
<tr><td>설치 운영자의 이름, 원장 이름</td></tr>
<tr><td rowspan="2">시설 현황</td><td>건축연도, 건물 층수, 건물 유형, 건물소유형태</td></tr>
<tr><td>건물 전용면적, 대지 총면적, 보육실 수 및 면적, 놀이터 면적, 비상재해대비시설 종류</td></tr>
<tr><td>폐쇄회로 CCTV</td><td>설치대수, 장소, 기기성능(화소), 운영 방식 등</td></tr>
<tr><td rowspan="3">영유아 및 보육교직원에 관한 사항</td><td colspan="2">연령별 학급 현황</td></tr>
<tr><td rowspan="2">보육교직원 현황</td><td>직종별, 자격별 보육교직원 현황</td></tr>
<tr><td>어린이집 원장 및 보육교사의 근속연수</td></tr>
<tr><td rowspan="2">법 제29조에 따른 보육과정에 관한 사항</td><td rowspan="2">표준보육과정 운영에 관한 사항</td><td>공통과정 주당 운영시간</td></tr>
<tr><td>보육과정 운영계획</td></tr>
<tr><td rowspan="5">법 제38조에 따라 수납하는 보육료와 그 밖의 필요경비에 관한 사항</td><td rowspan="2">보육비용</td><td>보육료의 연령별 최대 수납액</td></tr>
<tr><td>필요경비 항목의 최대 수납액</td></tr>
<tr><td rowspan="3">특별활동에 관한 사항</td><td>특별활동 영역, 프로그램명 및 대상 연령</td></tr>
<tr><td>주당 운영횟수 및 1회당 운영시간</td></tr>
<tr><td>프로그램 단가 및 업체명</td></tr>
<tr><td rowspan="2">예산, 결산 등 회계에 관한 사항</td><td colspan="2">세입예산서 및 세출예산서</td></tr>
<tr><td colspan="2">세입결산서 및 세출결산서</td></tr>
<tr><td rowspan="10">건강, 영양, 안전관리에 관한 사항</td><td rowspan="3">급식관리 현황</td><td>운영방식, 급식인원, 급·간식담당인력, 집단급식소 신고여부</td></tr>
<tr><td>식중독 발생 및 처리현황</td></tr>
<tr><td>식단표</td></tr>
<tr><td rowspan="3">환경 및 안전관리 현황</td><td>실내공기 질 관리 현황</td></tr>
<tr><td>정기소독 관리 현황</td></tr>
<tr><td>음용수 종류 및 수질검사 현황</td></tr>
<tr><td rowspan="3">안전교육 및 안전검사 실기 현황</td><td>소방대피훈련</td></tr>
<tr><td>놀이시설 안전검사 현황</td></tr>
<tr><td>가스점검, 소방안전 점검, 전기설비 점검 여부</td></tr>
<tr><td>법 31조의2에 따른 공제회 및 보험가입 현황</td><td>영유아의 생명 및 신체에 대한 공제 또는 보험/보육교직원 생명, 신체 공제 또는 보험/화재보험/가스사고 배상책임 보험/어린이 놀이시설 안전보험, 통학버스 책임 보험 가입 현황</td></tr>
<tr><td rowspan="6">그 밖의 보육여건 및 운영에 관한 사항</td><td colspan="2">어린이집 원장 및 보육교사의 보수교육 이수에 관한 사항</td></tr>
<tr><td colspan="2">아동의 안전교육 실시에 관한 사항</td></tr>
<tr><td rowspan="3">어린이 통학버스 운영현황</td><td>통학버스 운영여부 및 신고 현황</td></tr>
<tr><td>통학버스 승차 인원</td></tr>
<tr><td>통학버스 안전교육 이수 여부 및 이수 날짜</td></tr>
<tr><td colspan="2">「전기사업법」에 따른 전기안전점검 실시현황</td></tr>
</table>

출처: 보건복지부(2017).

2. 재무관리

부모가 자녀를 어린이집에 보내면서 납입하는 보육료는 0원이다. 그렇다면 어린이집 운영비는 누가 얼마를 내는 것일까? 정원 20명의 질 높은 어린이집을 운영하려면 운영비는 얼마나 필요할까? 먼저, 수입은 어린이집 유형에 따라 다르다. 개인이 운영하는 가정, 민간어린이집은 보육하는 영유아 수에 따라, 국공립어린이집은 근무하는 교직원 수에 따라 정부지원금을 받고, 유아반의 누리보조금도 있다. 정부지원금의 종류는 매우 다양하고 복잡하지만 결과만 놓고 본다면 우리나라의 모든 어린이집은 국민이 낸 세금으로 운영된다. 따라서 어린이집의 재무회계에 관한 사항은「사회복지법인 및 사회복지시설의 재무·회계 규칙」의 관·항·목에 따라 엄격히 집행해야 하며, 각 회계 규칙의 세부사항 또한 철저히 준수해야 한다.

1) 어린이집 재무회계 기준

어린이집 회계연도는 정부의 회계연도(예: 2016. 3. 1.~2017. 2. 28.)에 의해 운영되며 1 회계연도에 속하는 어린이집의 세입·세출의 출납사무는 당해연도 3월부터 다음 연도 2월말일까지 완결해야 한다.

예산총계주의 원칙에 따라 1회계연도의 모든 수입은 세입으로, 모든 지출은 세출로 하되, 세입과 세출은 모두 예산에 계정되어야 한다. 예산편성은 다음과 같은 절차에 따른다.

예산편성절차

• 예산편성지침을 어린이집에 통보	시장·군수·구청장	회계연도 개시 2월전
⇩		
• 당해연도 예산편성	어린이집 원장	시·군·구 예산편성지침 참고
⇩		
• 어린이집 운영위원회 보고	어린이집 원장	어린이집
⇩		
• 이사회의 예산 의결	사회복지법인	해당 어린이집
⇩		
• 시장·군수·구청장에게 예산안 제출	어린이집 원장	회계연도 개시 5일전
⇩		
• 어린이집 원장은 세입·세출 예산개요를 어린이집의 게시판이나 홈페이지에 20일 이상 공고	어린이집 원장	시·군·구에 예산안 제출 후

만약 회계연도가 개시되어 3월 1일이 되었는데도 어린이집의 예산이 성립되지 못했다면 준예산 체제로 운영할 수 있다. 예산 성립이 확정될 때까지 보육교직원의 급여, 어린이집 운영에 직접 사용되는 필수 경비, 법령상 지급 의무 경비를 전년도 기준으로 집행할 수 있다. 결산은 다음과 같은 절차에 따른다.

결산절차

• 세입 · 세출 결산보고서 작성	어린이집 원장	출납완료 시

⇩

• 어린이집 운영위원회 보고	어린이집 원장	해당 어린이집

⇩

• 이사회의 결산보고서 의결	사회복지법인	결산보고서 작성 시

⇩

• 시장 · 군수 · 구청장에게 결산보고서 제출	어린이집 원장	익년도 5월 31일까지

⇩

• 세입 · 세출 결산개요를 당해 어린이집의 게시판이나 홈페이지에 20일 이상 공고	어린이집 원장	결산보고서 제출 후

표 3-4 재무회계 절차 총괄표

	예산편성	예산집행		결산
원칙	• 모든 세입과 세출은 예산에 포함	• 예산의 목적 외 사용금지/예산의 전용 • 수입 · 지출의 관리는 예금통장에 의해 행함		• 세출예산의 이월
관련 서류	• 사업계획서 • 세입세출 예산서 • 준예산 • 추가경정예산	[장부] • 현금출납부 • 총계정원장 • 봉급대장 • 보육료대장 • 비품관리대장 • 정부보조금 명세서	[증빙서류] • 계좌입금증빙서류 • 수입 · 지출결의서 • 반납결의서 • 과목전용조서 • 예비비 사용조서	• 세입세출 · 결산총괄 설명 • 세입 · 세출결산서 • 연도말 잔액증명퇴직적립금 통장사본, 잔액증명서
과정	• 예산편성지침 (2개월 전) • 예산안 제출 (개시 5일 전)	• 수입 · 지출 사무의 관리책임자 선정		• 제출 (다음 연도 5월 31일까지)

그림 3-15 금전 및 물품출납부 보관(모든 수입은 세입으로, 모든 지출은 세출로 입력)

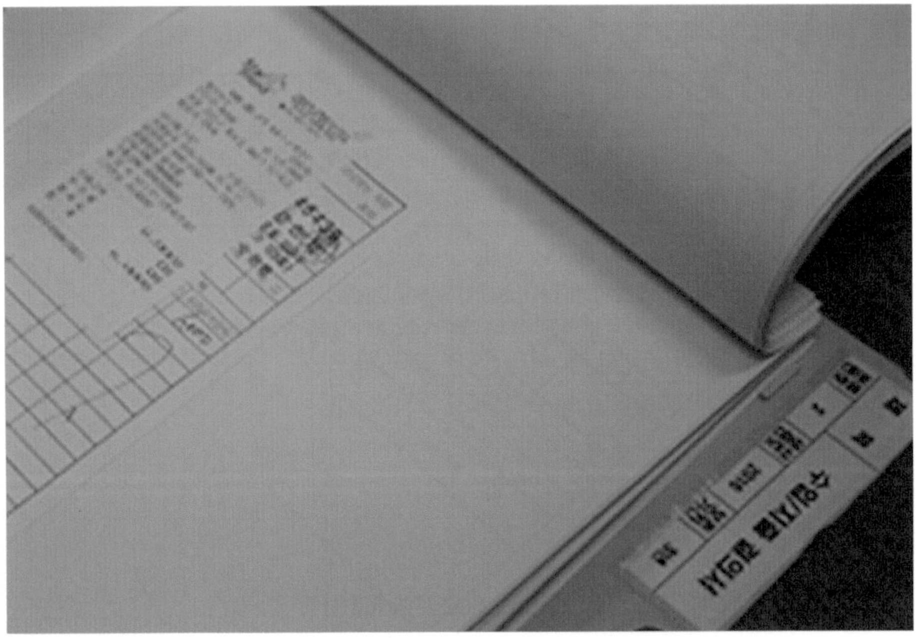

그림 3-16 지출: (세금)계산서, 카드결제영수증, 현금영수증 등 관련 증빙서류 첨부

(1) 어린이집 세입과 세출 예산편성 기준

① **보육아동 수**

첫 번째 예산편성 기준은 보육아동 수이다. 원아모집 결과를 반영하여 연령별 예상 아동 수를 기준으로 세입을 결정한다. 이때 교사 대 아동 비율과 운영시간을 고려하여 교직원 수도 함께 결정해야 보육료와 인건비 보조금을 예상할 수 있다.

② **보육료**

두 번째 예산편성 기준은 보육료이다. 실제 부모통장에서 빠져나가는 돈은 0원이지만 보호자가 아이행복카드라는 어린이집 전용 카드를 발급한 후 매월 보육료를 결제해 주어야 어린이집으로 보육료 보조금이 지급된다. 영유아 1인당 정부지원 보육료 단가가 세입예산의 기준이다. 보육료 단가는 물가인상분을 반영하여 3월을 기준으로 변동될 수 있다.

표 3-5 정부지원 어린이집 보육료 단가(2017년 기준)

연령	2017년	
	종일반	맞춤반
0세	430,000원	344,000원
1세	378,000원	302,000원
2세	313,000원	250,000원
3~5세	220,000원	

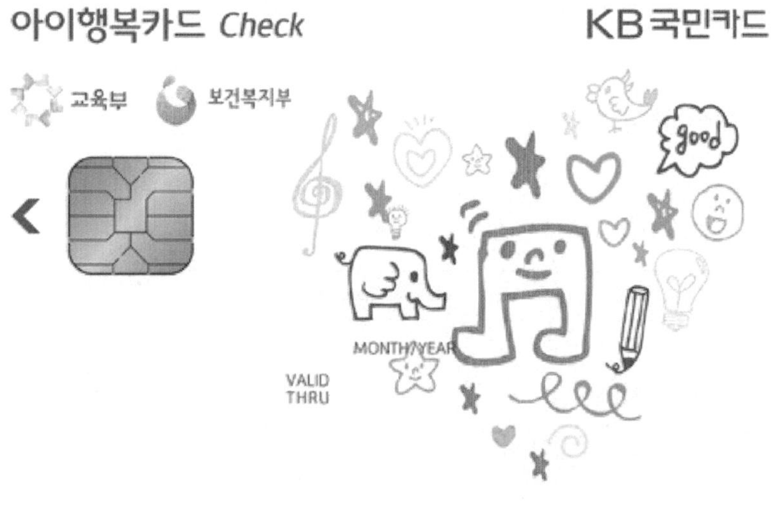

그림 3-17 아이행복카드

③ 수익자 부담

수익자 부담이란 특별활동비와 입학금, 현장학습비, 행사비 명목의 기타 필요경비로 실제 학부모가 부담하는 비용이다. 3월 이전에 해당 시 · 군 · 구별로 수익자 부담 비용의 수납한도액이 고시된다. 어린이집은 고시된 수납한도액 안에서 특별활동 과목과 현장학습 횟수 및 장소 등을 고려하여 부모 부담 금액을 결정한다.

표 3-6 서울시 기타 필요경비 수납한도액(2017년 기준)

기타 필요경비	2017년	비고
특별활동비	월 50,000원	입학금, 행사비 등 별도 수납 가능
현장학습비	분기별 75,000원	

④ 보조금 및 지원금

정부지원시설의 인건비 보조금, 정부지원시설을 제외한 민간 · 가정 · 직장 · 협동어린이집 중 만 0~2세 영아 대상의 기본보육료 지원금, 유아 대상의 누리과정운영비 보조금 이외에 해당 지자체 지원기준에 따라 시간연장 보육시설 지원금, 냉난방비 보조금, 급간식비 보조금, 보육도우미 인건비 지원금 등이 있다.

⑤ 보육교직원 인건비

어린이집 세출의 가장 큰 기준이 되는 항목은 교직원 수와 인건비이다. 국공립 등 정부지원어린이집은 보건복지부장관이 정한 인건비지원 기준으로, 민간, 가정어린이집은 「최저임금법」에 의한 최저임금 이상으로 인건비를 지급한다. 이 외에도 지방자치단체에서 별도 지급하는 교사처우개선비 등은 부가적으로 지급한다. 보육교직원 인건비 지급은 반드시 계좌로 입금하여야 하며, 보육교직원에게는 월급명세서를 발급하여야 한다.

표 3-7 2017년 어린이집 교직원 인건비 지급기준

호봉	시설장(월)	교사(월)	조리원(월)
1	1,958,100	1,621,800	1,352,300
2	2,011,000	1,668,800	1,371,400
3	2,076,600	1,720,300	1,427,400
4	2,138,800	1,774,300	1,457,100
5	2,201,500	1,828,800	1,489,200

6	2,339,700	1,954,500	1,556,800
7	2,422,400	2,037,300	1,624,900
8	2,476,500	2,074,600	1,651,600
9	2,548,000	2,131,200	1,706,000
30	3,942,100	3,354,100	2,834,500

(2) 어린이집 회계 총칙

수입 및 지출사무 관리주체는 별도의 수입담당과 지출담당을 두는 것이 원칙이나 어린이집의 경우 회계규모나 보육교직원 수 등을 고려할 때 어린이집 원장이 수입과 지출의 현금출납업무를 담당하되 필요할 경우 보육교직원에게 회계업무를 겸임하게 할 수 있다. 어린이집의 모든 수입 및 지출관리는 어린이집의 수입·지출만 관리하는 별도 어린이집 명의로 된 통장을 개설하여 사용하여야 한다. 회계의 방법은 단식부기를 사용하며 수입과 지출 행위 시에는 수입·지출 결의를 한 후 현금출납부, 총계정원장에 기록하고 청구서, 영수증, 지급내역서 등 관련 근거서류를 반드시 첨부한다.

① **수입의 원칙**

모든 수입금의 수납 관리는 금융기관에 취급시키는 경우를 제외하고는 원장과 위임받은 수입원이 아니면 수납하지 못한다. 출납 완결 연도에 속하는 과년도 수입과 기타 예산외 수입은 모두 현년도 세입에 편입한다. 지출된 세출의 반납금은 각각 지출한 세출의 당해 과목에 여입하며 과오납된 수입금은 수입한 세입에서 직접 반환한다.

보육료 수납은 보건복지부 앱, ARS, 어린이집에 설치된 카드단말기를 이용할 수 있다. 아이행복카드로 지원되는 정부보조금 이외의 수납은 신용카드, 무통장입금 또는 통장 자동이체, 계좌이체 등 금융기관을 통하여 수납해야 한다. 현금 수납은 원칙적으로 불가능하나, 불가피한 사유로 현금 수납하는 경우에는 기타 원칙을 준수하고 관련서류를 첨부해 두어야 한다.

② **지출의 원칙**

지출은 지출사무를 관리하는 어린이집 원장 및 그 위임을 받아 지출명령이 있는 것에 한하여 지출원이 행할 수 있다. 지출은 계좌입금, 어린이집 전용 신용(체크)카드를 사용하고, 이 경우 (세금)계산서, 카드결제영수증 등 관련 증빙서류를 첨부한다. 시·도지사가 정하는 소액의 범위 내에서 현금결제 가능하며, 이를 위해 지출원은 100만 원 이하의 현금을 보관할 수 있다. 현금 지출 시에는 증빙서류로 현금영수증을 첨부한다.

③ 어린이집 재무회계 규칙에 의한 회계보고 의무화

어린이집 원장은 매월 보조금 신청 시 보육통합시스템(CIS)에서 정한 형태와 내용에 따라 수입·지출 항목 등 재무회계 관련 자료를 전송 또는 입력한다. 이 외에도 보육교직원의 근로소득을 관할 세무서에 신고하여야 한다.

2) 어린이집 재무회계 세입·세출 예산과목

어린이집 재무회계의 세입 및 세출 예산과목은 〈표 3-8〉 〈표 3-9〉와 같다.

표 3-8 어린이집 재무회계 세입예산과목 구분(제10조 제3항 제2호 관련)

과목						내역
관		항		목		
01	보육료	11	보육료	111	정부지원 보육료	만 0~5세아, 장애아, 다문화·맞벌이가구 등에 지원되는 보육료 및 카드수수료 환급금 등
				112	부모부담 보육료	보호자로부터 받은 보육료
02	수익자 부담 수입	21	선택적 보육활동비	211	특별활동비	보호자가 부담하는 특별활동 비용
		22	기타 필요경비	221	기타 필요경비	보호자가 부담하는 입학준비금, 현장학습비, 차량운행비, 아침·저녁급식비, 졸업앨범비 등 기타 필요경비
03	보조금 및 지원금	31	인건비 보조금	311	인건비 보조금	국가 및 지방자치단체로부터 받은 인건비(어린이집으로 지원되는 처우개선비 등 포함)
		32	운영보조금	321	기본보육료	국가 및 지방자치단체가 보육비용의 일정 부분을 어린이집에 지원하는 보조금
				322	공공형 운영비	국가 및 지방자치단체가 공공형 어린이집에 지원하는 운영 보조금
				323	기타 지원금	국가 및 지방자치단체가 지원하는 급·간식비 및 냉난방비, 누리과정운영비 등
		33	자본보조금	331	자본보조금	신증축비, 개·보수비, 장비비 등

04	전입금	41	전입금	411	전입금	법인, 단체, 개인 등 운영 · 경영자로부터의 운영지원금
		42	차입금	421	단기차입금	회계연도 내 상환을 원칙으로 시설 운영에 필요한 비용을 금융기관 등으로부터 일시 차입한 단기차입금
				422	장기차입금	시설 개 · 보수 등을 위해 금융기관 등으로부터 차입한 장기차입금
05	기부금	51	기부금	511	지정후원금	국내외 민간단체 및 개인으로부터 후원명목으로 받은 기부금 · 결연후원금 · 위문금 · 찬조금 중 후원목적이 지정된 수입
				512	비지정후원금	국내외 민간단체 및 개인으로부터 후원명목으로 받은 기부금 · 결연후원금 · 위문금 · 찬조금 중 후원목적이 지정되지 않은 수입과 자선행사 등으로 얻어지는 수입
06	적립금	61	적립금	611	적립금 처분수입	적립금 및 퇴직적립금에서 이전받은 금액
07	과년도 수입	71	과년도 수입	711	과년도 수입	전년도 출납정리기간 이후에 납입된 수입
08	잡수입	81	잡수입	811	이자수입	금융기관에 예치한 예금의 이자수입
				812	기타 잡수입	차량 · 물품 등 매각수입, 변상금, 위약금 수입, 교육 외 수입(보증금 수입 등), 보육교사 실습비, 보험료 수령액 등 어린이집 자산매각 수입 포함
09	전년도 이월액	91	전년도 이월액	911	전년도 이월금	전년도 불용으로 이월된 금액
				912	전년도 이월사업비	전년도에 종료되지 못한 이월사업비

비고: 결산을 하는 경우에는 예산에서 사용한 과목에 따른다.

표 3-9 어린이집 재무회계 세출예산과목 구분(제10조 제3항 제2호 관련)

과목						내역
관		항		목		
100	인건비	110	원장 인건비	111	원장급여	원장인건비 중 기본급 등
				112	원장수당	원장에게 지급하는 상여금과 제(諸)수당
		120	보육교직원 인건비	121	보육교직원급여	보육교직원 인건비 중 기본급 등
				122	보육교직원수당	보육교직원에게 지급하는 상여금과 제(諸) 수당
		130	기타인건비	131	기타인건비	기타 일급 또는 단기 채용 임시 · 일용직 급여
		140	기관부담금	141	법정부담금	어린이집에서 부담하는 법정부담금(건강보험, 국민연금, 고용보험, 산업재해보상보험 등)
				142	퇴직금 및 퇴직적립금	어린이집에서 부담하는 퇴직급여 및 퇴직적립금
200	운영비	210	관리 운영비	211	수용비 및 수수료	소모품 및 집기 구입비, 도서구입비, 인쇄비, 홍보물, 각종 사무용 및 교구 비품의 수선비, 수수료, 구급약품, 치료비, 대관 · 비품대여료, 협회비, 우편료, 광고료 등
				212	공공요금 및 제세공과금	세금 및 공과금, 안전공제회비, 전기료, 상 · 하수도료, 도시가스료, 자동차세, 각종 보험료(자동차 · 화재 등), 전신 · 전화료(통신비) 등
				213	연료비	보일러 및 난방시설연료비, 취사에 필요한 연료비
				214	여비	국내 · 외 출장여비
				215	차량비	차량 관련 유류대, 정비유지비, 소모품 등
				216	복리후생비	보육교직원 복리후생을 위한 현물 · 서비스 지급비(교직원 건강검진비 · 피복비 · 치료비 · 급량비 등)
				217	기타 운영비	그 밖에 운영경비로서 분류되지 않은 경비(건물임대료, 건물융자금 이자 등)
		220	업무 추진비	221	업무추진비	어린이집 운영 및 유관 기관과 업무협의, 종무식 등 공식적인 업무추진에 소요되는 제반경비
				222	직책급	어린이집 원장의 직책수행을 위하여 정기적으로 지급하는 경비
				223	회의비	어린이집운영위원회, 부모회의 등 각종 회의 등에 소요되는 경비

300	보육 활동비	310	기본 보육활동비	311	교직원연수 · 연구비	교직원에게 지급하는 연수비 및 연구비
				312	교재 · 교구 구입비	보육 기자재, 도서 등 구입 및 제작비
				313	행사비	아동과 직접 관련되어 발생하는 각종 행사경비
				314	영유아복리비	영유아 건강 및 안전관련 비용(건강검진 비용 등)
				315	급식비	정규보육시간 내 제공되는 주 · 부식 재료 구입비 및 간식비
400	수익자 부담 경비	410	선택적 보육활동비	411	특별활동비 지출	특별활동에 따라 지출하는 비용
		420	기타 필요경비	421	기타 필요경비 지출	입학준비금, 현장학습비, 차량운행비, 아침 · 저녁급식비, 졸업앨범비, 기타 필요경비
500	적립금	510	적립금	511	적립금	어린이집의 안정적인 기관 운영 및 완성에 수년을 요하는 공사나 제조 등 특정목적사업을 위한 적립금
600	상환 · 반환금	610	차입금 상환	611	단기 차입금 상환	단기 차입금 원금 및 이자 상환액
				612	장기 차입금 상환	장기 차입금 원금 및 이자 상환액
		620	반환금	621	보조금 반환금	정부보조금 미사용분에 대한 반환금
				622	보호자 반환금	보호자 부담비 미사용분에 대한 반환금
				623	법인회계 전출금	법인에서 지원한 전입금과 연계하여 지출하는 법인회계로의 전출금
700	재산 조성비	710	시설비	711	시설비	시설 신 · 증축비 및 부대경비, 그 밖에 환경개선을 위한 개 · 보수비
				712	시설장비 유지비	시설, 장비 및 물품 등의 유지를 위한 수선경비
		720	자산 구입비	721	자산취득비	시설 운영에 필요한 비품구입비, 노후 업무용차량 교체 등 차량구입비(차량할부금 포함), 그 외 자산 취득비
800	과년도 지출	810	과년도 지출	811	과년도 지출	과년도 미지급금 및 과년도 사업비의 지출(지출대상 부도 등 부득이한 경우에 한해 제한적으로 인정)
900	잡지출	910	잡지출	911	잡지출	보상금 · 사례금 · 소송경비 및 원 단위 절사금 등
1000	예비비	1010	예비비	1011	예비비	예측할 수 없는 불가피한 지출소요

비고: 결산을 하는 경우에는 예산에서 사용한 과목에 따른다.

활동 다음 표에 제시된 현원을 기준으로 세입예산 양식과 세출예산 양식을 작성해 보세요.

구분	법적 교사: 아동 비	학급정원	2017학년도				
			종일반		맞춤반		담임교사 수
			아동 수(현원)	보육료	아동 수(현원)	보육료	
만 0세	1:3	6명	3명	430,000원	3명	344,000원	2명
만 1세	1:5	15명	11명	378,000원	4명	302,000원	3명
만 2세	1:7	14명	12명	313,000원	2명	250,000원	2명
만 3세	1:15	13명	6명	220,000원	0명	220,000원	1명
만 4세	1:20	13명	2명	220,000원	0명	220,000원	1명
만 5세	1:20	13명	0명	220,000원	0명	220,000원	0명
총계							

세입예산 양식

구분				세입예산		비고
관	항	목		금액	산출내역	
세입 합계						
보육료						
	보육료					
		정부지원 보육료			연령별 보육료 수입 합	보육료
		부모부담 보육료	만 3세			
			만 4세			
			만 5세			
수익자부담수입						
	선택적 보육활동비					
		특별활동비	만 3세		5만 원×6명×12개월	수납 한도액 내 수납
			만 4세		5만 원×2명×12개월	
			만 5세			
	기타 필요경비					
		기타 필요경비	입학금			수납 한도액 내 수납
			현장학습비		7.5만 원×8명×4분기	
			행사비		2.5만 원×8명×21일×12개월	
			시도특성화비용		3천 원×23명×12개월	

보조금 및 지원금						
	인건비 보조금					
		인건비 보조금	시간연장교사		정부의 인건비 지원금	
			시간연장당직반		정부의 인건비 지원금	
	운영보조금					
		기본보육료	만 0세			
			만 1세			
			만 2세			
		기타지원금	시간연장보육시설		지정시설	
			냉난방비			
			급간식비			
			누리과정운영비		만 3~5세 누리과정 지원금	
	자본보조금					
		자본보조금	신증축비			
			개보수비 등			
전입금						
	전입금					
		전입금	전입금			
			정부지원금			
적립금						
	적립금					
		적립금 처분 수입			퇴직적립금 반환금 등	
잡수입						
	잡수입					
		이자 수입			예금이자 수입	
		기타 잡수입			보육교사 실습비 등	
전년도 이월액						
	전년도 이월액					
		전년도 이월금				

세출예산 양식

구분				세출예산		비고
관항	목			금액	산출내역	
세입 합계						
비						
	원장 인건비					
		원장 급여	원장		월 급여×1명×12개월	
		원장 수당	기관운영비			기관 운영 관련
	보육교직원 인건비					
		보육교직원 급여	담임교사		월 급여×9명×12개월	
			누리보조교사			
			영양사			
			간호사			
			사무원			
			조리원		월 급여×2명×12개월	
			미화원			
			관리인			
		보육교직원 수당	직책수당(주임)		10만 원×1명×12개월	10만 원/월
			기타제수당1			
			기타제수당2			
			기타제수당3			
			시간외수당(휴일)		월 급여/209×1.5×10명×4시간×12개월	토요일 행사/교사 교육
			시간외수당(평일)		월 급여/209×1.5×3명×0.5시간×21일×12개월	평일 연장근무
			당직수당		월15.5천원×4명×1.5시간×12개월×21일	통합보육
			명절교통비 등(전일)		10만 원×11명×3회 명절(2회), 스승의날(1회)	10만 원/인
			상여금 등			
	기타 인건					
		기타 인건비	대체교사		6.56만 원×9명×15일×40%	
			대체교직원		7.5만 원×2명×15일×60%	
			미화원(주 15시간)			
			기타일용직급			

	기관 부담금					
		법정부담금	국민연금		(급여 + 제수당)×4.5%	사용자부담금
			건강보험		(급여 + 제수당)×3.06%	상동
			장기요양보험		건강보험료×6.55%	상동
			고용보험		(급여 + 제수당)×0.9%	상동
			산재보험		(급여 + 제수당)×0.7%	상동
		퇴직금 및 퇴직적립금			(급여 + 제수당)/12	퇴직적립금
운영비						
	관리운영비					
		수용비 및 수수료	사무용품		20만 원×12개월	문구/교재
			인쇄비		6.2만 원×12개월	학부용
			소모품비		46.5만 원×12개월	휴지, 세제 등
			집기구입비		10만 원×12개월	소규모(주방)
			수수료 및 용역비		10만 원×12개월	수수료, 검사
			환경검사비		60만 원×1회	어린이 공간
			의료비(병원비)		5만 원×12개월	의약품 구입
			소독유지비		20만 원×12개월	장난감, 카펫
			수선유지비(장비)		50만 원×12개월	정수기 등 임대
			홈페이지관리비		15만 원×12개월	유지 보수
			협회비		6만 원×12개월	연합회 등
			특별활동(영어)			강사료, 교재비
			특별활용(음률)			상동
			특별활용(체육)			상동
			특별활동(기타)			상동
		공공요금 및 제세공과금	세금 및 공과			재산세 등
			안전공제회비		1만 원×31명	종합보험료
			공공요금(전기, 수도)		220만 원×12개월	우편료 등
		연료비			70만 원×12개월	난방 · 취사용
		여비			5만 원×12개월	
		차량비(셔틀버스 대여료)				(통학용)
		복리후생비	독감예방접종			전염병 예방
			급량비(회식비)		2만 원×12명×12개월	야근 식대
		기타운영비				건물임대료 등

	업무추진비				
		업무추진비	업무추진비		5만 원×12개월	업무 협의 등
			경조사		20만 원×2회	결혼, 사망
		직책급			20만 원×12개월	원장 직책급
		회의비(운영위원회, 부모간담회)			10만 원×4분기	
보육활동비						
	기본 보육활동비					
		교직원연수비(교육)			4만 원×10명×12개월	
		교재교구비(구입, 제작비)			1.5만 원×64명×12개월	1인당 1.5만 원
		행사비	행사비		입 · 퇴소식, 어린이날,	부모강연회
			현장학습비(치량)			현장학습용
			현장학습(입장료)			
		영유아복리비(검사비, 건강검진비)			1.1만 원×31명	자아지각 등
		급식비(1식 2간식)			5천원×43명×12개월×21일	1인당 일 5천원
수익자부담 경비						
	선택적 보육활동비					
		특별활동비 지출	특별활동(영어)		37만 원×12개월	강사료/교재비
			특별활용(음률)		33만 원×12개월	상동
			특별활용(체육)		27.5만 원×12개월	상동
			특별활동(기타)			상동
	기타 필요경비					
		기타 필요경비 지출	입학금			매트, 커버
			현장학습비(차량)		15만 원×10개월	차량
			현장학습(입장료)		1만 원×20명×10개월	입장료
			아침저녁 급식비		2.5만 원×6명×12개월	일 2.5만 원
			행사비(수납시)		3.5만 원×12개월	어린이날 등
			시도특성화비(영아)		0.3만 원×23명×12개월	개인용교재
			시도특성화비(유아)		0.8만 원×8명×12개월	상동
재산조성비						
	시설비					
		시설비				신증축, 개보수
		시설장비유지비			100만 원×4분기	유지관리
	자산구입비					
		자산취득비			50만 원×4분기	비품, 대형 교재 교구 등
예비비						
	예비비					
		예비비				

제4장

시설설비 및 비품 관리

1. 시설설비관리

어린이집은 영유아의 발달 수준을 고려한 시설설비를 갖추어야 하는데, 어린이집의 시설은 어린이집의 목적을 실천하기 위해 활용되는 보육실, 조리실, 실내놀이터와 같은 물리적 환경 전반을 의미한다. 설비는 시설을 구성하는 조명이나 소방시설과 같은 보육을 위해 필요한 물리적 요소를 뜻한다(문혁준 외, 2015). 이러한 시설설비는 어린이집이 갖추어야 할 기본적인 사항들로, 영유아뿐만 아니라 보육교직원과 학부모들을 위해서도 적합한 시설설비를 갖추는 것이 필요하다. 여기서는 어린이집이 갖추어야 할 시설설비의 기준에 대해 알아보고, 시설설비관리에서 고려해야 할 사항들을 살펴보기로 한다.

더 알아보기 **어린이집 입지조건**

- 어린이집은 보육수요 · 보건 · 위생 · 급수 · 안전 · 교통 · 환경 및 교통편의 등을 충분히 고려하여 쾌적한 환경을 갖춘 부지를 선정하여야 한다. 영유아의 신체적 · 사회적 안전에 위험하다고 판단되는 시설(폐기물처리시설, 유흥업소, 전염병원 등) 인근에 어린이집이 입지하지 않도록 해야 하며, 위험시설 또한 어린이집 인근에 입지하지 않도록 노력하여야 한다.
- 어린이집은 위험시설(「주택건설기준 등에 관한 규정」 제9조의2 제1항에서 규정하고 있는 시설)로부터 50m 이상(수평거리) 떨어진 곳에 위치하여야 한다.

1) 시설설비 기준

「영유아보육법 시행규칙」 제9조 별표 1에서 제시하고 있는 어린이집 설치를 위한 시설설비 기준을 보육사업안내(보건복지부, 2017)와 어린이집설치운영길라잡이(중앙육아종합지원센터, 2016)에 기초하여 제시한다. 어린이집의 구조 및 일반기준은 다음과 같다.

- 어린이집의 건물구조 및 보육실 · 화장실 · 놀이기구 등이 영유아의 안전과 이용에 편리하도록 설계 · 시공되어 있어야 한다.
- 어린이집의 기본시설로 보육실, 조리실, 목욕실, 화장실, 옥외놀이터(정원 50인 이상 시설), 급배수시설, 비상재해대비시설(어린이집이 2층 이상인 경우)을 갖추어야 한다(「영유아보육법 시행규칙」 제9조 별표 1).

(1) 실내 시설설비

어린이집의 실내 공간으로는 출입구 및 현관, 보육실, 화장실, 교사실, 원장실, 조리실, 식당, 양호실, 복도 등이 있다. 어린이집 실내 시설설비는 보육활동을 위한 시설설비, 행정관리를 위한 시설설비, 서비스를 위한 시설설비로 구분하여 살펴본다(문혁준 외, 2015; 박혜경, 최윤영, 2002; 이경희, 정정옥, 2014; 이순형 외, 2012). 어린이집 실내 시설설비의 기본적 원리를 살펴보면 다음과 같다(이기숙, 김순환, 조혜진, 2014; Marilyn, 2007).

- 안전한 환경은 영유아에게 자유롭게 움직이고 탐색하며 새로운 도전을 시도하게 한다.
- 건강한 환경은 영유아가 질병이 발생하거나 감염될 가능성을 줄인다.
- 영유아의 신체크기에 맞게 설치된 시설설비는 영유아가 스스로 탐색할 수 있게 한다.
- 융통성 있게 변화 가능한 환경은 영유아의 연령과 활동에 따라 공간을 재정리할 수 있게 해 영유아의 흥미에 따라 변화가 가능하다.
- 여러 교육활동과 다양한 놀잇감을 갖춘 환경은 영유아에게 선택의 기회를 주어 영유아의 학습과 발달에 기여한다.

① 보육활동을 위한 시설설비

보육활동을 위한 시설설비로는 보육실, 화장실, 유희실 등이 있다.

1 보육실

보육실은 영유아가 어린이집에서 대부분의 시간을 보내는 곳으로, 채광 · 환기 · 온도 · 습도 등 영유아의 건강과 안전에 문제가 없는 건축물의 1층에 설치하는 것을 원칙으로 한다. 건물 전체가 어린이집인 경우 및 사업주가 직장어린이집을 설치하는 경우, 1층부터 5층까지 보육실을 설치할 수 있다. 건물 전체를 어린이집으로 사용하는 경우도 영아반 보육실은 1층에 우선 배치한다. 건물 전체를 어린이집으로 사용하는 경우, 건물 전체(지하층 포함)가 『건축법』상 노유자시설(어린이집)로 용도가 지정되어 어린이집으로 전용되어야 한다. 단, 직장어린이집을 설치하는 경우에는 반드시 노유자시설로 지정하지 않아도 가능하다.

보육실에는 영유아를 위한 책상, 의자, 개인사물함 및 교재교구정리장이 배치되어야 한다. 영유아가 사용하는 비품은 영유아에게 적합한 크기여야 하고, 영유아가 사용하기에 안전한 재질로 된 것을 선택해야 한다. 또한 영유아가 흥미를 가질 만한 교재교구를 갖추어야 한다.

보육실의 면적은 영유아 1인당 2.64㎡ 이상으로 규정하고 있다. 그러나 미국유아교육협회(NAEYC)는 영유아들이 자유롭게 협력하고 생활하기 위해서는 보육실의 면적이 1인당 3.6~5.6㎡가 되어야 한다고 언급한 바 있다(NAEYC, 1973). 보육실에는 기본적인 실내 설비들이 배치되므로,

영유아의 활동을 위한 충분한 공간을 확보하는 것이 필요하다.

그림 4-1 영아반 보육실 전경

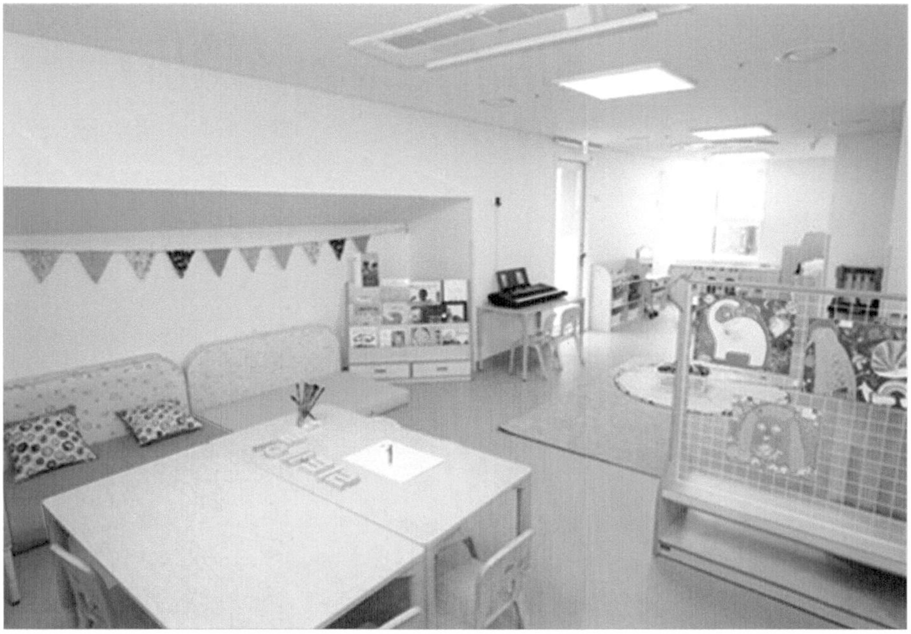

그림 4-2 유아반 보육실 전경

② 화장실

화장실은 영유아가 건강과 위생에 관련된 기본생활습관을 배우는 곳이다. 화장실은 보육실과 동일한 층의 인접한 공간에 설치하며(층간 설치 지양), 목욕실은 보육실과 인접한 공간에 설치(건물 외부 설치 불가)한다. 영유아용 수세식 변기는 가능한 한 10~15인당 1개 이상을 설치하는 것이 바람직하다. 다만, 가정어린이집의 경우 성인용 변기에 디딤판 및 탈부착식 유아용 변기를 설치하고 이동식 어린이용 변기를 갖춘 경우 유아용 변기를 설치하지 않을 수 있다.

보육교직원과 학부모 및 방문객을 위한 성인용 화장실을 별도로 설치하는 것이 필요하나, 공간이 부족한 경우 영유아 화장실 내부에 성인용 변기를 설치할 수 있다. 화장실 바닥은 미끄럼 방지 장치를 해 안전사고를 미연에 방지할 수 있도록 해야 한다. 세정장치와 수도꼭지 등은 온수 사용 시 화상을 입지 않도록 냉온수의 온도를 조정 및 고정할 수 있어야 한다.

종일반이나 영아반의 경우 화장실에 샤워설비를 갖춰 목욕실을 겸하거나, 별도의 목욕실을 설치

그림 4-3 영유아용 화장실 핸드타월

그림 4-4 영유아용 세면대

그림 4-5 영아용 화장실

그림 4-6 유아용 화장실

하는 것이 필요하다. 세면대, 비누, 수건, 거울 등은 영유아의 키, 팔 길이, 손 크기 등을 고려해 영유아가 사용하기에 편리하도록 설치해야 한다.

③ 유희실

유희실은 대근육활동을 위한 실내놀이터로, 대집단활동을 위한 공간이나 각종 행사 장소로 활용된다. 유희실은 미끄럼틀, 놀이집, 탈것, 놀이기구 등의 설비를 갖추어야 한다.

유희실의 바닥은 영유아가 안전하게 신체활동을 할 수 있도록 탄력성이 좋고, 소리가 덜 나는 재질을 선택한다. 유희실 안 또는 가까운 곳에 화장실을 배치하는 것이 좋다.

② 행정관리를 위한 시설설비

행정관리를 위한 실내 시설설비로는 사무실, 교사실, 원장실, 자료실 등이 있다.

① 사무실

사무실은 부모와 영유아에게 어린이집을 소개하고 접수 및 상담 업무를 보는 공간이다. 부모나 방문객을 위한 별도의 공간이 없는 어린이집에서는 부모 대기 공간으로 활용하기도 하고, 부모용 도서나 자료를 비치하기도 한다. 사무 업무를 담당하는 사무교사는 원장실과 인접하게 배치하는 것이 바람직하다.

그림 4-7 사무실(부모 대기)

그림 4-8 사무실(부모 상담)

② 교사실

교사실은 보육교사가 보육활동 계획을 세우거나, 교재교구를 제작하고, 다양한 서류를 작성하는 공간이다. 또한 교사가 휴식할 수 있는 공간이기도 하므로 교사실은 보육실이나 자료실 가까이 위치하는 것이 좋다.

교사실에는 책상, 의자, 컴퓨터, 프린터, 복사기, 코팅기 등의 사무용 비품과 교사의 개인물품을 보관할 수 있는 사물함과 옷장, 그리고 다양한 참고도서 및 자료 등을 갖추고 있어야 한다. 「영유아보육법」 시설 기준에는 사무실 외 교사실에 대한 별도의 규정이 없어, 많은 경우 사무실과 교사실을 구분하지 않는 경우가 많다. 그러나 어린이집 평가인증에서 교사회의나 교재준비 및 일과 후 휴식을 취할 수 있도록 교사를 위한 공간이 마련되어 있는 것을 우수한 수준으로 평가하고 있어(보건복지부, 2014), 교사를 위한 별도의 공간을 제공할 필요가 있다.

그림 4-9 교사실(컴퓨터 등 사무용품)

그림 4-10 교사실(교사용 도서)

3 원장실

원장실은 어린이집 원장이 어린이집을 운영 및 관리하기 위한 공간이다. 원장실은 현관과 실내외 활동을 쉽게 파악할 수 있도록 출입구와 가까운 곳에 배치한다. 영유아의 보호와 감독을 위해 어린이집 보육 전반에 대해 파악할 수 있도록 보육실과 동일한 층에 설치하는 것이 바람직하다.

공간이 협소한 경우에는 원장실과 사무실을 공동으로 사용할 수 있다. 별도의 상담실이 없는 경우에는 부모 상담과 교사 상담 및 손님 접대 등이 이루어지는 공간이 될 수 있어, 조용하고 프라이버시가 보호되는 공간이 되도록 해야 한다.

4 자료실

자료실은 교재교구를 보관하는 장소로, 다양한 주제별, 연령별, 재료별 교재교구를 체계적으로 정리하고 비치하는 공간이다. 자료실은 자료를 보관하는 수납장뿐만 아니라 탐색을 위한 공간도 필요하므로, 테이블과 의자 등도 함께 설치해야 한다.

교재교구 관리대장을 비치하여 관리함으로써, 자료의 분실이나 중복 구입을 방지할 수 있다. 자료실은 교사들이 빈번하게 사용하는 공간이므로, 보육실, 교사실과 가까운 곳에 배치하는 것이 편리하며, 영유아의 안전사고를 예방하기 위해 출입문과 수납함에 안전장치를 설치한다.

그림 4-11 자료실(라벨링된 수납장)

그림 4-12 자료실(교재제작용 물품)

③ **서비스를 위한 시설설비**

서비스를 위한 실내 시설설비로는 조리실, 양호실, 현관 등이 있다.

1 조리실

조리실은 영유아의 식사와 간식을 제공하는 곳으로, 1층 이상에 설치하는 것을 원칙으로 한다. 조리실은 채광이 잘되도록 하고, 기계 환기시설을 하여 청정한 실내 환경을 유지하도록 하며, 창문에는 방충망을 설치하여야 한다.

사업주가 직장어린이집을 설치한 경우로서 직장어린이집이 설치된 건물에 집단급식소를 운영하는 경우에는 조리실을 별도로 설치하지 않을 수 있다. 이 경우 영유아를 위한 음식의 조리공간은 분리 또는 구획되어 있어야 한다. 조리실은 식기를 소독하고 위생적으로 취사 및 조리할 수 있는 설비를 갖추어야 하고, 조리대, 싱크대, 냉장고, 냉동고, 소독기, 식기류, 환기장치, 식품보관실 등이 기본적으로 갖추어져 있어야 한다.

그림 4-13 조리실 조리기구

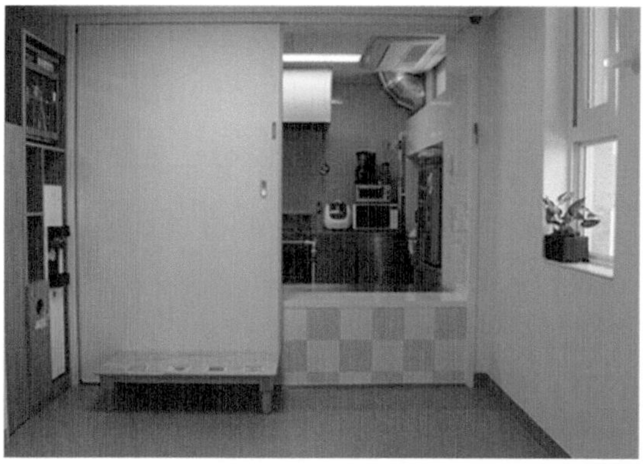

그림 4-14 조리실 배식대

조리실은 불을 사용하고, 영유아에게 위험한 시설설비가 많으므로 영유아가 쉽게 접근하지 못하도록 하고, 보육실과 가깝지 않게 배치해야 한다.

2 양호실

양호실은 어린이집에서 영유아가 아프거나 다친 경우 간단히 치료를 받거나, 부모를 기다리는 공간이다. 영유아가 100인 이상인 어린이집에는 아픈 영유아를 돌볼 수 있는 간호사나 간호조무사가 상주하도록 되어 있다.

양호실에는 영유아가 휴식을 취할 수 있는 침대와 응급처치에 필요한 구급약품을 비치해야 하는데, 약품은 영유아의 손이 닿지 않는 곳에 보관해야 한다. 양호실이 없는 경우에는 교사실이나 원장실, 사무실 등에 가리개를 이용해 공간을 만들어 주어야 한다.

3 현관

현관에는 부모와 방문자에게 어린이집의 보육목표와 보육정보를 전달하고, 교직원을 소개하며, 어린이집 공간을 안내하는 게시판을 구비하는 것이 필요하다.

(2) 실외 시설설비

어린이집의 대표적 실외 공간으로는 실외놀이터를 들 수 있다. 실외놀이터 및 놀이기구 설치 기준은 다음과 같다.

- 정원 50인 이상의 어린이집은 영유아 1인당 3.5㎡ 이상 규모의 옥외놀이터 설치를 원칙으로 하지만, 정원규모별 면적기준은 달리 적용할 수 있다.
- 어린이집의 2층 이상에 놀이터를 설치하는 경우, 「영유아보육법」에서 정하는 비상재해대비시설을 설치한다.
- 실내놀이터를 제외하고, 놀이터의 바닥은 모래밭, 천연 및 인공 잔디, 고무매트, 폐타이어 블록으로 설치하여야 한다.
- 업무용시설 밀집지역 등 일정 지역 전체가 옥외놀이터 부지 확보가 어려운 특수성이 인정되는 경우에 한하여 대체놀이터를 제한적으로 허용한다.
- 어린이집의 놀이기구 및 어린이용품은 「영유아보육법」 및 「어린이놀이시설 안전관리법」 「환경보건법」에서 정한 기준에 적합한 놀이기구를 설치하여야 한다.
- 놀이기구는 영아용과 유아용 또는 대상 연령별로 설치하여야 한다.
- 대근육활동 놀이기구(고정식) 1종 이상 포함, 최소 3종 이상의 놀이기구를 설치해야 한다. 대근육활동 놀이기구(고정식)는 그네, 미끄럼틀, 정글짐, 회전놀이기구, 공중놀이기구, 흔들놀이기

구, 오르는 기구, 건너는 기구, 또는 이를 두 가지 이상 결합한 조합놀이대 등으로 영유아의 대근육발달에 도움을 준다. 이 외에 놀이집, 널빤지와 안전 사다리, 삼각대, 뜀틀, 평균대, 점핑 바운서, 구르기용 매트, 헌 타이어, 대형 블록류, 이동식 농구대 등은 대근육발달을 위한 놀이기구 중 이동이 가능한 것이다.

- 「어린이놀이시설 안전관리법」에 따라 놀이터를 새로 설치하거나, 놀이기구를 증설하는 경우 설치검사를 통과한 시설에 한해 어린이집 인가가 가능하다.

그림 4-15 실외놀이터(모래놀이터)

그림 4-16 실외놀이터(놀이기구 보관창고)

2) 시설설비관리

시설설비는 어린이집 개원 이후부터 지속적으로 관리하고 유지해야 한다. 효율적인 관리를 위해 유지와 보수에 대한 연간계획을 세우는 것이 바람직하고, 관련 업체의 연락처를 정리해 두는 것이 유용하다. 또한 시설설비 관리 책임자를 임명하고 관리대장을 작성해 일상적으로 시설 전반에 대해 관찰하도록 한다. 또한 시설설비에 대해 주기적인 교체나 유지보수를 통해 청결하게 관리할 수 있도록 한다. 특히 시설설비의 교체나 보수에는 많은 비용과 시간이 소요될 수 있으므로, 미리 예산을 확보할 수 있도록 점검하고 계획적으로 관리할 필요가 있다.

표 4-1 기타 보육환경의 시설설비 관리

기타 보육환경	주요 내용	비고
사무실 (교사실)	어린이집의 공간적 환경이 여유가 있으면 사무용품 및 참고자료 등을 함께 비치하여 보육교사의 보육활동이 원활히 수행될 수 있도록 지원	보육실에 공간이 있으면 교사용 책상이나 사물함 비치 가능
자료실	영유아 놀잇감 및 관련 교구, 비품 등을 별도로 구분하여 지원하면 보육교사의 보육활동 준비에 매우 유용	영유아 활동공간이 아닌 별도 공간에 구성하고 복도 등 영유아 통행에 방해되지 않도록 유의
상담실	재원아의 영유아 가족 상담이 언제든지 가능하도록 별도로 공간 구성	원장실과 겸용으로 사용 가능
양호실	어린이집이 공간적 환경에 여유가 있으면 별도로 마련하여 투약이나 아픈 영유아를 안전하게 돌볼 수 있도록 지원	100인 이상 어린이집 간호사 배치
교사 휴게 공간	사무실(교사실)을 별도로 구성할 수 없는 경우 어린이집의 공간에 교사가 휴식할 수 있는 공간을 구성하여 보육교사가 쉴 수 있는 환경을 지원	교사회의 장소로 활용 가능
조리실	영유아의 급·간식을 지원하기 위해 어린이집 내에서 청결하고 위생적으로 조리할 수 있는 환경 및 관련 설비, 비품을 지원	영유아가 출입하지 않도록 안전관리
식당	반별 급식활동을 하지 않고 별도로 식당을 구성하여 점심지도를 하는 경우 영유아 동선에 유의하여 탁자를 배치하고 쾌적하고 청결하게 관리	별도로 식당을 꼭 설치해야 하는 것은 아님
세탁실	어린이집에서 수건, 여벌옷, 침구 등을 세탁하는 경우 별도로 구성하여 영유아가 출입하지 않도록 안전하게 관리	세탁용품 등 위험한 물건 보관에 유의
기타	식자재 보관실, 청소용품 보관실, 성인용 화장실 등	

출처: 중앙육아종합지원센터(2016).

2. 비품관리

비품의 사전적인 의미는 늘 일정하게 갖추어 두고 쓰는 물품이며, 어린이집에서 사용하는 책상, 의자, 컴퓨터, 시청각 기기 등 교수-학습활동에 사용되는 설비 및 갖추어야 할 물품으로 교사나 영유아가 비교적 간접적이고 보조적으로 사용하는 자료를 지칭한다(이기숙 외, 2014). 어린이집의 비품은 일반적으로 교구의 선정기준이나 관리 등의 측면에서 많이 유사하지만 교구가 영유아의 보육활동에 직접적으로 관여하는 것에 비해 비품은 직접적 및 간접적 관여 모두를 포함한다. 따라서 어린이집에서는 개원 초기에 영유아의 안전보육과 질적인 보육활동 제공을 위해 필요한 비품을 적합하게 구비하여 관리할 필요가 있다(중앙육아종합지원센터, 2016). 여기서는 먼저 비품 종류에 대해 알아보고 비품관리에 필요한 유의사항을 살펴보기로 한다.

1) 비품 종류

어린이집에서 갖추어야 하는 비품은 영유아의 보육활동 및 일상생활과 관련되는 영유아용 비품, 영유아의 급·간식 조리와 관련된 조리실 비품, 보육교직원의 업무에 필요한 사무용 비품, 청소 관련 비품 등 공용 비품으로 나누어 볼 수 있다. 어린이집의 규모와 상황에 따라 비품 종류는 증감을 조절하여 선택할 수 있고, 보육실 내에 보관하기 어려운 경우 어린이집 내 별도 공간에서 관리가 가능하다.

홍미영역 구성 시 비품 소요 기준은 다음과 같다.

- 수영역: 교구장 1개
- 과학영역: 교구장 1개
- 쌓기영역: 교구장 1~2개, 유니트장 1개
- 미술영역: 미술장 1~2개, 폐품장 1개, 미술건조대 1개
- 언어영역: 교구장 1개, 책꽂이 1개, 휴식매트 SET, 융판

어린이집에서 사용하는 비품을 선정하거나 구입할 때 다음 사항을 고려하도록 한다.

- 기관의 보육목표에 적합한 비품을 구입해야 한다.
- 비품 구입에 소요되는 경비와 구입 방법 및 절차를 점검해야 한다.
- 필요한 비품 목록을 작성하고 우선순위를 결정한 후 구입한다.
- 비품의 보관과 활용에 필요한 공간을 고려해서 구입한다.
- 가격이 경제적이면서 견고한 비품을 선택한다.
- 소모품은 한번에 과다하게 구입하지 말고 계획을 세워 구입한다.
- 구입할 비품이 신뢰할 만한 제품인지 확인하고 구입한다.
- 구입할 비품이 법적 안전기준에 합격한 제품인지를 확인한다.
- 견고하고 보관·관리하기에 용이한 비품을 선택한다.
- 영유아에게 매력적이고 심미적인 즐거움을 줄 수 있는 비품을 구입한다.

표 4-2 비품 종류

연령	만 1세	만 2세	만 3세	만 4세	만 5세	사진
기본 교구장	2단(열림) 3개 2단(닫힘) 2개 ※ 교구바구니	2단(열림) 3개 2단(닫힘) 2개 3단(닫힘) 2개 ※ 교구바구니	3단(열림) 4개 3단(닫힘) 3개 ※ 교구바구니	3단(열림) 4개 3단(닫힘) 3개 ※ 교구바구니	3단(열림) 4개 3단(닫힘) 3개 ※ 교구바구니	
책상	낮은 책상 1조	낮은 책상 1조	낮은 책상 1조 높은 책상 1조 의자 10개	낮은 책상 1조 높은 책상 1조 의자 10개	낮은 책상 1조 높은 책상 1조 의자 10개	
생활 비품	영아용식탁 6개 옷걸이 1개 사물함 10인용	옷걸이 1개 사물함 10인용	옷걸이 2개 사물함 20인용	옷걸이 2개 사물함 20인용	옷걸이 1개 사물함 10인용	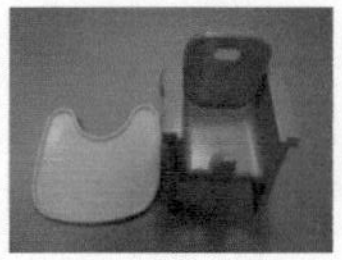
영역장	책꽂이 1개 미술장 1개 폐품장 1개 싱크대 1SET 플레이짐 (오름대)	책꽂이 1개 미술장 1개 폐품장 1개 싱크대 1SET	책꽂이 1개 미술장 1개 폐품장 1개 미술건조대 싱크대 1SET 유니트블럭장 악기장	책꽂이 1개 미술장 1개 폐품장 1개 미술건조대 싱크대 1SET 유니트블럭장 악기장	책꽂이 1개 미술장 1개 폐품장 1개 미술건조대 싱크대 1SET 유니트블럭장 악기장	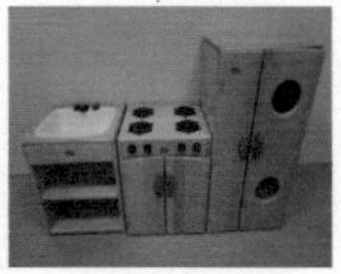 
교사용			화이트융판	화이트융판	화이트융판	
천류 카펫	휴식영역 쿠션 SET 천카펫	휴식영역 쿠션 SET 대형카펫	휴식영역 쿠션 SET 대형카펫	휴식영역 쿠션 SET 대형카펫	휴식영역 쿠션 SET 대형카펫	

2) 비품관리

개원 초기 보육실과 공용 공간에 필요한 물품 목록을 정리하고, 예산을 고려해 필요한 비품들을 구입한다. 구입한 비품은 〈표 4-3〉에 제시한 것처럼 관리한다. 먼저, 보육교직원들이 비품의 위치를 빨리 알 수 있도록 라벨을 붙여 두고, 비품대장에 목록을 정리한다. 특별한 보관이 필요한 비품은 안전한 장소에 보관하고, 비품관리대장을 작성해 사용내용과 반납내역을 기록한다. 비품 구입비를 예산서에 반영하고 교사들과 교사회의 등을 통해 교체가 필요한 비품에 대한 의견을 수합한다.

표 4-3 비품관리 목록

문서명	내용	비고
비품대장	• 용도별 비품대장을 준비하여 목록 정리 • 추가로 구입한 비품은 비품대장에 기록하여 정리	어린이집의 규모나 관리 상황에 따라 용도별 비품대장을 각각 혹은 함께 준비
비품관리 대장	비품실에 비치된 비품을 사용하는 경우 비품명과 일시, 담당자 등을 기록하고 반납 시 같은 방법으로 기록	동일비품을 함께 사용하는 경우 보육교사간의 사전적 합의로 사용하면 편리
교사 회의록	교사회의를 통해 매월 1회는 보육활동에 필요한 비품구입이나 비품관리의 안전성에 대해 의논하거나 건의사항을 의논하여 기록	
예산서	비품구입비를 수립하여 매월, 혹은 분기, 반기별로 교사들과 함께 의논하여 구입	
비품관리	• 현재 사용하지 않는 비품은 영유아 활동공간이 아닌 별도 공간에 안전하게 보관하여 관리 • 상자 등에 보관하여 정리하는 경우 겉면에 내용물의 이름을 표시하여 찾기 쉽게 관리 • 자료실은 절대로 영유아가 출입하지 않도록 항상 문을 잠궈 안전관리에 유의 • 보육실에서 상시적으로 사용하는 비품은 담임교사가 위생 및 안전 상태를 매일 점검하여 관리 • 보육실 외 기타 공간에서 사용하는 비품은 업무 분장을 통해 담당교사가 위생 및 안전상태를 매월 점검하여 관리	별도 비품실을 설치하지 못하는 경우 영유아가 사용하지 않는 안전한 공간에서 보관하도록 유의
비품관리 유의사항	• 파손되기 쉬운 비품은 영유아의 통행이 빈번한 통로와 떨어진 곳에 비치한다. • 깨지거나 엎질러지기 쉬운 비품은 영유아들이 쉽게 닿을 수 없는 곳에 두어야 한다. • 영유아에게 비품 관리법을 안내하여 모든 비품은 제 위치가 있음을 인식시켜 정리 · 정돈하는 시간을 준다. • 영유아가 비품을 고의적으로 부수거나 손상시키지 않도록 안내한다. • 훼손된 비품은 가능한 한 빨리 보수한다. • 비품을 정기적으로 청결하게 관리하여 도색 등 상태를 점검한다. • 비품을 관리할 때 열, 빛, 습도, 보관법 등을 고려한다.	

출처: 중앙육아종합지원센터(2016).

제5장

환경구성 및 교재교구관리

1. 환경구성
2. 교재교구관리

1. 환경구성

어린이집은 영유아가 장시간을 머무르는 곳이므로, 일상생활에 불편함이 없도록 공간을 배치해야 한다. 특히 발달에 적합하지 않은 물리적 환경은 영유아의 정상적인 발달과 보육과정에 지대한 영향을 끼칠 수 있기 때문에, 영유아의 발달 특성을 고려해 안전한 보육환경을 제공하는 것이 필요하다. 여기에서는 보육환경을 구성하는 원리에 대해 살펴보고, 영아와 유아를 대상으로 환경을 구성하는 방법을 알아보기로 한다.

1) 환경구성 원리

보육실의 환경구성에서 가장 우선적으로 고려하는 점은 발달적 적합성에 기초해 흥미영역을 구성하는 것이다. 흥미영역은 영역 고유의 다양한 자료를 한 공간 안에 제시해 독특한 놀이활동이 일어날 수 있도록 한 것으로, 교구장이나 매트 등을 통해 물리적 경계로 구분할 수 있다(신유림 외, 2013). 흥미영역은 영유아에게 탐색할 기회를 제공하고, 영유아의 흥미를 통한 자발적 참여를 촉진하며, 구체적인 경험을 통해 통합적 활동을 이끌어 낸다. 흥미영역의 구성은 교사 대 아동 비율, 영유아의 발달 특성, 놀잇감의 수와 종류, 어린이집의 교육철학 등에 따라 달라지고, 각 어린이집의 물리적 환경에 따라 변화를 줄 수 있다. 바람직한 물리적 환경 요소는 〈표 5-1〉과 같다.

표 5-1 물리적 환경 요소

물리적 환경 요소	내용
영유아의 생리적 욕구에 대한 환경 지원	영유아의 생리적 욕구란 급식 및 간식, 수유 및 이유, 배변(화장실 가기, 기저귀 갈기), 낮잠, 휴식 등에 대한 환경을 포함
영유아의 다양한 놀이활동을 위한 환경 지원	영유아의 연령별 발달 특성을 고려한 놀이 환경을 제공하는 것으로 각 연령에 적합한 활동영역 구성 및 배치
어린이집의 철학과 목표를 제공하는 환경 지원	보육과정이 지원되도록 연령에 적합한 보육활동 계획 수립 및 실행, 평가의 전반적인 과정을 위한 물리적 환경 지원
영유아에게 쾌적함과 편안함을 주는 가정과 같은 환경 지원	영유아가 장시간 생활하는 장소라는 특성을 항상 인식하여 가정과 같은 편안함과 안락한 환경 및 쾌적하게 휴식을 취할 수 있는 휴식영역을 포함
영유아와 교사 모두에게 편안하고 쾌적한 환경 지원	교사 역시 영유아의 가장 든든한 지원대상이라고 볼 때 양자 모두에게 편안하고 쾌적한 환경이어야 하므로, 밝은 채광, 통풍, 습도, 냉방, 난방, 양질의 급식과 간식, 교사 휴식 공간, 교사 연구 공간, 교사 청결 공간 등을 포함

프로스트(Frost)는 교실 영역을 [그림 5-1]처럼 활동적이고 건조한 영역, 활동적이고 물이 있는 영역, 조용하고 건조한 영역, 조용하고 물이 있는 영역으로 구분하였다(Frost & Kissinger, 1976). 흥미영역에는 역할놀이영역, 쌓기놀이영역, 음률영역, 미술영역, 언어영역, 수 · 조작영역, 과학영역 등이 있는데, 교실에서 흥미영역을 배치할 때 각 영역은 동적이거나 정적인, 건조하거나 물이 있는 비슷한 차원을 가깝게 모으는 것이 좋다. 예를 들어, 활동적이고 소음이 많은 역할놀이영역, 쌓기놀이영역, 음률영역을 서로 가까이 배치하고, 조용한 과학영역, 언어영역, 수 · 조작영역을 가까이 배치한다. 또한 각 영역은 독립성을 유지하면서 통합적으로 운영되어야 하므로, 낮은 이동식 교구장으로 영역을 구분해 공간의 크기와 형태를 자유롭게 바꾸어 운영할 수 있도록 구성해야 한다.

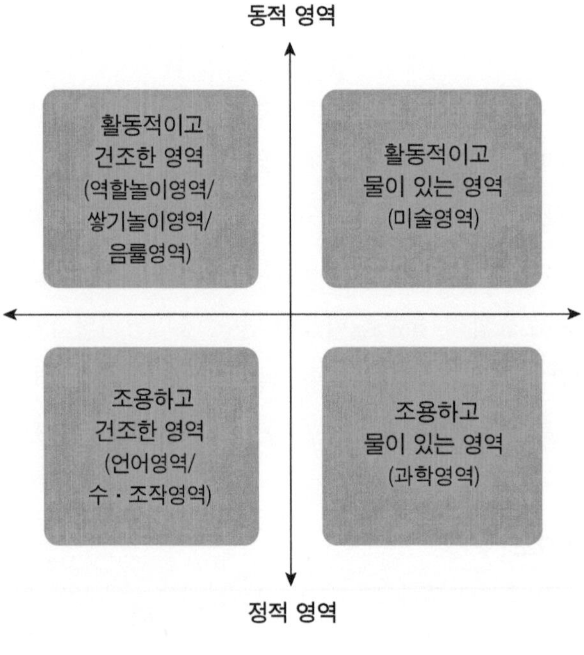

그림 5-1 프로스트의 흥미영역 구성 원리

이러한 구성 원리에 따라 영유아의 발달적 적합성에 기초해 영역을 구성할 때 각각의 영역에서 다음과 같은 사항을 고려해야 한다.

• 활동적이고 건조한 영역

- 역할놀이영역 · 쌓기놀이영역 · 음률영역은 영유아의 활동반경이 넓고 활동 시 소음도 큰 편이므로 보육실 안쪽보다 입구 가까운 쪽에 배치하고, 소음도를 고려하여 음률영역을 입구 쪽에 가장 가깝게 배치하면 좋다.
- 역할놀이영역과 쌓기놀이영역은 연합하여 구성하면 활동의 연계성이 편리하다.

• 활동적이고 물이 있는 영역

- 미술영역은 물을 사용하거나 영유아들의 상호작용이 원활한 영역으로 보육실 안쪽보다 입구 쪽에 있으면 편리하다.
- 보육실 안에 화장실이나 간이 세면대가 있는 경우 참조하여 배치한다.
- 미술영역 벽면을 영유아 활동물 게시공간으로 사용하면 좋다.

• 조용하고 건조한 영역

- 언어영역과 수 · 조작영역은 보육실 안쪽에 위치하는 것이 좋다.
- 혼자 쉬는 휴식영역은 보육실 안쪽에 배치하고 보육실이 협소한 경우 언어영역에 깔개와 쿠션, 소파 등을 비치하여 함께 사용하도록 한다.

• 조용하고 물이 있는 영역

- 과학영역은 식물 기르기 등의 활동이 많으므로 창문 쪽에 배치하는 것이 좋으며 수 · 조작영역 옆에 함께 배치해도 좋다.

이 밖에도 보육교사가 보육실 영역을 구성할 때 주의할 사항은 다음과 같다.

- 영유아가 교구를 사용하기 편리하도록 연령에 적합한 교구장을 제공한다.
- 영유아에게 다양한 경험을 제공하고 적극적인 활동 참여를 위해 연령에 적합한 놀잇감과 교구를 제공한다.
- 영유아 활동과 관계없는 비품은 흥미영역에 배치하지 말고 영유아 손이 닿지 않는 곳에 안전하게 보관한다.
- 영아는 발달 특성상 혼자놀이에 익숙하므로 똑같은 놀잇감을 충분히 제공하여 영아 간 갈등을 미리 예방한다.
- 영유아 연령에 적합한 탁자를 배치하여 놀이활동 및 급 · 간식 활동을 지원한다.
- 눈높이를 고려하여 벽면에 자료를 게시함으로써 영유아가 자연스럽게 탐색하고 흥미를 갖도록 지원한다.
- 영역을 구성할 때 모든 영역이 교사 시야에 들어올 수 있도록 배치하여 안전한 보육을 지원한다.

2) 연령별 환경구성

어린이집 평가인증에서는 발달적 적합성에 기초해 연령별 보육실의 흥미영역을 구성하여 〈표 5-2〉와 같이 제시하고 있다. 여기에서는 영아와 유아로 구분하여 흥미영역을 살펴본다.

표 5-2 연령별 흥미영역 구성

연령	흥미영역	유의사항
만 0~1세	언어영역, 탐색영역, 신체영역, 일상생활 영역(수유, 기저귀 갈기 영역 포함)	• 0~1세의 경우 음률영역, 역할놀이영역, 쌓기놀이영역, 미술영역을 구분하여 활동하는 것이 어려우므로 관련 놀잇감을 언어영역, 탐색영역, 신체영역에 영아의 놀이특성을 고려하여 배치하도록 지원 • 보육실마다 정적 영역에 휴식영역 구성
만 2세	언어영역, 탐색영역, 신체영역, 미술영역, 음률영역, 역할놀이 및 쌓기놀이 영역	
만 3~5세	언어영역, 수·조작영역, 과학영역, 음률영역, 미술영역, 역할놀이영역, 쌓기놀이영역	
Tip	가정어린이집의 경우 면적이 협소하여 공간상의 제약이 있을 수 있으므로 한 보육실 내에 모든 흥미영역을 구성하기 어려운 경우에는 어린이집 내에 흥미영역을 적절히 나누어 배치할 수 있다. 이때 영유아가 각 공간에 나누어 배치된 흥미영역을 모두 경험할 수 있도록 하루일과를 계획하고 공간을 활용하는 것이 바람직하다.	

출처: 중앙육아종합지원센터(2016).

(1) 영아

영아의 흥미영역의 특성을 정적 영역, 동적 영역, 일상생활 영역으로 구분하여 살펴보면 다음과 같다.

정적 영역에는 언어영역과 감각 · 탐색 영역이 해당된다. 언어영역에서 0세반은 자발적 언어활동을 할 수 없지만 보육실 안쪽의 밝은 곳에 듣기, 말하기, 읽기, 쓰기 환경을 균형 있게 지원하여 언어적 표현력이 풍부해지도록 지원해야 한다. 1세반은 언어적 표현력이 급속히 증가하므로 표현에 긍정적인 반응을 보여 주고, 언어적 표현력이 증가하도록 보육실 안쪽의 밝은 곳에 듣기, 말하기, 읽기, 쓰기 환경을 균형 있게 지원해야 한다. 2세반은 1세보다 언어적 표현력과 어휘력이 증가하므로 보육실 안쪽의 밝은 곳에 듣기, 말하기, 읽기, 쓰기 경험이 균형 있게 제공되도록 교구나 놀잇감을 주제에 맞게 지원해야 한다.

감각 · 탐색 영역에서는 빨기 놀잇감의 청결관리와 자연물 놀잇감의 정기적인 보관상태 점검이 필요하다. 감각 · 탐색 영역에서 0세반은 대다수 놀잇감 탐색이 빨기로 시작되므로 안전에 위험요

그림 5-2 영아반의 언어영역

소가 없는 크기나 재질의 놀잇감을 제공하여 다양한 감각의 자연스러운 발달을 지원해야 한다. 1세반은 0세보다 소근육 조절 발달을 위한 다양한 환경을 제공하고 놀잇감 탐색이 빨기를 통하여 이루어지므로 안전에 위험요소가 없는 크기나 재질의 놀잇감을 지원해야 한다. 2세반은 1세보다 소근육 조절과 협응이 발달하고 주변 사물에 대한 다양한 탐색이 증가하므로 안전을 고려하여 교구 및 실물, 자연물을 지원해야 한다.

동적 영역에는 신체영역, 미술영역, 음률영역, 역할놀이영역, 쌓기놀이영역이 해당된다. 신체영역은 보육실이 협소한 경우 실내 여유공간을 마련하여 활동을 지원한다. 0~1세반은 움직임의 욕구가 강하고 끊임없이 주변을 탐색하므로 보육실 내에 공간을 마련하여 항상 대근육활동 환경을 지원해야 한다. 2세반은 1세보다 훨씬 신체 움직임이 활발하고 다양한 신체활동을 즐길 수 있도록 보육실 내에 공간을 마련하여 항상 대근육활동 환경을 지원해야 한다.

그림 5-3 영아반 감각 · 탐색 영역

그림 5-4 영아반 신체영역

미술영역의 경우 0~1세는 언어영역에 끼적이는 공간, 탐색영역에 미술 놀잇감 등을 비치하여 지원한다. 2세반은 1세와 달리 창의적 표현활동이 증가하므로 다양한 표현활동 및 환경을 지원하고 벽면에 활동물을 게시하여 자신의 활동에 긍정적인 느낌을 갖도록 지원한다.

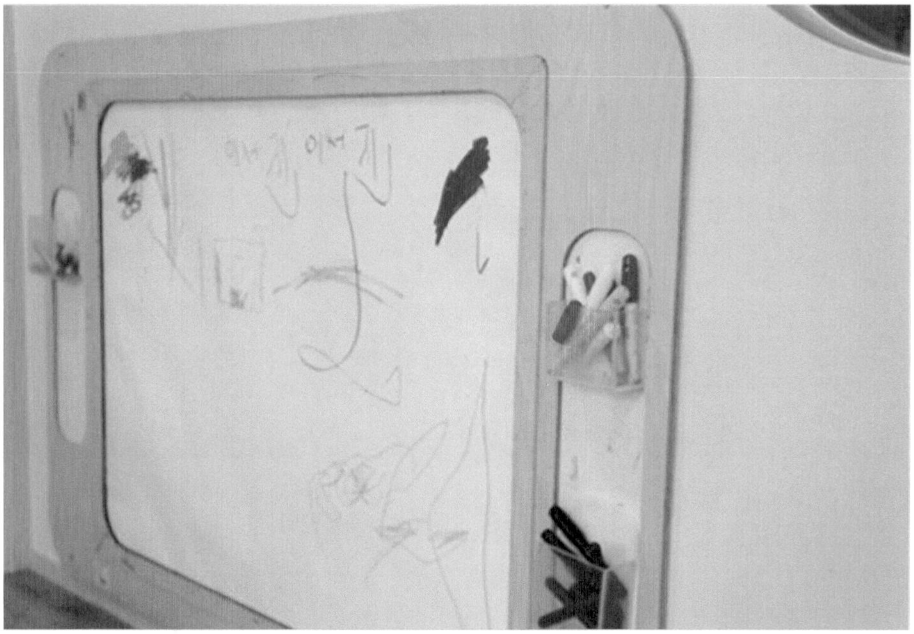

그림 5-5 영아반 미술영역

음률, 역할놀이, 쌓기놀이 영역의 경우 0~1세는 자발적으로 다양한 영역 활동을 하기 어렵지만 다양한 놀이환경은 필요하므로 신체영역이나 탐색영역에 0~1세의 놀이 특성을 고려하여 역할 · 쌓기 · 음률 놀잇감을 비치하여 지원한다. 2세반의 경우 음률영역은 연령에 적합한 음률 놀잇감과 동작활동자료를 제공하여 다양한 소리 탐색 및 신체표현활동이 일어나도록 지원한다. 역할놀이영역은 1세에 비해 이전 관찰 경험을 놀이활동으로 재연하는 지연모방이 정확하게 일어나므로 다양한 역할놀이가 일어나도록 역할 소품과 다양한 역할놀이 교구 및 놀잇감 등을 지원한다. 쌓기놀이영역은 블록을 이용한 공간 구성력과 분류 능력이 발달하므로 다양한 재질과 크기, 모양의 블록을 제공하고 바닥에 깔개나 카펫을 깔아 적극적인 쌓기 활동을 지원한다.

그림 5-6 영아반 음률영역

그림 5-7 영아반 역할놀이영역

그림 5-8 영아반 쌓기놀이영역

일상생활영역에는 휴식영역, 수유영역, 기저귀영역 등이 있다. 0~2세 영아기는 쉬는 공간 활용이 많은 시기이므로 휴식영역을 충분히 확보할 필요가 있다. 0~2세반 휴식영역은 교사가 영유아를 항상 관찰할 수 있는 곳에 배치되어야 한다. 휴식영역은 보육실 안쪽에 배치하고, 정적 안정성과 편안함이 제공되도록 깔개와 쿠션 등을 비치하여 영아가 원할 때마다 이용할 수 있도록 지원한다.

그림 5-9 영아반 휴식영역

사물함은 가능한 한 보육실 내 또는 입구 가까운 곳에 두고, 개별 사진과 이름을 부착하여 개별 여벌옷이나 가방 등을 수납하고 너무 높지 않게 비치하여 등하원 시 점차 영아 스스로 가방이나 물품을 정리정돈할 수 있는 환경을 지원한다.

그림 5-10 영아반 사물함

수유영역은 수유나 이유식을 지원하기 위해 개별 수유용품 수납장, 우유병 소독기, 간이 싱크대, 냉장고 등을 지원하고 영아용 탁자를 준비하여 급·간식을 지원한다.

기저귀영역은 보육실이 좁은 경우 기저귀갈이 매트를 사용 후 별도 보관하는 것이 가능하다. 0세반은 기저귀 관련용품 수납장과 기저귀갈이 매트, 뚜껑 있는 휴지통을 준비하여 영아와 언어적·비언어적으로 상호작용하고 공감하며 기저귀를 갈도록 지원한다. 1세반은 월령에 따라 기저귀영역이 여전히 필요하며, 배변훈련이 시작되는 시기이므로 화장실이나 이동식 변기를 제공하여 지원한다. 2세반은 배변훈련이 이루어져 대부분 화장실을 사용하므로 안전하고 청결한 화장실 환경 및 청결 습관을 기를 수 있는 환경을 구성하여 적극적으로 참여하도록 지원한다. 가정어린이집에서 성인용 변기나 세면대를 사용하는 경우 반드시 보조변기와 안전한 보조 발판을 사용하도록 유의한다.

활동 영아반 흥미영역 배치도를 그려 보세요.

출입구

그림 5-11 영아반 기저귀영역

(2) 유아

유아의 흥미영역의 특성을 정적 영역, 동적 영역, 일상생활영역으로 구분하여 살펴보면 다음과 같다. 정적 영역에는 언어영역과 수·조작영역, 과학영역이 해당된다. 언어영역은 보육실 안쪽의 밝은 곳에 듣기, 말하기, 읽기, 쓰기 활동이 균형적으로 제공되도록 하여 유아들이 자유롭게 문자에 대한 호기심을 갖고 적극 탐색할 수 있도록 지원한다. 언어영역에서는 듣기, 말하기, 읽기, 쓰기 환경을 균형적으로 지원하기 위해 연령과 발달에 적합한 놀잇감을 제공하도록 한다.

그림 5-12 유아반 언어영역

수 · 조작영역은 소근육, 논리적 사고, 수학적 사고, 문제해결과 관련된 활동을 하도록 보육실 안쪽에 구성하여 조용한 분위기를 제공하고, 소근육 발달 증진 및 연령에 적합한 수학적 사고 경험을 제공하도록 환경을 지원한다.

그림 5-13 유아반 수 · 조작영역

과학영역은 보육실 안쪽 햇빛이 잘 드는 곳에 구성하고 다양한 실물과 동식물을 직접 관찰하고 탐구할 수 있도록 주제에 맞는 다양한 자료들을 제공하여 관찰하도록 하며, 결과를 벽면에 게시하여 친구들끼리 서로의 내용을 비교하고 사고하는 기회를 지원한다. 수 · 조작영역과 과학영역은 보육실의 상황에 따라 연합 배치하거나 분리가 가능하다.

그림 5-14 유아반 과학영역

동적 영역에는 미술영역, 음률영역, 역할놀이영역, 쌓기놀이영역이 해당된다. 미술영역은 다양한 재료를 이용하여 그리기, 만들기, 꾸미기와 같은 표현활동이 이루어지고 완성된 작품이나 결과물의 감상 기회를 제공하는 영역으로 보육실 안쪽보다는 입구에서 가까운 쪽에 구성하여 마음껏 탐색하고 즐길 수 있도록 지원한다.

그림 5-15 유아반 미술영역

음률영역은 유아들이 음악을 듣고, 노래를 부르고, 여러 가지 악기 소리를 스스로 만들어 보거나 소리를 탐색하며 신체적 표현을 하는 영역으로서 활동적이고 소음이 많은 영역이므로 가능한 한 보육실 입구 가까운 쪽에 구성하여 다른 영역에 방해되지 않도록 지원한다.

그림 5-16 유아반 음률영역

역할놀이영역은 유아가 가정이나 주변 환경에서 경험한 다양한 역할을 모방하거나 관련 교구를 통해 가작화하여 풍부한 상상놀이 및 사회극놀이를 하는 영역으로 쌓기놀이영역과 연합하여 구성하고 활동 연계나 확장이 되도록 지원한다.

그림 5-17 유아반 역할놀이영역

쌓기놀이영역은 대근육과 소근육 발달을 돕고 공간적 관계, 크기, 모양 등 개념을 이해하도록 돕는 영역으로 블록을 최대한 활용할 수 있도록 충분한 공간을 제공하고, 소음을 줄이기 위하여 깔개나 카펫을 깔아 인접 영역에 방해를 주지 않도록 배려한다.

그림 5-18 유아반 쌓기놀이영역

일상생활영역에는 휴식영역, 사물함, 화장실 등이 있다. 놀이활동을 위한 공간과 더불어 유아가 휴식을 취하기 위해 쉬는 공간이 필요하므로 아늑하고 편안한 환경을 보육실 안쪽에 구성하여 언제든지 원할 때마다 이용할 수 있도록 휴식영역을 지원한다. 휴식영역을 언어영역과 연계한 경우 언어영역 활동의 특성과 휴식영역의 편안함이 모두 이루어지도록 유의한다.

그림 5-19 유아반 휴식영역

사물함은 보육실 입구 쪽에 유아의 수만큼 구성하여 개별 여벌옷이나 가방, 작품 등을 스스로 정리할 수 있도록 이름표를 부착하여 지원한다.

그림 5-20 유아반 사물함

화장실의 경우 안전하고 청결한 화장실 환경 및 청결한 습관을 기를 수 있는 환경을 구성하고, 유아들이 성적 차이에 대해 알게 되는 나이이므로 높이가 낮은 문을 사용하여 유아의 자존감에 대한 배려를 함으로써 스스로 화장실을 적극적으로 사용할 수 있도록 환경을 지원한다. 화장실에서는 스스로 손을 씻고 변기를 사용하도록 눈높이에 맞는 그림이 들어간 순서표 등을 부착하여 활용한다.

(3) 공용

보육실 외 다양한 실내외 환경으로는 실내유희실과 실외 대근육활동영역, 물모래놀이영역, 동식물기르기영역, 휴식영역, 창고/실외정리장 등이 있다. 다음의 영역을 참고하여 보육실 외 다양한 실내외 환경을 구성할 수 있다.

실내환경으로 실내유희실을 들 수 있다. 신체적 운동 발달을 지원하기 위해서는 넓은 대근육활동 공간이 필요하므로 자유롭게 움직일 수 있는 개방적인 공간을 제공하여 다양하고 안전한 대근육 활동자원을 지원한다.

활동 유아반 흥미영역을 그려 보세요.

출입구

실외환경으로는 먼저 대근육활동영역을 들 수 있다. 달리기나 미끄럼 타기, 그네 타기 등 주로 대근육을 사용하여 신체활동을 하므로 안전하게 할 수 있도록 모래나 탄력성이 있는 마감재를 사용하고, 여러 가지 대근육활동 교구 및 놀잇감을 비치하여 다양한 형태의 움직임 및 신체활동을 경험할 수 있도록 지원한다.

물모래놀이영역에서 물과 모래는 영유아에게 결과물을 요구하지 않으므로 내적 긴장이나 불만 등을 발산하거나 해소할 때 도움이 되는 영역이다. 서로 인접하게 설치하여 놀이가 확장될 수 있도록 지원한다.

그림 5-21 실외 대근육활동영역

동식물기르기영역에서 동식물 기르기는 자연에 대한 탐구와 관심을 증가시킨다. 동식물 성장과정 및 특성을 이해할 수 있도록 자연스럽게 기회를 제공하여 자연에 대한 관심과 긍정적인 애정을 가질 수 있도록 지원한다.

그림 5-22 동식물기르기영역

휴식영역은 실외에서 장시간 활동하면 지칠 수 있으므로 놀이 중이라도 언제든지 휴식을 취할 수 있도록 만드는 공간이다.

실외정리장을 두어 다양한 실외놀이 기구 및 소품을 실내에 보관하면 이동성이 낮으므로 별도로 실외에 창고나 보관함을 두고 쉽게 꺼낼 수 있도록 지원한다.

그림 5-23 실외정리장

2. 교재교구관리

영유아의 보육활동을 지원하는 교재와 교구는 교사가 영유아지도를 위하여 사용하는 교수자료와 영유아가 직접 탐색하고 사용하는 활동자료로 구분할 수 있다(중앙육아종합지원센터, 2016). 즉, 교사용 교수자료인 교재와 영유아의 활동자료인 교구는 상호연관성을 가지고 교육 자료로 사용되고, 보육활동에 직접적으로 활용되는 매개물이라는 공통점이 있다. 그러나 교재는 유아와 교사를 매개하여 교육을 전개하는 자료로 유아용과 교사용 모두 포함하는 반면, 교구는 구체적이고 직접적으로 영유아에게 탐색의 기회를 제공하는 모든 사물을 포함한다. 어린이집에서 제공되는 교재교구의 선정기준을 알아보고 교재교구관리에 대해 살펴보기로 한다.

1) 교재교구 선정기준

어린이집에서 구비하고 있는 교재교구의 양과 질에 따라 교수-학습방법과 교육의 질이 영향을 받는다. 따라서 어린이집에서 교재교구를 선정할 때는 소요 비용의 측면인 기능적 요구와 발달 수준에 적합하며 교육적 효과를 발휘할 것인지의 교육적 요구를 함께 검토할 필요가 있다(이순형 외, 2012). 구체적인 교재교구의 선정기준은 〈표 5-3〉에 제시되어 있다(중앙육아종합지원센터, 2016).

이 밖에도 교재교구를 선정하고 구입할 때 고려해야 할 사항은 다음과 같다(문혁준 외, 2015; 이기숙, 김순환, 조혜진, 2014; Decker & Decker, 2001).

표 5-3 교재교구 선정기준

흥미영역 교구 선정기준		내용
기능적 요구	안전성	유독성이 없고 깨끗하며, 끝이나 모서리가 날카롭지 않으며 정전기가 일어나지 않는 등 영유아 건강, 위생 및 안전보호를 위한 안전성을 고려한다.
	내구성	부딪치거나 눌러져도 손상되지 않을 정도로 견고하며, 열에 잘 견디고 껍질이나 칠이 벗겨지지 않고, 관리나 보관의 용이성을 고려한다.
	적합성	해당 연령에 알맞은 크기나 형태여야 하며, 다용도로 활용할 수 있고 성(sex)의 구분 없이 활용될 수 있도록 고려한다.
	경제성	가격이 적절하며 오랫동안 사용할 수 있는 부분도 유의한다.
교육적 요구	지적 측면	관련 영역에서 창의성, 주도성 및 탐구 능력을 촉진할 수 있고 여러 가지 감각발달에 적절하며, 사고력과 문제해결력을 증진시키고 지능발달과 개념 확장을 자극할 수 있는 교구를 선정한다.
	신체적 측면	행동의 동기를 부여해 주고 운동의 자유를 주며, 근육발달과 협응 능력을 촉진할 수 있는 교구를 선정한다.
	사회 · 정서적 측면	자신과 타인에 대해 우호적인 태도를 형성하고 상상력과 창의력을 자극하며, 다양한 개인 · 집단 활동의 기회를 제공해 주고 즐거움을 주는 교구를 선정한다.

출처: 중앙육아종합지원센터(2016).

- 기관의 교육목적에 적합한 교재교구를 구입해야 한다.
- 교재교구의 구입에 소요되는 경비와 구입 방법 및 절차를 점검해야 한다.
- 교재교구의 경제성과 내구성은 상호연관이 있으므로 두 측면을 동시에 고려해야 한다.
- 가능한 한 여러 가지 용도로 활용이 가능하고, 자주 사용할 수 있는 교재교구를 선정해서 구입한다.
- 교재교구의 보관과 활용에 필요한 공간을 고려한다.
- 가지고 놀면서 다치는 일이 없도록 위험요소를 살펴보고, 법적 안전기준에 합격한 제품인지 확인해야 한다.

2) 교재교구 종류

제3차 어린이집 평가인증(통합지표)에서는 영아와 유아를 구분하여 교육계획안의 주제와 관련된 활동자료를 영역별로 다양하게 구비하도록 제시하고 있다. 영아의 경우 영역별로 각각 3종 이상, 유아의 경우 영역별로 각각 4종 이상 구비되어야 한다. 구체적인 교재교구 비치기준은 〈표 5-4〉와 같다. 교재교구는 영유아의 연령 및 발달 수준에 맞게 제공되어야 하므로, 영아와 유아로 구분하여 흥미영역별로 교재교구의 종류를 살펴본다.

표 5-4 교재교구 비치기준

구분		영아	유아
신체영역	다양한 신체(대근육)활동을 위한 자료	3종 이상	4종 이상
언어영역	듣기, 말하기, 읽기, 쓰기의 언어활동을 위한 자료	듣기, 말하기, 읽기, 쓰기와 관련된 자료 각 1종을 포함하여 총 5종 이상	
미술, 음률 영역	창의적 미술, 음악 및 동작 활동을 위한 자료	(만 2세) 미술활동 자료 3종 이상 음악 및 동작 활동자료 3종 이상 ※ 만 0~1세는 감각·탐색 영역에 통합하여 비치 가능함	미술활동 자료 4종 이상 음악 및 동작 활동자료 4종 이상
감각·탐색 영역	감각·탐색 활동 및 소근육 조작 경험을 위한 자료	3종 이상	-
수·조작, 과학영역	수·조작활동과 과학활동을 위한 자료	-	수·조작활동 자료 4종 이상 과학활동 자료 4종 이상
역할놀이, 쌓기놀이 영역	역할놀이 및 쌓기놀이를 위한 활동자료	(만 2세) 역할놀이 자료 3종 이상, 쌓기놀이 자료 3종 이상 (만 1세) 역할놀이 및 쌓기놀이 자료 3종 이상 ※ 만 0세는 감각·탐색영역의 자료에 통합하여 비치함	역할놀이 자료 4종 이상 쌓기놀이 자료 4종 이상

(1) 영아용 교재교구

영아를 위한 흥미영역은 신체영역, 언어영역, 탐색영역, 일상생활영역, 미술영역, 음률영역, 역할놀이 및 쌓기놀이 영역 등으로 구분된다. 각 흥미영역에서 구비해야 할 교재교구는 0~1세와 2세로 구분하여 살펴본다. 쓰기영역의 교재교구는 0~1세와 2세 영아 모두 그들이 원할 때 언제든 자유롭게 사용할 수 있도록 영아의 손이 닿는 곳에 비치하여야 한다.

표 5-5 0~1세 영아반 흥미영역에 따른 교재교구

영역		교재교구	
언어	듣기 · 말하기	그림자료, 사진자료, 전화기, 짧은 이야기와 노래테이프 등	
	읽기	입으로 물거나 던져도 좋을 만큼 안전하고 견고한 재질과 형태의 그림책(헝겊책, 촉감책, 비닐책, 스펀지책, 소리 나는 책 등), 다양한 그림이나 사진자료(영아에게 친숙한 인물, 동식물) 등	
	쓰기	영아가 물거나 빨아도 안전한 종류로 짧고 굵은 크레용이나 부드럽게 써지는 색연필, 전지, 쓰기판 등	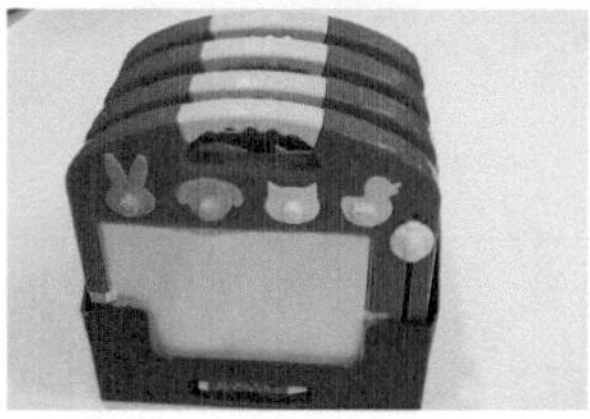
탐색		소리 나는 상자, 누르면 튀어 오르는 놀잇감, 고무나 플라스틱으로 된 고리 끼우기, 구슬을 조작하여 이동을 볼 수 있는 레일, 모양 찾아 맞추기, 색깔 맞추기 등	
신체		영아용 침대에서 사용 가능한 놀이기구, 기어오를 수 있는 계단이나 경사로, 실내용 그네, 운동기구, 잡고 걸을 수 있도록 벽 따라 설치된 봉, 스펀지 블록, 큰 공, 밀고 당기는 놀잇감 등	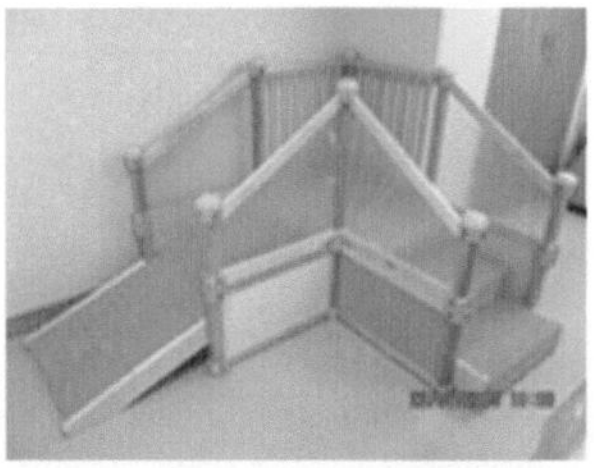

미술	벽이나 바닥, 책상 위에 넓게 붙인 큰 도화지와 무독성 크레파스, 부드럽게 써지는 색연필, 밀가루 점토, 스티커, 여러 가지 모양 도장 등	
음률 · 동작	소리 나는 물건을 흔들거나 두드리는 것을 좋아하므로 딸랑이나 안전한 방울, 마라카스, 녹음기, 음아테이프, 소리가 나는 활동 놀잇감, 주변에서 볼 수 있는 소리 나는 물	
쌓기놀이	우레탄 블록이나 스펀지블록, 종이벽돌블록, 헝겊으로 감싸져 있는 블록 등	
역할놀이	세탁이 용이한 재료로 만들어진 다양한 크기와 촉감의 인형(가족인형, 소리 나는 인형, 동물인형), 자동차류 등	

표 5-6 **2세 영아반 흥미영역에 따른 교재교구**

영역		교재교구	
언어	듣기 · 말하기	손 인형, 사진자료, 친숙한 일상생활 용품의 사진과 이름이 있는 그림카드, 전화기, 녹음된 목소리를 들어 볼 수 있는 카세트, 짧은 이야기와 노래 테이프 등	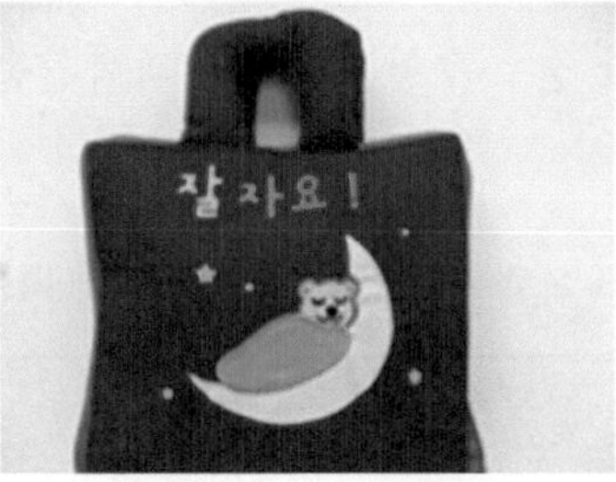
	읽기	글자 수가 많지 않은 다양한 주제의 그림책을 포함하여 재질과 형태가 다양한 책, 그림이나 사진자료 등	
	쓰기	굵은 크레용, 굵은 색연필이나 연필, 자석 쓰기판, 종이 등	
탐색		조작활동 자료와 탐색활동 자료, 촉감상자, 소리상자, 큰 구슬꿰기, 자석 등	
신체		미끄럼틀, 점핑 바운서, 조합놀이대, 볼풀 놀이대 등 고정식 놀이기구와 이동식 목마, 자동차, 끌차, 공, 후프 등	
미술		다양한 재질과 색깔의 종이류, 색연필, 크레용, 크레파스 등 그리기 도구, 우유팩, 잡지책, 안전가위, 풀, 밀가루 점토, 스티커, 모양도장 등	
음률 · 동작		북이나 흔들고 두드릴 수 있는 단순한 리듬악기, 녹음기, 음악테이프, 동작표현을 돕는 소품	
쌓기놀이		나무블록, 종이벽돌블록, 우레탄블록, 스펀지블록, 재질이 부드럽고 구멍이 큰 끼우기형 블록 등	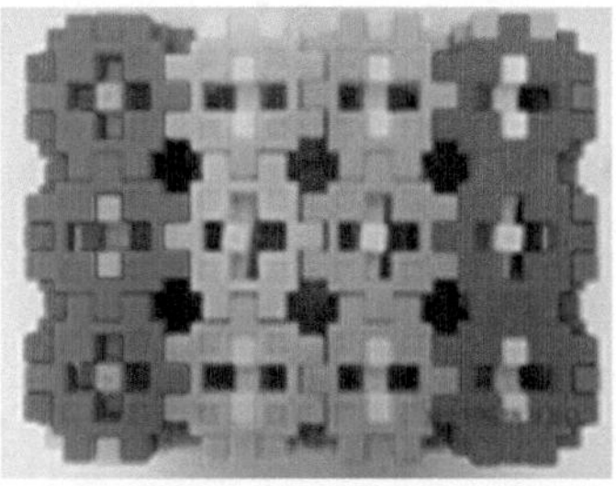
역할놀이		일상생활에서 부모를 통해 경험한 단순한 역할놀이용 자료(여러 가지 모양의 그릇 등 소꿉놀잇감, 전화기, 인형) 등	

(2) 유아용 교재교구

3~5세 유아를 위한 흥미영역은 언어영역, 수 · 조작영역, 과학영역, 미술영역, 음률영역, 역할놀이영역, 쌓기놀이영역 등으로 구분된다. 쌓기놀이영역에는 다양한 놀이 촉진을 위해 소품도 함께 비치하고, 음률영역에는 동작활동 자료도 함께 비치한다. 자연탐구영역에 수 · 과학영역을 함께 구성할 경우 수활동 자료와 과학활동 자료를 균형적으로 배치하도록 유의한다.

표 5-7 유아반 흥미영역에 따른 교재교구

영역		교재교구	
언어	듣기 · 말하기	조작이 간단한 카세트 플레이어, 다양한 주제의 이야기 테이프, 헤드폰, 교사나 부모 등 친근한 사람의 목소리가 녹음된 테이프, CD플레이어와 이야기 CD, 유아가 스스로 이야기를 꾸미거나 자신이 아는 이야기를 반복하도록 촉진시키는 소품	
	읽기	다양한 주제의 각종 그림책, 사진첩, 유아들이 만든 그림책, 주제에 따른 화보모음 책, 동요 · 동시집, 어린이용 잡지나 카탈로그, 사전, 간판, 메뉴판, 광고나 포스터 등 실생활에서 볼 수 있는 환경인쇄물, 각종 글자 모양과 글자 퍼즐 등	
	쓰기	크기와 모양이 다양한 종이, 굵은 색연필이나 연필, 사인펜 등의 다양한 필기도구, 소형 화이트보드와 마커펜, 글자 상자, 단어 카드, 자 · 모음카드, 독서 카드, 글자 도장, 타자기, 컴퓨터와 프린터 등 쓰기 활동자료는 영유아가 원할 때 언제든 자유롭게 사용할 수 있도록 영유아 손이 닿는 곳에 비치하여야 함	
미술		필기구류, 물감류, 종이류, 만들기 도구류, 만들기 재료류, 점토류, 폐품류	

수 · 과학	수를 셀 수 있는 구체물, 패턴, 색 관찰판, 자석, 돋보기, 온도계, 현미경 등 과학 자료, 화보, 동식물 기르기 자료  
음악 · 동작	마라카스, 우드블록, 탬버린 등 리듬악기, 실로폰, 핸드벨, 키보드 등 멜로디 악기, 국악 악기, 오디오, 가사판  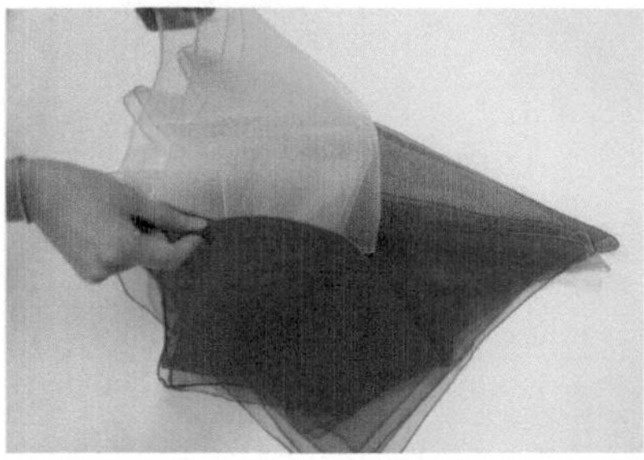
쌓기	할로우 블록, 유니트 단위 블록, 종이벽돌 블록, 레고 블록, 널빤지, 각종 모형 및 소품(자동차, 동물, 사람 모형), 다양한 사진과 화보  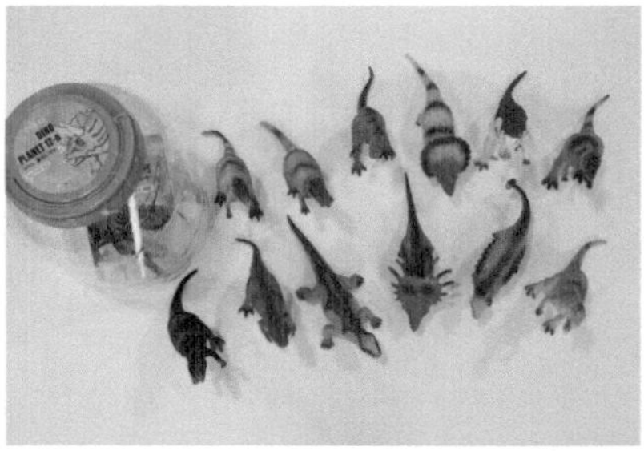
역할	음식모형, 계산대, 역할극용 소품(병원놀이, 소방서 놀이, 방송국 놀이 등), 요리도구, 화장품 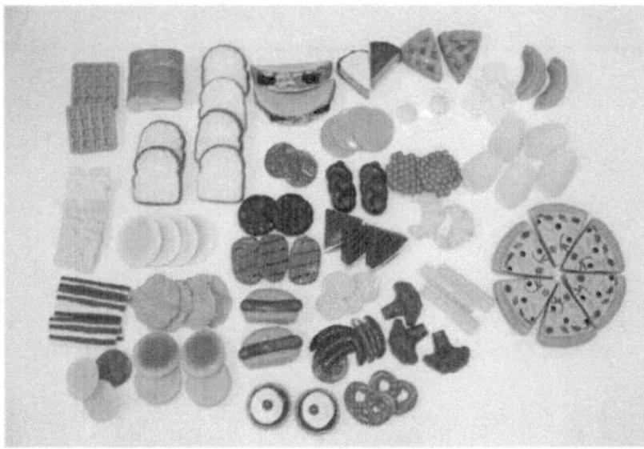 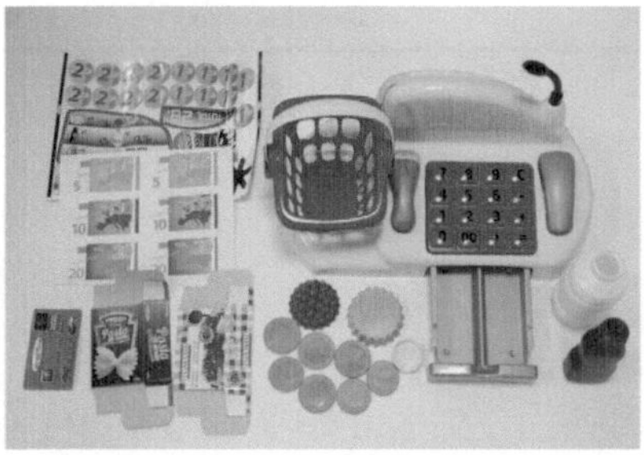

(3) 실외놀이

실외놀이 공간에도 영유아가 안전하게 놀이할 수 있는 교재교구가 필요하다. 놀이기구는 연령을 고려하여 설치하고 영유아의 이동과 안전을 위한 충분한 여유 공간 확보에 유의한다.

표 5-8 실외놀이 교재교구

활동	교재교구
대근육	• 고정식: 그네, 미끄럼틀, 정글짐, 흔들 놀이기구, 오르는 기구, 건너는 기구, 또는 이를 두 가지 이상 결합한 조합놀이대 등 • 이동식: 놀이집, 널빤지와 안전 사다리, 삼각대, 뜀틀, 평균대, 점핑바운서, 구르기용 매트, 헌 타이어, 대형블록류, 이동식 농구대 등  
물모래놀이	여러 가지 그릇이나 통, 삽, 숟가락, 바가지, 여러 가지 굵기의 체, 물놀이 통, 물뿌리개, 모래밭, 호스, 물총 등 
기타	게임놀이, 공놀이, 사회극 놀이 도구(자동차 등의 탈것, 소꿉놀이) 등 

3) 교재교구관리

양질의 교재교구를 확보하고 비치하는 것도 중요하지만, 보유하고 있는 교재교구를 효율적으로 관리하는 것도 중요하다. 구입하거나 어린이집에서 만든 교재교구는 〈표 5-9〉에 제시한 것처럼 관리한다. 먼저, 자료대장을 준비해 목록을 작성하고, 자료실에 비치하는 자료는 담당자를 지정하여 정리상태를 유지하도록 한다. 교재교구 구입비를 예산서에 반영하고 교사들과 교사회의 등을 통해 교재교구에 대한 의견을 수합한다. 잘 사용하지 않는 교재교구는 별도의 자료실에 라벨을 적어 보관한다.

표 5-9 교재교구 관리목록

구분	내용	비고
자료대장 (교구대장)	• 흥미영역별 자료대장을 준비하여 목록에 정리 • 추가로 구입하거나 제작한 자료는 자료대장에 기록하여 정리	어린이집의 규모나 관리 상황에 따라 영역별 자료대장을 각각 혹은 함께 준비
자료관리 대장	• 자료실에 비치된 자료를 사용하는 경우 자료명과 일시, 담당자 등을 기록하고 반납 시 같은 방법으로 기록 • 실습생이 자료를 관리하기 편하도록 사전 교육을 통해 안내	동일 교구를 함께 사용하는 경우 보육교사 간의 사전협의로 사용하면 편리
교사회의록	교사회의를 할 때 매월 1회는 다음 주에 필요한 교구나 교재 등에 대한 교사 간 제안이나 건의사항을 의논하여 기록	
예산서	교재교구 구입비를 수립하여 매월, 혹은 분기, 반기별로 교사들과 함께 의논하여 구입	
자료관리	• 현재 사용하지 않는 활동자료는 영유아 활동공간이 아닌 별도 공간에 종류별로 찾기 쉽게 정리하여 관리 • 박스를 사용하는 경우 겉면에 내용물의 이름을 표시하여 찾기 쉽게 관리 • 자료실은 절대로 영유아가 출입하지 않도록 항상 문을 잠궈서 안전관리에 유의 • 보육실에서 상시적으로 사용하는 활동자료는 담임교사가 위생 및 안전상태를 매일 점검하여 관리 • 보육실 외 기타 공간에서 사용하는 활동자료는 업무 분장을 통해 담당 교사가 위생 및 안전상태를 매일 점검하여 관리	별도 자료실을 설치하지 못하는 경우 영유아가 사용하지 않는 교사실, 원장실, 상담실 등의 공간을 활용
자료관리 유의사항	• 활동자료는 흥미영역별로 구분하여 배치한다. • 영유아가 잘 볼 수 있고 꺼내기 쉽고 정돈하기 편하도록 개방된 장에 배열한다. • 매일 상시적으로 사용하는 자료는 항상 일정한 장소에 배치하여 영유아가 안정감 있게 사용하도록 한다. • 시청각 자료나 과학활동 자료 중 파손될 우려가 있는 것은 안전한 장소에 배치한다.	

출처: 중앙육아종합지원센터(2016).

제6장

교직원관리

1. 인사관리
2. 보육교직원의 배치와 자격
3. 보육교직원 임용
4. 보육교직원 업무 분장
5. 보육교직원 교육 및 평가

어린이집에 근무하는 대표적인 보육교직원으로는 원장과 보육교사가 있으며, 그 외에도 간호사, 영양사 등의 보육교직원이 근무한다. 이 장에서는 보육교직원의 인사관리, 배치와 자격, 임용, 업무분장, 그리고 교육 및 평가에 대해 살펴보고자 한다.

1. 인사관리

어린이집의 보육교직원은 원장, 보육교사, 특수교사, 치료사, 간호사, 영양사, 조리원 등이 있다. 어린이집에서 보육교직원의 인사관리란 자격기준에 따라 보육교직원을 채용한 후 업무 분장, 임금, 경력관리, 직무연수 및 평가 등을 포함한다.

보육의 효과는 보육교직원의 질에 의해 크게 좌우된다. 유능한 보육교직원을 확보하여 적재적소에 배치하고 지속적인 교육과 근무여건 개선을 통해 사기를 높여 어린이집의 협동체계와 인간관계를 잘 구성하는 것이 중요하다는 점에서 인사관리의 중요성과 필요성을 확인할 수 있다.

어린이집 보육교직원의 인사관리에 있어 중요한 점은 인사관리 원칙을 세우는 일이다. 이러한 원칙은 인사관리의 일관성을 유지하는 데 중요한 요소가 된다. 어린이집은 소규모 집단이라는 특성을 고려하여 수직적이고 위계적인 관리 방식보다는 인간적 만남에 근거한 민주적이며 협동적인 체제와 자율적 통제하에서 자기 책임의 원칙을 강조해야 한다(보건복지부, 2017).

공정하고 합리적인 인사관리를 위해서 어린이집의 고유한 원칙과 특성에 따라 인사관리 규정을 마련해야 한다. 인사관리 규정은 보육교직원 관리를 위한 규정이므로 크게는 「영유아보육법」과 「근로기준법」 등 노동 관련 법령을 따르며, 이에 준하여 어린이집 내부 운영규정이나 취업규칙 등으로 정할 수 있다. 보육교직원의 인사관리와 관련한 법령은 〈표 6-1〉과 같다.

표 6-1 보육교직원 인사관리 관련 법령

구분	관련법령
보육교직원 배치기준 및 채용, 자격기준 및 관리 임면 등 채용절차, 경력관리, 호봉기준, 근무시간, 복무관리, 보수교육 등 교육훈련 관련	「영유아보육법」
보육교직원 휴가, 휴식, 휴일 등 근로시간 관련	「근로기준법」
보육교직원 고용, 산전후 휴가, 육아휴직 관련	「남녀고용평등과 일 · 가정양립지원에 관한 법률」
보육교직원 최저임금 보장 관련	「최저임금법」
기타 보육교직원 복무, 근로 등	각 개별법 준용

2. 보육교직원의 배치와 자격

1) 보육교직원의 배치기준

보육교직원은 어린이집에서 영유아의 보육, 건강관리 및 보호자와의 상담, 기타 업무를 담당하는 사람들로 구성된다. 어린이집의 보육교직원은 원장, 보육교사, 양호교사, 영양사, 사무원, 조리원, 관리인, 위생원 등이 있으며, 이들 각자가 자신의 임무와 역할을 성실하고 효과적으로 수행할 때 보육의 효과가 극대화될 수 있다.

우리나라의 경우 「영유아보육법」 제17조에 의거하여 「영유아보육법 시행규칙」 제10조에 어린이집에서의 적정한 보육교직원 배치기준에 대해 규정하고 있다(〈표 6-2〉 참조).

어린이집에는 원장이 있어야 하며, 영유아 20인 이하를 보육하는 어린이집은 원장이 보육교사를 겸임할 수 있는데, 이때 원장 자격증과 보육교사 자격증을 모두 소지해야 한다. 국공립어린이집은 시장 또는 구청장이 임면하고, 다만 설치자가 종사자 임면권을 수탁자에게 위임한 경우에는 수탁자가 임면하며, 민간 및 직장어린이집은 시설 설치자가 임면한다. 채용조건으로는 유자격자인 경우라도 상근이 어려운 경우에는 채용대상에서 제외해야 한다.

보육교사의 배치는 영유아의 연령에 따라 달라진다. 영아반의 경우 만 1세 미만의 영아 3인당 교사 1인, 만 1세 이상 2세 미만의 영아 5인당 교사 1인, 만 2세 영아 7인당 교사 1인을 배치한다. 유아반의 경우 만 3세 유아 15인당 교사 1인, 만 4~5세 유아 20인당 교사 1인을 배치하도록 한다. 현원을 기준으로 영유아 100명 이상 보육하는 시설에는 간호사와 영양사를 채용해야 한다. 동일 시·군·구의 5개 이내 어린이집이 공동으로 영양사를 둘 수 있는데, 이 경우 현원을 기준으로 하며, 5개 시설 중 어느 한 시설에는 반드시 배치되어야 하고, 5개 시설에 대한 관리계획을 수립하여 실행해야 한다. 또한 영유아 40명 이상을 보육하는 시설은 조리원을 두어야 한다.

표 6-2 보육교직원 배치기준

구분	배치기준	자격기준	비고
원장[1)]	전 어린이집별 1인 ※ 다만, 영유아 20인 이하를 보육하는 어린이집은 어린이집의 원장이 보육교사를 겸임할 수 있음	「영유아보육법 시행규칙」 제10조 별표 2	정원 기준
보육교사	• 만 1세 미만: 영아 3인당 1인 • 만 1세 이상 만 2세 미만: 영아 5인당 1인 • 만 2세 이상 만 3세 미만: 영아 7인당 1인 • 만 3세 이상 만 4세 미만: 유아 15인당 1인 • 만 4세 이상 미취학 유아: 유아 20인당 1인 ※ 유아 40인당 1인은 보육교사 1급 자격자여야 함 • 취학 아동 20인당 1인 • 장애아 3인당 1인 ※ 장애아 9인당 보육교사 1인은 특수교사 자격소지자여야 함	「영유아보육법 시행규칙」 제10조 별표 2	현원 기준
간호사[2)]	• 영유아 100인 이상을 보육하는 어린이집	-	현원 기준
영양사[3)]	• 영유아 100인 이상을 보육하는 어린이집	-	현원 기준
조리원[4)]	• 영유아 40인 이상을 보육하는 어린이집	-	현원 기준 (방과후 제외)

주 1) 원장이 보육교사 겸직 시 원장 자격증과 보육교사 자격증을 모두 소지하여야 함
2) 간호 조무사도 가능함
3) 어린이집 단독으로 영양사를 두는 것이 곤란한 때에는 동일 시 · 군 · 구의 5개 이내 어린이집이 공동으로 영양사를 둘 수 있으며, 영양사 채용 시 현원을 기준으로 함
4) 영유아 40인 이상 80인 이하를 보육하는 어린이집의 경우 조리원 1인을 두며, 영유아 매 80인을 초과할 때마다 1인씩 증원, 영유아 현원은 방과후 아동을 제외한 영유아를 기준으로 함
※ 보육교직원 배치기준에 따라 근무하는 조리원의 경우에는 취사 업무에 지장을 주지 않는 범위 내에서 8시간 미만 근무도 가능함. 다만, 정부에서 인건비를 지원받는 경우에는 평일 8시간 근무를 하여야 함

2) 보육교직원의 자격기준

보육교직원 채용에서의 기본적인 자격요건은 심신이 건강하고 보육에 대한 열의가 있으며 보육에 대한 전문적인 지식이 있는 사람이어야 한다. 우리나라에서는 「영유아보육법」 제20조, 제21조에 근거하여 「영유아보육법 시행령」 제21조에 원장 및 보육교사의 자격기준에 대해 규정하고 있으며, 원장은 원장 국가자격증, 보육교사는 보육교사 국가자격증을 발급받아야 한다.

어린이집 원장의 자격기준은 일반기준과 가정어린이집, 영아전담어린이집, 장애전문어린이집으로 구분된다. 먼저, 일반기준은 다음과 같다.

- 보육교사 1급 자격을 취득한 후 3년 이상의 보육 등 아동복지업무 경력이 있는 사람
- 「유아교육법」에 따른 유치원 정교사 1급 자격을 취득한 후 3년 이상의 보육 등 아동복지업무 경력이 있는 사람
- 유치원 원장의 자격을 가진 사람
- 「초·중등교육법」에 따른 초등학교 정교사 자격을 취득한 후 5년 이상의 보육 등 아동복지업무 경력이 있는 사람
- 「사회복지사업법」에 따른 사회복지사 1급 자격을 취득한 후 5년 이상의 보육 등 아동복지업무 경력이 있는 사람
- 「의료법」에 따른 간호사 면허를 취득한 후 7년 이상의 보육 등 아동복지업무 경력이 있는 사람
- 국가 또는 지방자치단체에서 7급 이상의 공무원으로 보육 등 아동복지업무에 5년 이상 근무한 경력이 있는 사람

가정어린이집 원장의 경우에는 일반기준에서 정한 자격 또는 보육교사 1급 이상 자격을 취득한 후 1년 이상의 보육업무 경력이 있는 경우에도 가능하다. 영아전담어린이집의 경우에는 일반기준에서 정한 자격 또는 간호사 면허를 취득한 후 5년 이상의 아동간호업무 경력이 있어도 가능하다. 이와 달리 장애아전문어린이집 원장은 일반기준에서 정한 자격을 갖춘 사람으로서 대학(전문대학을 포함)에서 장애인복지 및 재활 관련학과를 전공했거나, 장애영유아 어린이집에서 2년 이상의 보육업무 경력이 있으면 가능하다. 어린이집 원장 자격을 취득하기 위해서는 보건복지부령으로 정하는 원장사전직무교육을 이수해야 한다.

표 6-3 보육교직원 자격기준

등급	자격기준
보육교사 1급	1. 보육교사 2급 자격을 취득한 후 3년 이상의 보육업무 경력이 있는 사람으로서 보건복지부장관이 정하는 승급교육을 받은 사람 2. 보육교사 2급 자격을 취득한 후 보육 관련 대학원에서 석사학위 이상을 취득하고 1년 이상의 보육업무 경력이 있는 사람으로서 보건복지부장관이 정하는 승급교육을 받은 사람
보육교사 2급	1. 전문대학 또는 이와 같은 수준 이상의 학교에서 보건복지부령으로 정하는 보육관련 교과목 및 학점을 이수하고 졸업한 사람 2. 보육교사 3급 자격을 취득한 후 2년 이상의 보육업무 경력이 있는 사람으로서 보건복지부장관이 정하는 승급교육을 받은 사람
보육교사 3급	고등학교 또는 이와 같은 수준 이상의 학교를 졸업한 사람으로서 보건복지부령으로 정하는 교육훈련시설에서 정해진 교육과정을 수료한 사람

보육교사로 근무하기 위해서는 보건복지부장관이 수여하는 보육교사 국가자격증을 소지해야 하며, 보육교사 1급, 2급, 3급 자격기준은 〈표 6-3〉과 같다.

3. 보육교직원 임용

보육교직원은 기관의 질을 좌우하는 결정적 요인이므로 어린이집에서 적합한 능력과 자질을 갖춘 보육교직원을 임용하고, 이들을 위한 근무여건에 관심을 가지고 지원하는 것은 어린이집의 질을 높이는 중요한 요인이다.

1) 보육교직원 채용

「영유아보육법 시행령」 제21조 별표 1의 보육교사 자격기준에 해당하는 자로서 보육교사 국가자격증을 발급받은 자를 채용한다. 다만, 자격증 발급을 신청하고 자격검정이 완료되어 자격증 발급이 예정된 자(자격번호가 부여된 자)는 자격증을 발급받은 것으로 본다.

국가 또는 지방자치단체로부터 보육교직원의 인건비를 보조받는 어린이집의 경우 보육교직원의 채용은 공개경쟁을 원칙으로 하며, 다음과 같은 내용이 채용 공고에 포함되어야 한다.

- 모집 내용, 모집 인원
- 어린이집 위치, 연락처
- 지원 자격 요건
- 전형 일정
- 제출서류 및 제출기간, 제출방법
- 기타 기관에서 원하는 조건

보육교직원을 채용할 경우 〈표 6-4〉에 제시된 바와 같이 인터넷 및 통신매체를 통한 공고, 대학의 관련학과와 연계한 공고, 육아종합지원센터를 통한 공고, 지역정보지를 통한 공고 등을 통해 공고한다.

표 6-4 보육교직원 채용 공고 방법

공고 방법	내용
인터넷 및 통신매체를 통한 공고	보육통합정보시스템 등 보육 관련 인터넷 사이트를 통한 공고는 실시간으로 모집공고를 할 수 있어 매우 신속하고 광범위하다는 장점이 있다.
대학의 관련 학과와 연계한 공고	보육 관련 학과 사무실을 통해 어린이집이 원하는 경력과 교사상을 제시하고 채용을 지원받을 수 있다.
육아종합지원센터를 통한 공고	지역 육아종합지원센터의 구인란에 채용 공고를 할 수 있다.
지역정보지를 통한 공고	지역의 정보지에 채용공고를 내는 방법이 있으나 불특정 다수를 대상으로 하는 정보지이므로 많은 효과를 보기는 어렵다.

보육교직원의 채용은 공개 채용을 원칙으로 하며, 다음과 같은 절차를 통해 진행한다.

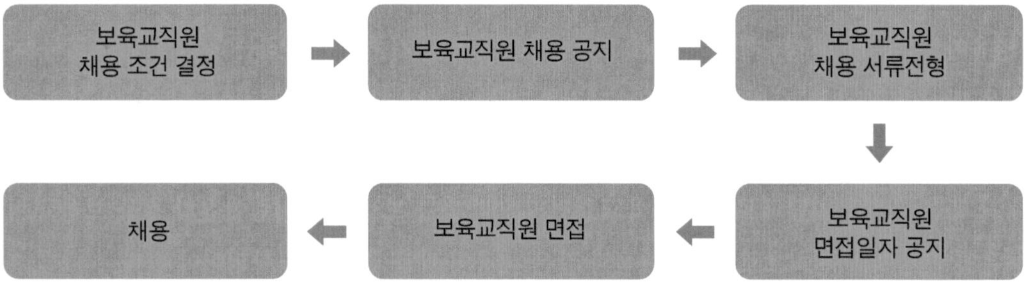

그림 6-1 보육교직원 채용 절차

먼저, 서류전형에서는 지원자의 능력이나 문제점 등을 사전에 파악하고, 서류검토를 통해 부적격 사유가 있는 경우에는 서류전형에서 탈락 조치한다. 채용과 관련된 서류의 경우 채용 전에는 이력서, 자기소개서, 자격증 사본, 경력 증명서(경력자인 경우)가 필요하며, 채용 후에는 임용 관련 서류를 제출해야 한다.

다음으로 면접전형에서 면접은 지원자들의 성격과 성품, 전문성 등을 판단하여 채용을 결정할 수 있는 방법이므로 보육교직원 채용에 있어 중요한 과정이다. 어린이집 운영에 있어 인적 자원은 다른 어떤 자원보다 중요하므로 채용 시 다각적인 면접을 통해 어린이집의 운영 철학과 원장 및 다른 보육교직원과의 조화를 이룰 수 있는지 세밀히 관찰 및 분석하여 채용 여부를 결정한다. 보육교직원 면접요소별 평가항목은 〈표 6-5〉와 같다.

표 6-5 보육교직원 면접요소별 평가항목 예시

구분		평가항목
면접	기본 자질	• 태도, 건강, 친절, 교양: 어린이집 보육교직원으로서의 품위를 유지할 만한 건강 및 교양, 태도를 갖추었는지 파악 • 긍정적 사고, 정서적 안정성: 영유아에게 정서적 안정감을 주고 모범이 될 긍정적 가치관을 소유하였는지 파악
	조직 적응력	• 융화력, 협조성, 성실성: 원장, 동료교사, 학부모와 협조적 관계를 형성할 수 있는지 여부 • 지도력, 적극성, 적응력: 조직이 제시하는 근무조건하에서 어느 정도 지도력을 발휘하여 조직 목표 달성에 기여할 수 있는지 파악
	표현력	• 명확성, 판단력, 유창성: 자연스러운 답변 태도, 질문요지에 적합한 답변, 분명한 의사표현 여부
	직업 적성	• 가치관, 직업관, 성취도: 인생, 직업에 대한 장·단기 목표와 자기계발 계획을 가지고 있는지 파악 • 사명감: 보육사업에 대한 확고한 책임의식과 사명감을 갖추었는지 파악 • 교육관, 아동관: 건강과 미래 세대 보육에 이바지할 수 있는 교육관과 아동관을 갖추었는지 파악
	전문 능력	• 영유아 발달에 대한 이해, 문제행동지도: 연령에 따른 아동발달의 이해 및 그에 따른 문제행동지도력을 갖추고 있는지 파악 • 교수방법 실기테스트: 현장에서 사용될 기본적인 교수방법을 습득하여 학습지도가 가능한지 여부

2) 보육교직원 임면

보육교직원을 선발하고 나면 임용에 필요한 서류를 구비하고 정식으로 임용한다. 보육교직원의 임면권은 어린이집 원장에게 있으며, 보육교직원의 채용, 휴직, 출산휴가, 육아휴직, 1개월 이상의 장기병가·연수·휴가, 퇴직 등의 임면사항을 보육통합정보시스템에 즉시 등록하고, 이를 관할 시장·군수·구청장에게 보고해야 한다. 임면보고를 위해 기준에 맞는 보육교직원 임면서류를 준비하고, 보육교직원 임면보고 서식에 따라 서면보고하며, 인사기록카드 사본, 자격증 사본, 채용신체검사서 사본, 성범죄 경력 조회 결과서, 아동학대관련범죄 전력 조회 회신서를 첨부한다.

어린이집 원장으로부터 보육교직원의 임면보고를 받은 시장·군수·구청장은 즉시 조회기관인 등록기준지 시·구·읍·면장에게 결격 사유 조회를 신청하고, 신원 조회 및 회보대장을 기록·비치·관리한다.

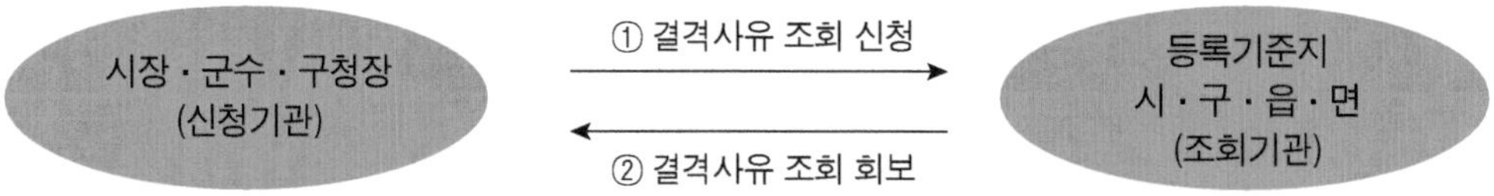

그림 6-2 보육교직원의 결격사유 조회 신청 및 회보

출처: 보건복지부(2017).

어린이집으로부터 보육교직원 임면보고를 받은 시장 · 군수 · 구청장은 보육교직원 자격 및 결격사유에 이상이 없는 자(주당 30시간 이상 근무하는 보육교직원)에 대해서는 경력관리시스템(보육통합정보시스템)에 임면사항을 입력 관리해야 하고, 어린이집 원장은 경력관리시스템에 임면사항이 제대로 입력되었는지 확인해야 한다. 또한 보육교직원 관리대장을 비치하여 기록 · 관리해야 한다.

임용과 더불어 반드시 수행해야 할 것은 보육교직원의 직무연수이다. 신임교사 직무연수의 내용은 보육서비스의 역할, 어린이집의 운영방침, 보육프로그램의 운영, 교사의 역할과 책임 및 복무규정 등을 포함한다. 이 과정을 통해 어린이집의 직원으로서의 소속감 및 동기부여, 책임감을 형성하게 된다.

보육교직원 채용 시 임금, 계약기간 등 근로조건을 명시한 근로계약을 체결하여야 하며 이 경우 부당한 내용이 포함되어서는 안 된다. 근로계약서를 작성하여 이를 교직원이 1부, 어린이집에서 1부씩 각각 보관한다. 고용계약서 작성 시 복무규정, 보수 및 후생복지를 규정한 운영규정 및 운영세칙을 제시하여 이를 충분히 살펴본 다음 고용계약서를 작성하도록 한다.

그림 6-3 보육교직원 관련 문서

활동 어린이집 보육교직원의 근로계약서를 작성해 보세요.

근로계약서

○○어린이집(　　　　년)

(기관명) 대표 ×××(이하 '갑'이라 함)와 근로자 △△△(이하 '을'이라 함)는 다음과 같이 근로계약을 체결하고 상호 성실히 이행할 것을 확약한다.

제1조(담당업무)

"을"의 담당 업무는 (　　　　　)로 하되, 업무상 필요한 경우 갑은 을의 담당 업무를 변경할 수 있다.

제2조(근로 장소)

"을"의 근로 장소는 (　　　　　)로 하되, 업무상 필요한 경우 갑은 을의 근로 장소를 변경할 수 있다.

제3조(근로시간 및 휴게시간)

"을"의 근로일 및 근로일별 근로시간과 휴게시간은 다음과 같다. 단, 업무상 필요한 경우 변경할 수 있다.

가. 근로일 - 평일, 토요일

나. 근로시간 - 평일 00:00~00:00 (휴게시간 00:00~00:00)

- 토요일 00:00~00:00 (휴게시간 00:00~00:00)

제4조(임금)

① "을"의 임금은 월급 총액 (　　　　　)원으로 한다.

(※ 월 급여는 매년 ○○시 보육정책위원회에서 결정되는 최저임금을 기본으로 직원의 경력, 능력, 태도, 업무성과, 기여도 등을 반영하여 상향 조정할 수 있다.)

(※ 필요한 경우 수당별 금액 기재)

② 전항의 임금은 매월　　일부터　　일까지 기산하여 당월　　일에 "을"이 지정하는 은행 계좌로 송금한다.

※ '국고보조시설'의 경우 아래 조항으로 대체

제4조(임금)

① "을"의 임금은 매년 보건복지부 장관이 정한 인건비지원 기준에 따라 (　　) 호봉 갑(을) 월급 총액 (　　　)원으로 시작한다.

(※ 필요한 경우 수당별 금액 기재)

② 전항의 임금은 매월 일부터 일까지 기산하여 당월 　　일에 "을"이 지정하는 은행계좌로 송금한다.

제5조(휴일)

① "을"의 유급휴일은 주휴일(매주 ○요일)과 근로자의 날로 한다.

② 그 밖의 유급휴일은 "갑"의 복무규정에 따른다.

제6조(휴가)

"갑"은 "을"에게 근로기준법에 따라 연차유급휴가(전년도 8할 이상 출근 시 연간 15일, 입사 첫해는 전월 개근 시 월 1일을 주며 실제 사용한 일수는 이듬해 15일에서 차감)를 주며, 그 외 휴가는 "갑"의 복무규정에 따른다.

제7조(준용)

본 계약서에 명시되지 않은 사항은 복무규정 및 근로기준법의 관련조항을 준용하도록 한다.

20 　년 　　월 　　일

갑(사용자)		을(근로자)	
사업장명 :		이 　　름 :	(인)
대 표 자 :	(인)	주민등록번호 :	
소 재 지 :		주 　　소 :	

○○ 어린이집

4. 보육교직원 업무 분장

어린이집에서 원장과 보육교사는 자신의 업무와 역할을 정확하게 파악하고 있어야 할 뿐 아니라 어린이집과 관련된 공동 업무를 적절하게 분장함으로써 어린이집을 합리적으로 운영할 수 있다. 또한 원장과 보육교사는 정기적인 교사회의에서 분장된 업무 내용이 적합한지, 균형적인지를 분석하여 어린이집이 합리적이고 효율적으로 운영될 수 있도록 하고, 보육교직원들이 자신의 역할을 적절히 수행할 수 있도록 해야 한다. 보육교직원의 업무 분담은 일반 업무 분장과 비상상황 시 업무 분장으로 구분되는데 일반 업무 분장과 비상상황 시 역할 분담이 문서화되어 있어야 한다.

업무 분장은 보육교직원들 간의 협력과 자발적인 참여 및 합의에 의해 공평하게 분담되어야 하고 고유 업무, 공동 업무로 나누어서 작성한다. 각자의 특성에 맞게 적합한 역할을 배정하기 위해 경력교사와 신입교사, 연장자와 연소자, 교사와 기타 직원 간의 적절한 배치가 필요하다. 필요하다면 학기가 진행되는 과정에 분장된 업무내용에 대한 평가를 통해 재구성할 수 있다. 어린이집에서 일어나는 다양한 비상상황에서는 비상시 역할 분담의 체계로 정확하고 신속하게 이루어져야 하므로 보육교직원은 비상시 자신의 역할에 대해 정확히 파악하고 있어야 한다.

5. 보육교직원 교육 및 평가

1) 보육교직원 교육

보육의 질은 교사의 질과 직접적인 관련이 있는 만큼 교사의 전문성을 향상시키기 위해 교사들에게 다양한 보수교육 기회를 제공해야 한다. 원장 및 보육교사는 다양한 교육훈련 기회를 가져서 질적으로 높은 보육을 제공할 수 있도록 노력해야 한다. 다양한 원외 교육훈련뿐만 아니라 신입교사 교육, 내부교사 세미나, 교직원회의 등을 활성화하여 교직원들 간의 의사소통 및 보육활동에 대한 교육을 활발히 한다.

보육교직원은 경력에 근거하여 보수교육을 이수해야 하는데, 보육교직원 보수교육이란 보육교직원의 자질 향상을 위해 실시하는 교육으로서, 보육에 필요한 지식과 능력을 유지·개발하기 위하여 보육교직원이 정기적으로 받는 직무교육과 보육교사가 상위 등급의 자격(3급 → 2급, 2급 → 1급)을 취득하기 위해 받아야 하는 승급교육 및 어린이집 원장의 자격을 갖추기 위하여 받아야 하는 사전 직무교육을 말한다(「영유아보육법」 제23조, 제23조의2).

보수교육은 어린이집 원장의 보수교육과 보육교사 등의 보수교육으로 구분된다. 어린이집 원장의 보수교육은 〈표 6-6〉에, 보육교사 등의 보수교육은 〈표 6-7〉, 교육구분별 보수교육 대상자 및 교육내용은 〈표 6-8〉에서 〈표 6-13〉에 제시되어 있다. 원장 및 보육교사 등의 보수교육 중 일반직무교육에서 기본 및 심화교육과정은 보육업무 경력 등을 감안하여 교육대상자가 선택하여 이수할 수 있다.

표 6-6 어린이집 원장의 보수교육

직무교육					사전직무교육
일반직무교육		특별직무교육			어린이집 원장 사전직무교육
기본교육	심화교육	영아보육 직무교육	장애아보육 직무교육	방과후보육 직무교육	

출처: 보건복지부(2017).

표 6-7 보육교사 등의 보수교육

직무교육					승급교육	
일반직무교육		특별직무교육			2급 보육교사 승급교육	1급 보육교사 승급교육
기본 교육	심화 교육	영아보육 직무교육	장애아보육 직무교육	방과후보육 직무교육		

출처: 보건복지부(2017).

(1) 직무교육

직무교육은 일반직무교육과 특별직무교육으로 구분된다. 일반직무교육에는 현직에 종사하고 있는 보육교사로서 보육업무 경력이 만 2년이 경과한 자를 위한 교육과, 어린이집 원장의 직무를 담당한 때부터 만 2년이 경과한 자를 위한 교육이 있다. 특별직무교육에는 영아보육 직무교육, 장애아보육 직무교육, 방과후보육 직무교육이 있는데, 이 직무교육은 일반직무교육 대상자 중 영아보육, 장애아보육, 방과후보육을 담당하고 있거나 담당하고자 하는 보육교사 및 원장을 위한 교육이다. 직무교육시간은 40시간을 원칙으로 한다.

(2) 승급교육

승급교육은 보육교사가 승급하는 데 필요한 교육을 의미한다. 단, 직무교육과 승급교육을 같은 해에 받아야 하는 경우는 직무교육을 받지 않을 수 있다. 승급교육은 2급 승급교육과 1급 승급교육이 있다. 2급 보육교사 승급교육은 3급 보육교사 자격취득 후 보육업무 경력이 만 1년이 경과한 자를 대상으로 한다. 1급 보육교사 승급교육은 2급 보육교사 자격취득 후 보육업무 경력이 만 2년 이상이 경과한 자를 대상으로 한다. 다만, 보육교사 2급 자격을 취득한 후 보육 관련 대학원에서 석사학위 이상을 취득한 경우는 보육업무 경력이 만 6개월이 지난 사람들이 1급 승급교육을 받을 수 있다. 승급교육시간은 80시간을 원칙으로 한다.

표 6-8 교육구분별 보수교육 대상자

교육구분			교육대상	교육시간	비고
직무교육	일반 직무교육	보육교사	현직에 종사하고 있는 보육교사로서 보육업무 경력이 만 2년을 경과한 자와 보육교사 직무교육(승급교육 포함)을 받은 해부터 만 2년이 경과한 자	40시간	매 3년마다
		원장	어린이집의 원장의 직무를 담당한 때부터 만 2년이 지난 경우	40시간	매 3년마다
	특별 직무교육	영아보육	영아보육을 담당하고 있는 일반직무교육 대상자와 영아보육을 담당하고자 하는 보육교사 및 어린이집 원장	40시간	이수하고자 하는 자
		장애아보육	장애아보육을 담당하고 있는 일반직무교육 대상자와 장애아보육을 담당하고자 하는 보육교사 및 어린이집 원장	40시간	이수하고자 하는 자
		방과후보육	방과후보육을 담당하고 있는 일반직무교육 대상자와 방과후보육을 담당하고자 하는 보육교사 및 어린이집 원장	40시간	이수하고자 하는 자
승급교육	2급 승급교육		보육교사 3급의 자격을 취득한 후 보육업무 경력이 만 1년이 경과한 자	80시간	이수하고자 하는 자
	1급 승급교육		보육교사 2급의 자격을 취득한 후 보육업무 경력이 만 2년이 경과한 자 및 보육교사 2급의 자격을 취득한 후 보육 관련 대학원에서 석사학위를 취득한 경우 보육업무 경력이 만 6개월이 경과한 자	80시간	이수하고자 하는 자
원장사전 직무교육			「영유아보육법 시행령」 별표 1 제1호의 가목부터 라목(일반, 가정, 영아전담, 장애아전담 어린이집 원장)까지 어느 하나의 자격을 취득하고자 하는 자	80시간	이수하고자 하는 자

출처: 보건복지부(2017).

어린이집에서 자체적으로 보육교직원에 대한 교육을 실시할 수 있으므로 보육교직원을 대상으로 다양한 교육을 통해 교수능력 향상과 전문지식의 고취를 통해 전문적인 교사 및 전문성 향상을 도모하기 위하여 대내·외 교육 및 연수에 적극적으로 참여하도록 한다. 보육교직원의 교육은 직종별(경력과 신입 구분)로 보육교사, 조리원, 영양사, 간호사, 사무원 등으로 나누어 교육할 수 있다.

표 6-9 일반직무교육(원장)

		일반직무교육(기본 과정)		일반직무교육(심화 과정)	
		교과목	시간	교과목	시간
인성 · 소양 (8시간)		• 보육철학과 윤리 - 원장의 역할과 윤리	3	• 아동권리와 보육철학 - 보육철학과 보육이념 및 아동권리 이해	3
		• 원장의 건강관리 - 건강의 개념 및 건강관리 - 신체 · 정신건강관리의 이해	3	• 원장의 건강관리 - 성인기의 건강관리, 건강한 생활습관, 스트레스와 건강	3
		• 보육교직원의 인문적 소양 - 행복에 대한 인문학적 고찰	2	• 보육교직원의 문화적 소양 - 예술적 소양 증진을 위한 지역문화인프라 연계 교육	2
건강 · 안전 (9시간)		• 안전사고 예방 및 대응 - 재난대비, 교통안전 등 관련 법안 및 사례	3	• 안전사고 예방 및 대응 - 재난대비, 교통안전 등 관련 법안 및 사례	3
		• 보건위생관리 - 응급처치, 질병관리, 감염병 및 약물 오남용	3	• 보건위생관리 - 응급처치, 질병관리, 감염병 및 약물 오남용	3
		• 아동학대, 성폭력, 실종 예방 및 사후관리 - 아동학대, 성폭력, 실종 이해 및 예방을 위한 지원 - 아동보호서비스체계	3	• 아동학대, 성폭력, 실종 예방 및 사후관리 - 아동학대, 성폭력, 실종 이해 및 예방을 위한 지원 - 아동보호서비스체계	3
전문지식 · 기술 (23시간)	장애 및 다문화 관리 (4시간)	• 다문화교육 프로그램 이해와 실제 - 현장사례 중심 분석	2	• 다문화교육 프로그램 개발 - 다문화교육 프로그램의 현황 분석 및 개발	2
		• 장애통합보육 운영 실제 - 기관 내 장애통합보육의 운영 이해 - 개별화교육프로그램의 실제	2	• 장애통합보육을 위한 운영관리 - 기관 내 특수교사 및 담임교사의 협력 지원	2
	기관 운영의 실제 (16시간)	• 어린이집 내 영유아 관찰과 평가 - 영유아 놀이와 행동 관찰 기록 방법 - 관찰기록을 통한 아동평가 이해	3	• 아동발달진단도구의 이해와 활용 - 기관에서 교사가 활용할 수 있는 아동발달진단 도구 및 방법 이해	3
		• 보육계획과 보육일지 작성 관리 - 보육교사 지도 원리 및 보육계획 수립 지도 - 보육일지 작성 원리 및 작성 지도	2	• 보육프로그램 개발 및 평가 - 보육프로그램의 이해 및 개발 실제 - 영아반 · 유아반 프로그램 평가	2

전문 지식 · 기술 (23시간)	기관 운영의 실제 (16시간)	• 영유아 생활지도를 위한 교사교육 - 영유아 생활지도의 기초와 교사 교육 - 영유아 생활지도의 실제에서의 교사지원	2	• 교사교육 프로그램 개발 및 운영 - 교사교육 프로그램 개발을 위한 개념 및 중요성 - 교사교육 프로그램 운영의 실제	2
		• 교수매체 선정과 평가 - 교수매체의 유형, 구입 시 선정 기준, 제작 시 고려사항 - 교육적 가치 평가, 활용도 및 효율성 평가	2	• 보육과정 디지털활용능력 개발 - 어린이집 운영관리와 디지털 활용의 실제 및 실습	2
		• 원장의 대외협력 관리 - 원장의 대외협력 직무에 대한 이해 - 부모 및 지역사회의 요구 대처 관리	2	• 원장의 리더십과 조직관리 - 원장의 리더십 유형 점검 - 리더십 유형별 조직관리 특성 및 바람직한 리더십	2
		• 영상정보처리기기(CCTV)의 관리 및 운영 - CCTV 관련 규정 및 법규 이해 - CCTV 열람관리 방법 - CCTV 관련 개인정보 유출 예방 관리	2	• 개인정보보호와 디지털매체 윤리의 실제 - 개인정보보호 관련법에 대한 이해 - 어린이집 내 개인정보 관리 방법 - 디지털매체 사용 예절과 윤리(사례 중심 이해)	2
		• 우수 보육프로그램 사례(선택) - 우수 보육프로그램의 최신 동향 - 보육프로그램의 개선	3	• 우수 보육프로그램 동향(선택) - 우수 보육프로그램의 최근 연구 동향, 사례 분석 - 우수 보육프로그램 개발 및 지원 방안	3
		• 보수교육기관 자체개발 교과목 (선택)	3	• 보수교육기관 자체개발 교과목 (선택)	3
	가족 및 지역 사회 협력 (3시간)	• 부모자원 활용 계획과 운영(선택) - 어린이집 운영에 부모참여 활성화를 위한 부모자원 활용 계획과 운영 방법	3	• 부모 요구 조사 및 활용(선택) - 연간운영계획 및 의사결정을 위한 부모 요구조사 방법 및 활용 이해	3
		• 어린이집과 지역사회 자원 연계의 실제(선택) - 지역사회 연계 참여 - 지역사회 연계 실제	3	• 어린이집과 지역사회 자원 연계 계발(선택) - 지역사회 연계 활용 - 지역사회 연계활동 계획	3
계		16과목	40	16과목	40

※ 교육영역별 이수시간을 고려하여, 보수교육기관에서 일부 교과목 선택하여 운영 · 개설 가능
예) '보육활동 운영의 실제'와 '가족 및 지역사회 협력' 영역의 경우 교과목 일부 선택이수 가능
※ '보건위생관리' 교과목은 심폐소생술, 응급처치 실습 등 이론보다 실습 위주로 교육하도록 함

표 6-10 일반직무교육(보육교사)

영역		일반직무교육(기본 과정)		일반직무교육(심화 과정)	
		교과목	시간	교과목	시간
인성 · 소양 (8시간)		• 보육교사와 인권 - 인권에 대한 이해 - 교사와 아동의 인권 존중 이해		• 보육교사의 인문적 소양 - 행복한 교사 되기	3
		• 보육교사의 직무역량 강화 - 보육교사 직무 이해 - 보육교사 의사소통기법 훈련		• 보육교사의 직무역량 강화 - 보육교사 리더십 키우기 - 기관 구성원 간 멘토링 실행	3
		• 보육교사의 건강관리 - 보육교사의 신체 · 정신건강 이해 · 관리		• 보육교사의 건강관리 - 보육교사의 신체 · 정신건강 이해 · 관리	2
건강 · 안전 (9시간)		• 안전사고 예방교육 - 재난대비, 교통안전 등		• 안전사고 예방교육 - 재난대비, 교통안전 등	3
		• 보건위생관리 - 감염병 및 약물오남용, 응급처치		• 보건위생관리 - 감염병 및 약물오남용, 응급처치	3
		• 아동학대, 성폭력, 실종 예방 및 사후관리 - 아동학대의 이해 - 성폭력 및 실종 예방 교육		• 아동학대, 성폭력, 실종 예방 및 사후관리 - 아동학대의 이해 - 성폭력 및 실종 예방 교육	3
전문지식 · 기술 (23시간)	장애 및 다문화 실제 (4시간)	• 다문화교육 이해와 실제 - 현장사례 중심 분석	2	• 다문화교육 과정 심화 - 다문화 프로그램 개발	2
		• 장애통합보육 운영 실제 - 개별화 프로그램 이해, 개발	2	• 장애통합보육 운영 실제 - 개별화 프로그램 적용 및 부모 협력 강화	2
	보육 활동 운영의 실제 (16시간)	• 영유아 관찰 및 기록 실제 - 신체 · 인지 · 언어 · 정서 등 발달 관찰 및 사례 분석	3	• 영유아 관찰 기록의 활용 - 관찰 기록 분석 및 영유아 발달 평가와 상담 활용능력 키우기	3
		• 영유아 부적응 행동의 이해 - 부적응 행동 유형의 이해 (불안, 위축, 공격, 주의산만 등)	2	• 영유아 행동 유형별 발달지원 - 부적응 행동 예방과 지도	2
		• 보육정보 탐색의 적용과 사례 - 인터넷 등 정보활용방법, 보육통합정보시스템 이해	2	• 보육교사의 놀이참여 및 확장 · 연계 - 영유아 놀이 관찰, 개입을 통한 확장 및 연계 교수-학습방법	2
		• 디지털시대의 교수매체 활용 및 적용 - 인터넷, 스마트기기 등의 교수매체로서의 활용방법 이해 및 실습	3	• 영유아 프로그램 계획 및 운영 - 보육대상 및 철학에 따른 보육프로그램 운영	3

전문 지식 · 기술 (23시간)	보육 활동 운영의 실제 (16시간)	• 영유아 인성교육의 실제 - 기본생활습관 지도 및 활동에 따른 인성교육 실제 사례	3	• 영유아 인성교육의 심화 - 기관 및 영유아의 발달 특성에 인성교육 계획 실습	3
		• 영아교사의 상호작용 전략(선택) - 영아 발달, 흥미, 놀이에 따른 교수방법 학습	3	• 어린이집 시설 · 설비관리(선택) - 어린이집 시설 · 설비 관리 능력 학습	3
		• 유아교사의 상호작용 전략(선택) - 유아 발달, 흥미, 놀이에 따른 교수방법 학습	3	• 동료 수업 멘토링(선택) - 동료교사 간 수업지원능력 학습	3
		• 보수교육기관 자체개발 교과목 (선택)	3	• 보수교육기관 자체개발 교과목 (선택)	3
	가족 및 지역 사회 협력 (3시간)	• 부모-교사 의사 소통의 이해와 실제(선택) - 부모-교사 간 의사소통 이해 및 갈등상황 시 소통능력 함양	3	• 열린 어린이집 계획 및 운영(선택) - 열린 어린이집 개념과 환경구성 - 열린 어린이집 계획과 운영 실제	3
		• 부모 개별 면담 기법(선택) - 성공적인 부모면담 위한 대화법	3	• 지역사회 연계 프로그램 사례 분석(선택) - 지역 내 육아인프라 활용능력 함양	3
계		15과목	40	15과목	40

※ 교육영역별 이수시간을 고려하여, 보수교육기관에서 일부 교과목 선택하여 운영 · 개설 가능
예) '보육활동 운영의 실제'와 '가족 및 지역사회 협력' 영역의 경우 교과목 일부 선택이수 가능
※ '보건위생관리' 교과목은 심폐소생술, 응급처치 실습 등 이론보다 실습 위주로 교육하도록 함

표 6-11 보육교사 승급교육

<table>
<tr><th rowspan="2" colspan="2">영역</th><th colspan="2">2급 승급교육</th><th colspan="2">1급 승급교육</th></tr>
<tr><th>교과목</th><th>시간</th><th>교과목</th><th>시간</th></tr>
<tr><td rowspan="3" colspan="2">인성 · 소양
(11시간)</td><td>• 아동복지와 인권의 이해
- 사례중심 아동권리에 대한 민감성 증진</td><td>4</td><td>• 아동복지와 인권의 실제
- 사례중심 아동권리에 대한 민감성 증진</td><td>4</td></tr>
<tr><td>• 보육교사의 역할과 윤리
- 보육교사 2급의 역할 및 직업윤리</td><td>4</td><td>• 보육교사의 역할과 윤리
- 보육교사 1급의 역할 및 직업윤리</td><td>4</td></tr>
<tr><td>• 보육교사의 건강관리와 힐링
- 보육교사의 신체 및 정신건강 이해
- 실습중심 질환 예방법 및 대처법</td><td>3</td><td>• 보육교사의 건강관리와 힐링
- 보육교사의 신체 및 정신건강 이해
- 실습중심 질환 예방법 및 대처법</td><td>3</td></tr>
<tr><td rowspan="4" colspan="2">건강 · 안전
(12시간)</td><td>• 영유아 건강안전교육 계획 및 실행
- 건강안전교육 계획 및 실행 실습</td><td>3</td><td>• 영유아 건강안전교육 계획 및 실행
- 건강안전교육 계획 및 실행 실습</td><td>3</td></tr>
<tr><td>• 안전사고 예방교육
- 재난대비, 교통안전 등</td><td>3</td><td>• 안전사고 예방교육
- 재난대비, 교통안전 등</td><td>3</td></tr>
<tr><td>• 보건위생관리
- 감염병 및 약물오남용, 응급처치</td><td>3</td><td>• 보건위생관리
- 감염병 및 약물오남용, 응급처치</td><td>3</td></tr>
<tr><td>• 아동학대, 성폭력, 실종 예방 및 사후관리
- 아동학대 예방 기초, 개입과정
- 성폭력, 실종 예방 교육</td><td>3</td><td>• 아동학대, 성폭력, 실종 예방 및 사후관리
- 아동학대 이해 및 어린이집에서의 아동학대
- 성폭력, 실종 예방 교육</td><td>3</td></tr>
<tr><td rowspan="4">전문
지식
·
기술
(55시간)</td><td rowspan="2">장애 및
다문화
실제
(8시간)</td><td>• 다양한 가정의 영유아 이해
- 다양한 가정의 이해
- 다양한 가정 영유아의 특성에 따른 발달적 지원 방법</td><td>4</td><td>• 다문화 가정의 영유아 지원
- 다문화 가정 영유아의 생활 및 발달 지원, 보육 지원 등 사례중심</td><td>4</td></tr>
<tr><td>• 장애영유아의 이해
- 발달기 영유아의 다양성 이해
- 영유아 선별, 장애진단, 중재의 중요성</td><td>4</td><td>• 장애영유아의 이해 및 지원
- 특수 영유아 특성별 지도
- 기관 내 장애영유아 지원 관리 방안</td><td>4</td></tr>
<tr><td rowspan="2">보육활동
운영의
실제
(39시간)</td><td>• 영유아 관찰 사례 이해 및 실제
- 관찰의 기초, 관찰 기록 이해
- 일상생활 및 놀이행동, 상호작용 관찰 실습</td><td>4</td><td>• 영유아 관찰 및 평가
- 관찰도구의 활용
- 관찰 기록을 평가에 활용하는 방안</td><td>4</td></tr>
<tr><td>• 대 · 소집단활동 운영
- 대 · 소집단활동 운영을 위한 교수-학습방법</td><td>4</td><td>• 대 · 소집단활동 운영의 실제
- 대 · 소집단활동 운영 실습</td><td>4</td></tr>
</table>

전문 지식 · 기술 (55시간)	보육활동 운영의 실제 (39시간)	• 신체 · 예술(음률)활동 운영 - 신체 · 예술영역 발달의 이해 - 신체 · 예술활동 운영 방법	4	• 신체 · 예술(음률)활동 운영의 실제 - 신체 · 예술(음률)활동 운영 실습	4
		• 언어 · 수과학활동 운영 - 언어 · 수과학영역 발달의 이해 - 언어 · 수과학활동 운영 방법	4	• 언어 · 수과학활동 운영의 실제 - 언어 · 수과학활동 운영 실습	4
		• 역할 · 쌓기놀이활동 운영 - 역할 · 쌓기놀이영역 발달의 이해 - 역할 · 쌓기놀이활동 운영 방법		• 역할 · 쌓기놀이활동 운영의 실제 - 역할 · 쌓기놀이활동 운영 실습	
		• 보육계획 수립 및 보육일지 작성 - 보육계획의 원리, 연계성 있는 보육계획 - 보육일지 작성의 원리, 일과 계획 작성, 일과의 실행과 평가 작성	4	• 보육일지 작성의 실제 - 보육일지 작성 실습	4
		• 표준보육과정의 이해 및 평가 - 제3차 어린이집표준보육과정 총론, 0~1세 보육과정(6개 영역 목표, 내용체계), 2세 보육과정(6개 영역 목표, 내용범주, 내용) - 표준보육과정 운영평가	4	• 보육실습 지도의 적용과 사례 - 보육실습 지도의 의의, 계획, 운영, 평가	4
		• 누리과정의 이해 및 평가 - 3~5세 누리과정 5개 영역 목표, 내용범주, 내용 - 누리과정 운영평가	4	• 어린이집의 개인정보보호 관리 - 개인정보보호 관련법에 대한 이해 - 개인정보가 포함된 문서 관리 - CCTV 관련 개인정보 관리	4
		• 영유아 행동의 발달적 이해 - 사례중심 발달영역별 영유아 행동의 이해 및 지원	4	• 영유아 문제행동 조기발견 - 영유아 사회 · 정서발달과 적응 지도 - 발달적 지원과 치료적 접근이 필요한 영유아 이해 - 사례중심 문제행동 지원 방법	4
		• 실내외 놀이 환경구성 - 실내외 놀이 환경구성의 기본요건, 원리, 실제 및 평가	3	• 어린이집 환경구성 및 관리 - 어린이집 환경구성의 원리 및 관리 실제	3
	가족 및 지역사회 협력 (8시간)	• 다양한 부모-자녀 관계의 이해 - 가족형태의 다양화, 부모역할, 건강한 부모-자녀 관계 형성	4	• 부모참여 계획 및 실행 - 부모참여의 실제 및 활성화 방안	4
		• 부모참여 및 상담 실제 - 부모참여활동 계획 - 부모상담을 위한 준비 및 실습	4	• 지역사회 연계활동 계획 및 운영 - 보육과정, 장소, 활동에 따른 지역사회 연계활동 계획	4
평가시험		• 2급 승급교육 평가시험	2	• 1급 승급교육 평가시험	2
계		21과목 + 평가시험	80	21과목 + 평가시험	80

※'보건위생관리' 교과목은 심폐소생술, 응급처치 실습 등 이론보다 실습 위주로 교육하도록 함

표 6-12 어린이집 원장 사전직무교육

영역		교과목	시간
인성·소양 (12시간)		• 아동권리와 아동학대 - 아동권리 이해 및 UN아동권리협약 이해 - 아동학대 예방	4
		• 원장직무의 이해 및 윤리 - 원장직무 이해 및 윤리 경영	4
		• 원장의 건강관리와 힐링 - 만성질환 및 스트레스 관리법 등	4
건강·안전 (18시간)		• 영유아의 건강안전교육의 계획 및 관리 - 사례중심 건강안전교육 계획 및 관리	3
		• 안전사고 예방 및 대응 - 재난대비, 교통안전 등	3
		• 보건위생관리 - 응급처치, 질병관리, 감염병 및 약물오남용	3
		• 아동학대, 성폭력, 실종 예방 및 사후관리 - 아동학대, 성폭력, 실종 이해 및 예방 - 신고의무자의 역할	3
		• 친환경 급식 및 영양관리 - 급식 운영의 관리사항 및 준수사항 - 영영아기·영유아기의 영양관리	3
		• 시설·설비 안전관리 - 어린이집 시설·설비 안전관리 원리 - 어린이집 시설·설비 기준 - 실내외 시설의 안전평가 기준과 평정	3
전문 지식 · 기술 (48시간)	장애 및 다문화 관리 (8시간)	• 다문화 가정과 연계한 영유아 지원 - 다문화 가정 영유아 교육 및 부모교육	4
		• 장애통합보육의 운영관리 - 장애통합보육프로그램 및 인력 관리	4
	기관 운영의 실제 (32시간)	• 보육정책의 최신 동향 - 보육정책에 대한 관점 - 우리나라 보육정책의 변화, 최근 동향 및 이슈 - 보육정책의 전망과 과제	3
		• 보육 관련 법규의 이해 -「영유아보육법」「아동복지법」「근로기준법」등	3
		• 어린이집 인사관리 - 인사관리의 주요 단계 및 내용 - 인력개발을 위한 교직원 재교육, 복지, 평가 등	3

전문 지식 · 기술 (48시간)	기관 운영의 실제 (32시간)	• 재무회계 관리 - 재무회계의 중요성, 재무회계 관리 기본 원칙 이해, 재무회계 운영과정 (예산 · 집행 · 결산)	3
		• 조직관리와 리더십 - 어린이집 조직 특성의 이해 - 건강하고 효율적인 조직관리를 위한 원장의 리더십	4
		• 사례별 발달지원 및 전문가 연계 - 영유아 발달지원 및 관리 실제 - 지역사회 의료전문가와의 네트워크 방법	4
		• 보육교직원의 수업 멘토링 - 보육교직원의 수업 능력 지원	4
		• 보육프로그램 개발과 운영 - 보육프로그램의 특성 이해 및 운영 지원	4
		• 어린이집의 개인정보보호 관리 - 개인정보보호 관련 법규의 이해 - 개인정보관리계획 수립 및 관리 점검 - 개인정보 유출 시 대응 방안	4
	가족 및 지역사회 협력 (8시간)	• 부모참여 계획 및 운영 - 부모교육, 부모상담, 운영위원회 등	4
		• 어린이집과 지역사회 자원의 연계 - 지역사회 자원 파악 및 활용 사례	4
평가시험		• 원장 사전직무교육 평가시험	2
계		22과목 + 평가시험	80

※ '보건위생관리' 교과목은 심폐소생술, 응급처치 실습 등 이론보다 실습 위주로 교육하도록 함

표 6-13 특별직무교육

구분		영아보육	장애아보육	방과후보육
인성 · 소양 영역		• 보육교사의 건강관리 • 영아보육교사의 역할과 윤리 • 아동권리와 영아 학대예방	• 장애아동복지와 장애인식개선 • 장애아 보육교사의 역할과 윤리 • 아동권리와 장애아 학대예방	• 현대사회 변화와 방과후 보육의이해 • 방과후 보육교사의 역할과 윤리 • 아동권리와 아동 학대예방
건강 · 안전 영역		• 영아 건강교육 • 영아 안전사고 예방교육 • 보건위생관리	• 장애아 급식 및 영양관리 • 장애아 안전사고 예방 및 대응 • 장애아 보건위생관리	• 초등학생의 보건 · 위생관리 • 초등학생의 안전사고 예방 및 대응
전문지식 · 기술	보육활동운영의 실체	• 영아 일상생활지도 I • 영아 일상생할지도 II • 표준보육과정 운영의 실제 • 영아 놀이지도 • 감각탐색활동 영역 • 역할 · 쌓기 영역 • 신체활동 영역 • 언어 영역 • 예술(음률, 미술) 활동 • 실외놀이 활동 • 영아 적응프로그램 • 영아 행동관찰과 평가 • 영아와의 상호작용 실제	• 장애아의 이해 I • 장애아의 이해 II • 일반보육과정에 기반한 장애영유아 교수방법 I • 일반보육과정에 기반한 장애영유아 교수방법 II • 운동발달 교수방법 • 의사소통 발달 교수방법 • 사회성 발달 교수방법 • 인지발달 교수방법 • 자조기술 발달 교수방법 • 개별화교육프로그램 작성 • 개별화교육프로그램 실행 및 평가 • 긍정적 행동 지원	• 초등학생의 발달적 특성 • 초등학교 교육과정의 이해 • 초등학생을 위한 교수-학습방법 • 학습지도 • 숙제 및 과제 지도 • 놀이지도 • 방과후 교육프로그램에 대한 이해 I • 방과후 교육프로그램에 대한 이해 II • 방과후 교육프로그램에 대한 이해III • 초등학생 생활지도 • 초등학생 문제행동 지원
	가족 및 지역사회 협력	• 영아 부모 상담 실제	• 장애 영유아 가족지원 • 지역사회 연계	• 초등학생 부모와의 상담 및 연계 • 방과후 아동을 위한 지역사회연계
	장애 및 다문화 연계			• 학령기 장애아동의 이해와 교사지원 • 다문화사회와 아동
계		20과목, 40시간 (과목당 2시간)	20과목, 40시간 (과목당 2시간)	20과목, 40시간 (과목당 2시간)

2) 보육교직원 평가

보육교직원의 평가는 공정한 인사행정의 참고자료와 교사의 교수활동의 능률을 촉진시킬 목적으로 이루어진다. 일정한 조직체의 적용력, 근무와 책임의 수행 실적을 체계적·정기적으로 일정한 기준에 의하여 평가하여야 한다. 교사평가 방법으로는 일반적으로 자기평가, 동료나 외부관찰자 평가, 시험제도, 영유아의 수행능력측정, 전문가의 참관 또는 학부모 조사 등이 있다. 〈표 6-14〉에 제시된 바를 토대로 하여 보육교사 평가를 실시할 수 있다.

보육교직원의 직무수행계획은 세심하게 이루어져야 하며, 관리자와 교직원 모두의 성장을 촉진하는 방식으로 수행을 평가한다(Taylor, 2002). 어린이집에서는 일정한 양식의 교사평가도구를 비치하여 활용하고, 교사평가에 대한 문서화된 규정을 만들어 둔다. 최소한 1년에 1회 정도 일정계획에 따라 원장이나 전문가 또는 학부모에 의한 교사평가를 실시한다. 교사평가의 결과는 인사관리에 관한 의사결정 시 활용하며, 평가를 통해 교사들이 스스로 자극을 받을 뿐 아니라 외부로부터 적절한 인센티브를 얻게 됨으로써 성장·발전을 위한 기회로 적극 활용될 수 있다.

원장은 객관적으로 교사의 근무평정을 실시하고 시정이 요구되는 사항이 있을 때에는 긍정적이고 건설적인 제안을 한다. 또한 교사들의 자기평가과정을 존중해 주고 평가결과를 통해 나타난 부족한 부분을 보완하고 전문적 자질을 한층 발전시킬 수 있도록 도와준다.

또한 교사평가의 결과는 교사를 적절한 업무에 배치하여 직무분담을 하게 하는 기준으로 활용될 수 있다. 즉, 어떤 일을 가장 잘 수행할 수 있는 사람에게 맡김으로써 보육업무의 효율을 극대화할 수 있다. 그리고 교사의 성향과 자질을 평가하여 학급을 배정하는 기준으로 활용함으로써 영유아의 연령과 발달단계에 따라 가장 적합한 보육을 제공하도록 할 수 있다(이순형 외, 2000).

표 6-14 보육교사 평가 내용 예시

구분	내용	잘함	보통	못함
수업	• 수업계획 • 수업진행 • 수업내용 • 교구 제작 및 관리 • 영유아와의 상호작용			
환경	• 환경정리 • 교재교구 정리 및 관리 • 교실 청결 유지			
업무	• 일일보육계획안 작성(보육일지 등 작성) • 월간(또는 주간) 보육계획안 작성 • 생활기록부 작성 • 안전관리			
자기관리	• 출퇴근 시간 준수 • 당직업무 준수 • 교사 간 상호작용 및 유대관계 • 상사와의 관계 • 용모관리(복장, 화장), 표정, 언어 • 외부 인사관리 • 자기계발의 노력			
총평				

[첨부서류] 어린이집 교직원 임면보고

어린이집 교직원 임면보고

○○ 어린이집

문서번호 :

수　신 : ○○시 · 군 · 구청장

제　목: 어린이집 교직원 임면사항 보고

1. 「영유아보육법 시행규칙」 제11조 제1항의 규정에 따라 어린이집 교직원 임면사항을 아래와 같이 보고합니다.
2. 인적사항 등

연번	직종별	성명 (한자)	주민등록 번호	주소	등록 기준지[1]	발령 일자	발령 사항	기록자 (날인)	비고

붙임 1. 어린이집 교직원 임면 보고서 1부(가족관계증명서)
　　2. 교직원 관리대장 사본 1부
　　3. 인사기록카드 사본 각 1부
　　4. 자격증 사본 각 1부
　　5. 주민등록등본 사본 각 1부
　　6. 공무원채용신체검사서 사본 각 1부
　　7. 범죄경력조회 회신서 사본 각 1부. 끝.

○○어린이집 원장(직인)

1) 등록기준지는 구 본적지를 의미함

제7장

교육프로그램 관리

1. 프로그램 관리
2. 프로그램 계획
3. 프로그램 평가

1. 프로그램 관리

어린이집의 프로그램을 어떻게 계획하고 운영하고 관리하는지는 어린이집을 운영하는 데 있어 중요한 부분이다. 여기서는 프로그램 관리의 필요성과 특성에 대해 알아본다.

1) 프로그램 관리의 필요성

프로그램 관리는 어린이집의 보육과정을 계획하고 운영하고 평가하는 것이다. 보육과정은 영유아에게 적합한 특정 활동이나 경험이 무엇인지를 결정하고 판단하는 기준이 된다(Deiner, 2009). 어떠한 보육환경에서, 얼마나 준비된 교사가, 어떠한 보육철학에 기초하여, 영유아들과 어떻게 하루 일과를 전개해 나가는지가 보육의 질적 수준을 결정한다(여성가족부, 2007). 이는 어린이집에서 보육과정을 계획하고, 계획된 보육과정을 운영하고, 그리고 평가한 결과를 보육과정에 다시 적용하는 방법, 즉 보육과정을 어떻게 관리하는지가 보육의 질적 수준을 결정함을 알려 준다(이순형 외, 2012).

2) 프로그램 관리의 특성

프로그램을 관리할 때는 다음과 같은 특성을 고려해서 계획, 편성 및 운영해야 한다(보건복지부, 육아정책연구소, 2013; 이순형 외, 2012; 이순형 외, 2013).

첫째, 프로그램 관리는 단기·중기·장기의 계획 및 운영에서 계열성을 가지고 있다. 어린이집은 기관이 추구하는 보육프로그램의 목적을 구현할 수 있는 장기계획을 세우고, 이 장기계획에 기초하여 중·단기계획을 세우게 된다. 어린이집에서 중·단기계획은 연간, 월간, 주간, 일일 프로그램 계획으로 수립되어 상호 위계적으로 관련을 가지며 관리된다. 즉, 장기계획의 기초하에 연간계획이, 연간계획의 기초하에 월간계획이, 월간계획의 기초하에 주간계획이, 주간계획의 기초하에 일일계획이 수립되어 운영되고 관리된다.

또한 보육대상인 영유아의 연령에 따른 계열성도 포함된다. 어린이집의 보육대상은 0세 영아에서부터 5세의 유아에 이르기까지 다양한 연령범위를 포함하고 있다. 각 연령의 영유아를 대상으로 계획되는 프로그램은 다른 연령의 영유아를 대상으로 하는 프로그램과 연관성을 가지며 계열성을 지니고 있어야 한다. 영유아의 연령과 발달에 적합한 보육프로그램을 체계적으로 운영하고 관리하는 것이 필요하다.

둘째, 프로그램 관리는 종일의 교육 및 보육활동을 위한 계획, 즉 영유아의 일상생활 전반을 포함하여 보호와 교육을 계획하는 특징을 가진다. 어린이집의 프로그램은 놀이활동뿐 아니라 일상생활 활동을 통해서도 의미 있게 전개되어야 하므로, 영유아를 위한 프로그램은 급·간식, 배변, 낮잠, 휴식 등 영유아의 신체적 욕구를 충분히 고려하여 편성한다. 일상생활 관련 경험은 매일의 일과에서 반복적으로 일어나며 보육시간의 많은 부분을 차지하므로 기본생활습관을 비롯해 일상생활과 관련된 계획을 수립하고 관리하는 것이 필요하다.

셋째, 프로그램 관리는 영유아의 부모, 가족뿐만 아니라 지역사회와의 연계를 중시한다. 어린이집은 부모와 가족의 역할을 보완해 영유아의 발달과 성장을 도모하는 것을 목적으로 하므로, 프로그램을 계획하고 운영하는 데 있어 이들의 요구와 이들이 속한 지역사회의 특성을 반영해야 한다. 이러한 요구를 수용하는 것과 동시에 전문적인 보육서비스를 제공하도록 영유아 프로그램을 구성하고 운영하도록 해야 한다. 또한 영유아에 대한 보육 서비스가 시대적·사회적 요구에 따라 변천을 거쳐 온 것처럼, 보육과정도 시대적·사회적 요구, 가족의 요구 등을 고려해야 하며 시대적·사회적 변화를 예측하고 그에 부응할 수 있어야 한다.

넷째, 프로그램 관리는 영유아의 성별, 종교적 배경, 신체적 특성, 가족 환경이나 민족 배경 등을 인정하여 영유아 각자의 독특성을 수용하고 존중해 줄 수 있도록 해야 한다. 즉, 장애 영유아의 경우, 일반 영유아들이 가지는 발달적 요구 외에 여러 가지 특수한 요구가 있으므로 일반 영유아와 장애 영유아를 통합적으로 고려해야 한다. 어린이집에서는 개별 영유아와 그들의 가족이 가진 특수성과 개별성을 고려해 모든 영유아에게 편견 없는 프로그램을 구성해야 한다. 즉, 다양한 문화적·언어적·사회경제적 배경 및 장애여부 등이 반영된 프로그램 운영으로 통합적 학습 환경이 제공되도록 해야 한다(Morrison, 2008).

2. 프로그램 계획

어린이집의 체계적 프로그램 계획 수립은 영유아의 전인적 성장과 바람직한 발달의 실행을 위해 필요하다. 체계적 프로그램 계획이란 일반적으로 연간, 월간, 주간, 일일 프로그램 계획을 영유아의 연령, 흥미, 계절 및 지역사회 특성을 반영하여 구체적인 문서로 수립하여 실행하는 것을 말한다. 여기서는 연간, 월간, 주간, 일일 프로그램 계획과 운영에 대해 구체적으로 살펴본다.

1) 연간 프로그램 계획

연간 프로그램은 1년간 이루어지는 포괄적인 보육계획으로 1년 동안 진행할 주제를 통해 보육의 방향, 보육목표, 보육내용의 전체 윤곽을 파악할 수 있다. 연간 프로그램 계획안의 연간 주제와 소주제는 영유아의 발달 특성과 흥미에 기초해 표준보육과정(누리과정)의 전 영역이 포함될 수 있도록 한다. 영유아의 연령이 증가할수록 친숙하고 구체적이며, 자주 경험하는 것부터 환경과 같은 친숙하지 않은 주제가 포함되도록 작성한다. 주제를 선정할 때는 다음과 같은 사항을 고려해야 한다.

- 어린이집의 보육철학과 보육목표를 반영했는가?
- 영유아의 연령과 흥미, 발달 특성을 반영했는가?
- 계절적 특성을 반영했는가?
- 지역사회의 특성을 반영했는가?
- 영유아에게 친숙하고 다양한 활동 진행 가능성을 반영했는가?
- 표준보육과정 및 누리과정의 내용을 반영했는가?

특히 다음과 같은 주제와 소주제처럼, 영유아의 연령과 발달 특성에 부적합한 주제와 소주제를 선정하지 않도록 주제 선정에 주의를 기울여야 한다. '어린이집과 친구'라는 주제와 소주제는 유아기에 또래관계를 시작하는 3세의 흥미에 적합하나, '교통기관'이라는 주제와 소주제는 사회적 지식이 불필요한 2세에게 부적합한 주제라고 할 수 있다.

표 7-1 영유아의 연령과 발달 특성에 적합 · 부적합한 주제 및 소주제

연령	주제	소주제	적합 여부
만 3세	어린이집과 친구	• 어린이집의 환경 • 어린이집에서의 하루 • 어린이집에서 만난 친구 • 함께 놀이하는 어린이집	적합
만 2세	교통기관	• 여러 가지 육상 교통기관 • 고마운 육상기관 • 항공/해상 교통기관 • 즐거운 교통생활	부적합

연간 프로그램 계획안은 연령에 따라 다르게 작성되는데, 여기에서는 1세 영아반과 4세 유아반의 연간 프로그램 계획안 사례를 〈표 7-2〉와 〈표 7-3〉에 제시하였다. 이 사례에서 볼 수 있는 것처럼, 연간 프로그램의 계획안 주제는 반드시 매월 하나씩 선정해야 하는 것이 아니라 영유아의 연령, 흥미 및 어린이집의 상황에 따라 조절할 수 있다.

표 7-2 영아반 연간 프로그램 계획안

순서	주제	주	소주제
1	새로운 것이 낯설어요	1	어린이집에 왔어요
		2	
		3	만나고 친해져요
		4	
		5	우리 반에 무엇이 있을까요?
		6	
		7	밖으로 나가 보아요
		8	
2	느낄 수 있어요	1	만져 보아요
		2	
		3	살펴보아요
		4	
		5	들어 보아요
		6	
		7	맡아 보아요
		8	
		9	맛보아요
		10	온몸으로 느껴 보아요
3	놀이할 수 있어요	1	놀잇감은 재미있어요 1
		2	
		3	놀잇감은 재미있어요 2
		4	
		5	물놀이는 재미있어요
		6	
		7	까꿍놀이는 재미있어요
		8	
4	나는 할 수 있어요	1	즐겁게 할 수 있어요
		2	
		3	말할 수 있어요
		4	
		5	찾을 수 있어요
		6	
5	움직이는 것이 재미있어요	1	바깥놀이는 재미있어요
		2	
		3	몸을 움직여요
		4	
		5	
		6	움직이게 할 수 있어요
		7	
6	좋아하는 놀이가 있어요	1	그림책으로 놀아요
		2	
		3	춤추고 놀이해요
		4	
		5	흉내 내요
		6	
		7	
		8	쉬, 응가 놀이가 좋아요
		9	
7	새로운 것도 좋아요	1	함께 놀아요
		2	
		3	선생님이 좋아요
		4	

출처: 보건복지부(2013c).

표 7-3 유아반 연간 프로그램 계획안

연간주제		소주제	
월	주제명	주	소주제명
3	어린이집과 친구	1	어린이집의 환경
		2	어린이집에서의 하루
		3	어린이집에서 만난 친구
		4	함께 만드는 어린이집
4	봄	1	봄의 변화
		2	봄의 풍경
4~5	동식물과 자연	1	동물과 우리 생활, 궁금한 동식물
		2	식물과 우리 생활, 궁금한 동식물
		3	자연과 더불어 사는 우리
5	나와 가족	1	나의 몸과 마음
		2	소중한 나
		3	소중한 가족
		4	가족의 생활과 문화
6	우리 동네	1	우리 동네 모습, 우리 동네 생활
		2	우리 동네 사람들
		3	우리 동네 전통과 문화
6~7	건강과 안전	1	즐거운 운동과 휴식, 깨끗한 나와 환경
		2	맛있는 음식과 영양
		3	안전한 놀이와 생활
7	여름	1	여름의 날씨와 물놀이
		2	여름 풍경
7~8	교통기관	1	여러 가지 육상 교통기관
		2	고마운 육상 교통기관
		3	항공/해상 교통기관
		4	즐거운 교통생활
8~9	우리나라	1	우리나라 사람들의 생활
		2	우리나라의 놀이와 예술
		3	우리나라의 역사, 우리나라의 자랑거리

9~10	세계 여러 나라	1	세계 여러 나라 사람들의 생활
		2	세계 여러 나라의 문화유산
		3	세계 여러 나라와의 교류, 세계의 자연과 사회현상
10~11	가을과 열매	1	가을 풍경(2권)
		2	가을의 변화
		3	풍성한 가을
		4	추석과 놀이
		5	가을 나들이
11~12	환경과 생활	1	물과 우리 생활
		2	돌 · 흙과 우리 생활
		3	바람 · 공기와 우리 생활
		4	빛과 우리 생활, 소리와 우리 생활
12~1	겨울과 놀이	1	겨울 날씨(2권)
		2	겨울 풍경(2권)
		3	감사와 사랑을 나눠요
		4	건강한 겨울나기
		5	신나는 겨울놀이
1	생활도구	1	다양한 생활도구
		2	생활도구를 움직이는 힘
		3	생활도구로서의 미디어, 미래의 생활도구
2	형님이 되어요	1	많이 컸어요
		2	동생들에게 알려 주어요
		3	형님이 될 준비를 해요
		4	즐거웠던 우리 반

출처: 보건복지부(2013a).

2) 월간 프로그램 계획

월간 프로그램 계획안은 연간 프로그램을 토대로 작성한 한 달간의 보육계획으로 연간 프로그램 계획안의 목표를 달성하기 위해 구체적인 내용을 계획하는 것이다. 월간 프로그램 계획안은 연간 프로그램에서 계획한 주제와 소주제에 기초해 작성하고, 연간 프로그램 계획보다 구체적으로 수립해야 하고 주제와 소주제 내용이 활동별로 수립되어야 한다. 월간 프로그램 계획안을 작성할 때는 다음과 같은 사항을 고려해야 한다.

- 요일은 구별하지 않고 각 주 활동을 모두 수립하였는가?
- 영유아의 연령, 흥미, 발달에 적합한 활동을 수립하였는가?
- 자유선택활동은 다양한 영역별 활동으로 수립하였는가?
- 다양한 실외활동을 수립하였는가?
- 유아반에 대 · 소집단활동을 수립하였는가?
- 발달시기에 적합한 기본생활습관 관련 활동을 수립하였는가?
- 일상적 양육활동(식사 · 간식 · 낮잠 · 배변 · 청결 등)을 수립하였는가?
- 가정과의 연계 활동을 수립하였는가?

특히 소주제와 통합적인 활동을 하도록 활동 구성에 주의할 필요가 있다. 〈표 7-4〉에 제시된 것처럼, 어린이집의 환경이라는 소주제의 영역별 활동에서 자유선택활동의 미술, 과학, 대 · 소집단활

표 7-4 소주제와 통합적 활동 구성 시 잘못된 사례

소주제	어린이집의 환경
자유선택활동	[쌓기] 블록으로 만든 차를 타고 어린이집에 가요 [역할] 딩동! 누구십니까? <u>[미술] 색종이로 나비 만들기</u> [언어] 교실물건 수수께끼 [수] 영역과 놀잇감 짝짓기 <u>[과학] 여러 종류 씨앗 관찰하기</u> [음률] 음률영역 악기 탐색하기
실외활동	폴짝 폴짝 쏙! 쏙
대 · 소집단활동	[이야기 나누기] 화장실에 가고 싶어요 [게임] 놀잇감의 위치를 알아요 <u>[동화] 배고픈 애벌레</u>

동의 동화는 소주제와 통합성을 갖지 못하므로 활동을 수정할 필요가 있다.

주간 프로그램 계획의 활동이 구체적이고 자세히 수립되어 있는 경우에는 반드시 월간 프로그램 계획을 작성할 필요가 없다(중앙육아종합지원센터, 2016). 월간 프로그램 계획의 활동이 구체적이고 자세히 수립되어 있는 경우에도 마찬가지로 반드시 주간 프로그램 계획을 작성할 필요가 없다. 따라서 어린이집에서는 월간이나 주간 프로그램 계획 중 한 가지를 작성하여 사용하는 경우가 일반적이다. 여기서는 월간 프로그램 계획의 양식을 소개하고, 다음 절에서 주간 프로그램 계획의 사례를 살펴보기로 한다.

영아의 경우 연간 보육계획에서 제시한 주제를 월별로 수립하지 않았으므로 엄밀하게 월간 보육계획이라고 정의하기보다 주제별 보육계획이라는 용어가 적절하다. 생활에서 경험할 수 있는 구체적인 활동과 놀이를 일과에 맞게 계획하고, 특히 일상생활과 놀이활동을 균형 있게 계획하도록 한다. 일상생활 영역은 점심 및 간식, 낮잠, 배변활동으로 구분되는데, 수유와 이유 및 기저귀 사용 등을 영아의 연령에 맞게 작성할 수 있다. 놀이활동 영역은 실내놀이와 실외놀이로 구분되는데, 영아의 연령이나 흥미영역 구성에 따라 조정하여 계획할 수 있다. 실내놀이는 연령에 따라 1세는 신체, 언어, 감각 · 탐색, 역할 · 쌓기로, 2세는 신체, 언어, 감각 · 탐색, 역할 · 쌓기, 미술, 음률로 구분하여 작성할 수 있다. 1세 영아반의 느낄 수 있어요 주제별 프로그램 계획안은 〈표 7-5〉와 같다.

표 7-5 영아반 주제별 프로그램 계획안

구분		1주	2주	3주	4주	5주	6주	7주	8주	9주	10주
소주제		만져 보아요		살펴보아요		들어 보아요		맡아 보아요		맛보아요	온몸으로 느껴 보아요
등원 및 맞이하기		부모와 교사가 반갑게 인사하기				영아의 옷차림과 건강에 대해 이야기하기					
일상생활	기본생활 및 안전	혼자서 양말을 벗어요			양말을 서랍에 넣어요				내 물건을 찾아요		
	점심 및 간식	즐겁게 먹어요			숟가락, 포크를 사용해요				꼭꼭 씹어 먹어요		
	낮잠	내 이불, 내 베개를 찾아요			편안한 옷 입고 잠을 자요				이불을 덮고 잠을 자요		
	기저귀 갈이/배변활동	친구들도 기저귀가 있어요			기저귀를 휴지통에 버려요				'쉬' '응가'라고 표현해요		
실내 자유 놀이	신체	둥근 고리 끼우기 놀이 해요	촉감 신발 신고 걸어요	굴러 가는 공을 따라 가요	데굴 데굴 색깔 물병	소리 나는 구슬 발을 지나 가요	부엌 물건으로 '쿵짝 쿵짝'	향기 주머니 나무	코를 킁킁!!	조물 조물 바나나 주스를 만들어요	감각 터널을 지나 가요
	언어	내 이름을 부르면 대답해요	울퉁 불퉁 종이에 끼적여요	이게 뭐야	물로 끼적인 그림을 보아요	속닥 속닥 작은 소리	토닥 토닥 발헤기 놀이	코코코	음식 관련 그림 책을 보아요	과일 이름을 말해요	몸을 부딪쳐서 소리 내요
	감각·탐색	선생님과 로션을 발라요	누구의 기저귀일까요	색안경을 써요	신문지로 놀아요	종이가 쿵쿵	놀잇감으로 소리 내요	간식 냄새를 맡아요	음식 봉지 2조각 퍼즐	과일을 맛보아요	손 발로 물도장을 찍어요
	역할·쌓기	소꿉그릇에 밀가루 반죽을 담아요	촉감 블록으로 놀이 해요	원통 블록으로 놀이 해요	가방을 메고 다녀요	소리 나는 블록 쌓아 보아요	동물 소리 듣고 흉내 내요	우유 팩을 쌓아요	주스 따르는 흉내 내요	모형 음식을 식판에 담아요	하얀 블록에 끼적여요
실외놀이		모래로 놀아요		색안경으로 공원을 보아요		소리 나는 신발을 신고 걸어요		향기 나는 꽃과 풀을 찾아요		그늘이 시원해요	바람이 불어요
귀가 및 가정과의 연계		놀이 사진을 함께 보아요			'누가 왔을까' 목소리를 들어요			만났을 때 꼭 안아요			
비 고		이 주제는 1년 중 어느 시기라도 할 수 있도록 융통적으로 조정할 수 있으나 각 소주제가 적어도 2주 동안 충분히 이루어지도록 계획한다.									

출처: 보건복지부(2013c).

유아의 경우 생활에서 배우고 경험할 수 있는 구체적인 놀이와 활동을 일과에 맞추어 계획하고, 일상생활과 관련된 기본생활습관을 계획에 포함시켜 계획한다. 월간 프로그램 계획안을 제시할 때 주제 선정의 이유, 주제의 강조점, 소주제의 내용과 운영방법 등을 명시해 교사와 부모가 한 달간 이루어지는 활동의 목표와 내용을 알 수 있도록 한다. 월간 프로그램은 주로 5세를 대상으로 계획되기 때문에 여기에서도 5세 유아반의 7월 '신나는 여름' 주제 월간 프로그램 계획안을 제시하였다.

신나는 여름

주제 선정의 이유

5세아는 여름의 날씨와 생활의 변화에 대해 보다 구체적으로 반응하고 탐색할 수 있다. 만 4세 때 다루었던 여름 관련 활동을 보다 깊이 있게 탐구하고 심화함으로써 5세아는 주변 사물과 자연세계에 대해 지속적으로 호기심을 유지, 확장하며 탐구과정 자체를 즐길 수 있게 된다. 이를 통해 여름을 건강하고 시원하게 보내는 방법을 구체적으로 탐색하고, 여름철 물놀이를 안전하게 즐길 수 있다.

주제의 강조점

5세아는 여름의 날씨와 생활의 변화 등에 관심을 가지면서 더위를 이겨 내고 건강하게 여름을 날 수 있는 다양한 방법을 모색하고, 물을 이용한 다양한 놀이를 통해 더운 여름을 건강하고 신나게 지내도록 한다. 이 주제에서 달성하고자 하는 목표는 5세아가 여름의 모습을 탐색하면서 더위, 바람, 비의 특성에 대한 지식을 얻고, 무더운 여름을 건강하고 시원하게 보낼 수 있는 방법을 알고 실천하도록 하는 것이다. 나아가 물을 이용한 다양한 놀이를 경험하고 놀이방법을 고안해 보는 등 탐구과정을 즐길 수 있도록 한다.

본 주제를 진행할 때는 더위로 인해 쉽게 지칠 수 있다는 점을 감안하여 날씨나 5세아의 관심사에 따라 다른 주제 활동보다 융통성 있고 여유 있게 진행하는 것이 바람직하다. 날씨가 점점 더워지면서 사람들의 옷차림이 달라지는 것을 자연스럽게 연결해 줌으로써 여름의 모습에 관심을 갖도록 한다. 무더운 여름을 건강하고 시원하게 보낼 수 있는 방법에 대해 이야기를 나누면서 땀과 바람에 대해 탐색해 본다. 또한 물을 이용한 다양한 놀이와 과학실험, 관찰을 통해 물의 특성을 알고 여름을 신나게 보낼 수 있도록 한다.

소주제의 내용과 운영방법

소주제명	주	소주제의 내용	소주제의 운영방법
여름의 모습	1	여름철 다양한 날씨 변화를 관찰하고, 실생활 속 변화들(옷차림, 물건 등)과 여름이 되면 볼 수 있는 꽃과 나무의 변화, 비와 물의 순환과정 등의 자연현상을 안다.	• 첫째 주에는 6월에 비해 날씨가 점점 더워지고 사람들의 옷차림이 달라지는 점을 자연스럽게 연결하여 여름 날씨와 생활 속의 변화를 중심으로 탐색 활동을 진행함 • 둘째 주에는 건강하게 여름을 맞이할 수 있는 방법들에 대해 탐색해 봄. 가정연계활동으로 가정에서 실천하고 있는 건강하게 여름나기 방법에 대해 발표해 봄으로써 가정에서 실천할 수 있도록 배려함 • 셋째 주와 넷째 주는 즐거운 물놀이 1, 2로 구분하여 지치기 쉬운 여름을 즐겁고 시원하게 보낼 수 있도록 여유 있게 활동을 진행함. 즐거운 물놀이 1에서는 물놀이했던 경험에 대해 이야기를 나누고, 물놀이 장소, 물놀이 방법에 대해 탐색해 봄. 즐거운 물놀이 2에서는 물을 이용하여 할 수 있는 재미있는 물놀이 도구를 직접 만들어 실내외에서 즐겁게 활동해 볼 수 있도록 함
건강하게 여름나기	2	여름을 건강하고 시원하게 보낼 수 있는 방법으로 여름철 음식, 여름에 떠나는 여행, 여름을 시원하게 보내는 방법 등을 탐색한다.	
즐거운 물놀이 1	3	여름철의 무더위를 잊고 신나고 건강하게 보낼 수 있는 다양한 물놀이를 알아보고 물놀이를 직접 해 본다. 가족과 함께 해 본 물놀이 경험에 대해 이야기를 나누면서 다양한 물놀이 장소, 물놀이 방법에 대해 알아보고 물놀이 방법 중 그림책에 나오는 다양한 수영방법을 알아본다. 다양한 수영방법을 알아보고 체험하는 과정에서 물에 뜨는 것과 뜨지 않는 것에 대해 관심을 갖고 탐구한다.	
즐거운 물놀이 2	4	물을 이용한 보다 다양한 놀이방법을 경험해 보며 새로운 물놀이 방법을 고안하여 실행해 본다. 물놀이를 위한 도구를 재활용품을 이용하여 만들어 보고 실제 사용한 후 보완해서 다시 만들어 봄으로써 일상의 놀이상황에서 문제해결의 경험을 한다. 여름철 휴가나 여행과 관련된 물놀이 활동들을 통해 신나게 여름을 보내는 놀이방법을 생각해 보고, 여름철 휴가나 여행지에서 안전하게 지내는 방법을 안다.	

출처: 보건복지부(2013b).

표 7-6 유아반 월간 프로그램 계획안

구분 \ 주		1주	2주	3주	4주
기본생활		• 여름의 모습	• 건강하게 여름나기	• 즐거운 물놀이 1	• 즐거운 물놀이 2
등원		• 시원한 옷차림에 대해 이야기하기	• 여름철 음식이나 물건에 대해 이야기하기	• 주말에 물놀이 했던 경험에 대해 이야기하기	• 집에서 해 본 물놀이에 대해 이야기하기
오전자유선택활동	쌓기놀이 영역	• 아이스크림, 음료수 가게 구성하기 • 비가 가는 길을 만들어요	• 여름용품 가게 구성하기 • 산이나 바닷가에 텐트를 쳐요	• 물놀이 장소 만들기 • 신나는 물놀이터 만들기	• 낚시터 만들기
	역할놀이 영역	• 아이스크림, 음료수 가게 놀이 • 뱃놀이	• 여름용품 가게 놀이 • 산과 바다로 캠핑을 떠나요	• 물놀이하는 장소 놀이하기 • 물놀이 장소의 가게 놀이	• 생선 가게 꾸미기 • 생선 가게 놀이
	미술 영역	• 여름 나뭇잎과 꽃으로 표현한 여름 모습 • 시원한 여름바다 꾸며 감상하기	• OHP 필름에 여름 용품 그림 그리기 • 세상에서 제일 시원한 나만의 부채 만들기	• 물놀이 경험을 표현해요 • 물놀이 장소의 가게 꾸미기 • 물놀이 장소의 가게에서 파는 것 만들기	• 낚싯대와 물고기 만들기 • 물놀이 도구 만들기 • 물놀이 도구 보완하기
	언어 영역	• 여름 동화 짓기 • 여름 꽃 책 만들기 • 바다에 무엇이 있나요	• 여름용품 이름표 만들기 • 『바닷가에 놀러 갔어요』 읽고 여행 계획 짜기 • 여름철 건강 캠페인 문구 적어 보기	• '구리와 구라의 헤엄치기' 막대인형 놀이 • 여러 가지 수영법 설명서 • 물놀이 책을 만들어요	• 『할머니의 바닷가』 책 보기 • 신나는 물놀이 방법 사전 만들기 • 물에서 하는 스포츠 책 만들기
	수·과학 영역	• 수: 날씨 달력을 만들어요 • 과학: - 물은 어디로 갔을까 - 나만의 음료수 만들어 마시기	• 수: - 좋아하는 여름철 음식 그래프 - 부채와 선풍기의 공통점과 차이점 • 과학: 바람이 불면 왜 시원할까	• 수: 물에 뜨는 것과 뜨지 않는 것 꼬리 물기 • 과학: - 물에 뜨는 것과 뜨지 않는 것 - 물에 뜨는 것과 뜨지 않는 것은 왜?	• 수: 물이 나간 거리 그래프로 만들기 • 과학: - 물 돋보기로 관찰해요 - 왜 물이 멀리, 가까이 나갈까
	음률 영역	• 새 노래 〈싱그러운 여름〉 • 〈싱그러운 여름〉을 연주하고 신체로 표현하기	• 여름에 들을 수 있는 자연의 소리를 듣고 느껴 보기 • 자연의 소리를 듣고 리본막대와 스카프로 표현하기	• 〈참외밭의 삽살개〉 연주하기 • 〈즐거운 여름〉 신체표현 하기	• 새 노래 〈여름 방학〉 • 난타로 연주하고 신체로 표현하기

대 · 소집단 활동	• 이야기 나누기: - 물의 여행 - 날씨를 알려드립니다 • 신체: 우르르 쾅쾅 비가 와요 • 미술: 별난 우산 꾸미기 • 요리: 맛있는 팥빙수를 만들어요	• 이야기 나누기: 여름을 시원하게 보내는 방법 • 미술: 여름철 건강 캠페인 피켓 만들기 • 조사: 우리 집에서 즐겨 먹는 여름철 음식 조사하여 발표하기 • 게임: 부채로 친구 얼굴에 붙은 휴지 떼어내기 • 요리: 여름 과일로 만드는 별난 화채	• 이야기 나누기: - 물놀이 경험 나누기 - 물놀이 책을 소개해요 • 음악: 〈즐거운 여름〉 합주하기 • 신체: 다양한 수영 방법 흉내내기 • 과학: 수리 수리 마수리	• 이야기 나누기: - 물놀이와 여행에서의 안전 - 왜 물이 멀리 나가거나 가까이 나갈까 • 동화: 〈할머니와 둘이서〉 • 신체: 물놀이 모습 표현해 보기 • 게임: 단어 낚시로 만든 동시 〈여름에 무엇을 할까〉
실외활동	• 오늘의 바깥 기온은 • 여름의 모습 관찰하기 • 색과 물을 이용한 그림 그리기	• 햇볕과 그늘 아래서 바람 느껴보기 • 여름철 음식점 놀이	• 풀에서 물놀이하기 • 물 미끄럼틀 놀이	• 물놀이 도구로 놀이하기 • 누가 누가 멀리 쏘나
점심 및 휴식	• 짜지 않게 먹기 • 음악감상: 비 소리와 가야금소리	• 차가운 음식 적당히 먹기 • 여름에 들을 수 있는 자연의 소리를 들으면서 휴식하기	• 상한 음식 조심하기 • 음악감상: 쇼팽의 〈빗방울 전주곡〉	• 단 음식 적게 먹기 • 음악감상: 조지 윈스턴의 〈Summer〉
오후자유 선택활동	• 아이스크림, 음료수 가게 물건 만들기 • 우르르 쾅쾅 비가 와요 • 비가 가는 길을 만들어요	• 실외: 그늘 아래서 손과 얼굴에 물을 묻히고 부채질하기 • 여름철 건강 캠페인 피켓 들고 동생반에서 캠페인하기	• 실외: 모래밭에 물놀이 장소 만들기 • 실외: 음악에 맞추어 물로 그림 그리기	• 실외: 우리 동네 생선가게 견학 • 실외: 물 풍선을 옮겨요
귀가 및 가정과의 연계	• 여름의 모습 사진 가져와 전시하기 • 가정에서 폐품 가져오기	• 가정에서 대형마트 여름용품 홍보 전단지, 여름용품 가져오기 • 가정에서 즐겨 먹는 여름철 음식 조사해 오기	• 가족들과 물놀이 했던 사진 가져오기 • 물에 뜨는 것과 가라앉는 것 조사하기	• 물놀이 도구를 만들 수 있는 재활용품 가져오기 • 가정의 여름 휴가방법이나 여행계획 장소, 여행지 등에 대해 알아오기
비고	• 『물의 여행』(엘레오노레 슈미트 글 · 그림) • 『물은 왜 필요해』(로랑 사바티에 · 앙드레 벵슈트리 글, 레베카 도트르메르 그림) • 『오늘의 날씨는』(김정희 글, 이른봄 그림) • 『바닷가에 놀러 갔어요』(야마시타 하루오 글, 이와무라 카즈오 그림) • 『구리와 구라의 헤엄치기』(나카가와 리에코 글, 야마와키 유리코 그림) • 『할머니의 바닷가』(로살린 비어드쇼 글 · 그림) • 『찰랑찰랑 물이 있어요』(곽영직 · 김은화 글, 김재홍 그림) • 『여름이 좋아, 물이 좋아!』(김용란 글, 곽성화 그림) • 『할머니와 둘이서』(CD-ROM 동화)			

출처: 보건복지부(2013b).

3) 주간 프로그램 계획

주간 프로그램 계획은 1주일 동안 이루어지는 모든 활동을 파악할 수 있는 세부적인 보육계획으로 가정으로 보내 주간에 이루어지는 보육과정에 대한 이해와 협조를 구하기도 한다. 주간 프로그램 계획은 연간 및 월간 프로그램 계획에 수립된 내용에 기초해 작성한다. 보육일과의 시간과 실내와 공간 구분에 따라 실시 가능한 구체적인 놀이와 활동을 계획한다. 한 주간의 놀이와 활동이 요일별로 전개되는 과정을 한눈에 볼 수 있도록 계획하고 작성한다. 주간 프로그램 계획을 작성할 때는 다음과 같은 사항들을 고려하도록 한다.

- 요일을 구분하여 수립하였는가?
- 관련 활동을 단계적, 연속적으로 배치하였는가?
- 다양한 측면의 균형을 고려하였는가?(개별 · 소집단 · 대집단 활동 균형, 동적 · 정적 활동 균형, 교구 및 재료 제시 시 많은 · 적은 활동 균형 등)
- 각 영역 활동이 연속적으로 며칠에 걸쳐 진행되도록 계획되었는가?
- 새로운 활동을 한꺼번에 계획하기보다 연령, 흥미, 상황에 따라 융통성 있게 계획하였는가?

여기서는 앞서 제시한 1세 영아반의 연간 프로그램 계획에서 '느낄 수 있어요' 주제의 '만져 보아요' 소주제별 프로그램 계획안과 4세 유아반의 연간 프로그램 계획에서 생활도구 주제의 주간 프로그램 계획안을 소개한다. 1세 영아반의 경우 일상생활과 같은 단순한 활동이라도 꾸준히 반복하여 영아가 익숙해지는 것이 중요하기 때문에 소주제의 실시기간이 2주 또는 3주까지 반복되어 지속되도록 구성한다.

표 7-7 영아반 주간 프로그램 계획안

소주제: 만져 보아요(1주~2주)

실시기간: 총 2주

구분 \ 주 / 소주제		1주	2주
		만져 보아요	
등원 및 맞이하기		부모와 교사가 반갑게 인사하기	
일상생활	기본생활 및 안전	혼자서 양말을 벗어요	
	점심 및 간식	즐겁게 먹어요	
	낮 잠	내 이불, 내 베개를 찾아요	
	기저귀 갈이/배변활동	친구들도 기저귀가 있어요	
실내 자유 놀이	신체	둥근 고리 끼우기 놀이해요	촉감신발 신고 걸어요
	언어	내 이름을 부르면 대답해요	울퉁불퉁 종이에 끼적여요
	감각 · 탐색	선생님과 로션을 발라요	친구 기저귀를 만져 보아요
	역할 · 쌓기	소꿉그릇에 밀가루 반죽을 담아요	촉감블록으로 놀이해요
실외놀이		모래로 놀아요	
귀가 및 가정과의 연계		놀이 사진을 함께 보아요	

출처: 보건복지부(2013c).

영아반의 소주제별(주간) 보육계획안을 어린이집에서 한 주 동안 어떻게 진행할 것인지에 대한 과정을 일상생활과 놀이활동으로 구분하여 살펴보면 〈표 7-8〉 〈표 7-9〉와 같다.

표 7-8 소주제 '만져 보아요'의 일상생활 영역 주간 진행과정

등원 및 맞이하기	등원할 때 영아의 부모와 반갑게 인사하면서 영아를 맞이한다. 1세 영아는 부모와의 강한 애착관계형성으로 분리불안이 심할 수 있으므로 교사는 부모와 헤어진 후 영아를 안아 주는 등 영아에게 심리적 안정감을 제공한다.
기본생활 및 안전	영아들이 스스로 자기 옷을 벗고 입을 수 있도록 돕기 위해 혼자서 양말을 벗어 보는 활동을 할 수 있다. "우리 ○○이 혼자서 양말을 벗어 볼까요"라고 하면서 영아 스스로 벗는 시간을 주고 기다린다. 도움을 요청하는 영아는 교사가 도움을 주면서 점차 스스로 하도록 지원해 준다. 혼자 양말을 벗은 영아에게는 "○○이가 혼자 벗었구나."라고 격려한 뒤 장에 넣는 것도 스스로 해 볼 수 있도록 제안한다.
점심 및 간식	점심시간이나 간식시간에 "맛있는 점심(간식)시간이다. 우리 다함께 즐거운 마음으로 먹어 보자."라고 영아에게 밝은 표정으로 말하고 이것을 주간 일과에 지속적으로 실천한다. 아직 어린이집의 단체생활에 익숙하지 않은 영아에게 점심(간식)시간은 신체에 에너지를 제공할 뿐만 아니라 심리적인 안정감과 편안함을 느낄 수 있는 중요한 시간이므로, 즐겁게 먹을 수 있는 분위기와 정서적 지지의 시간이 될 수 있도록 지도에 유의한다.
낮잠	낮잠시간에 "우리 ○○이 베개는 어떤 것이지요?" 등의 언어적 표현을 하면서 자기 베개와 다른 영아의 베개를 구별할 수 있도록 한다. 자기 물건을 구별할 수 있는 이러한 활동은 이후 자기 물건을 스스로 정리하는 습관을 기르는 데 기초가 된다.
기저귀 갈이/ 배변활동	친구들도 기저귀를 하고 있고 기저귀에 용변을 본 후에는 기저귀 갈이를 한다는 것을 알게 하여, 자연스럽게 기저귀와 배변활동 등에 대해 긍정적인 호기심과 관심을 가질 수 있도록 돕는다. 이는 바람직한 배변훈련을 위한 토대를 마련하는 데 중요하므로 자연스러운 관심을 갖도록 안내한다.
귀가 및 가정과의 연계	귀가 시 오늘 어린이집에서의 영아의 생활과 활동 등을 하원시간에 부모님에게 전달하고 이야기를 나눈다. 이때 영아의 개별 상황에 맞추어 영아 스스로 부모님에게 표현할 수 있도록 지원한다. 가정과의 연계에서는 〈놀이 사진을 함께 보아요〉를 가정통신문 등에 사전 공지하여 영아가 가정에서도 주제를 통합적으로 이해할 수 있도록 협조를 구하여 연계한다.

출처: 보건복지부(2013c).

표 7-9 소주제 '만져 보아요'의 둘째 주 놀이활동 주간 진행과정

실내자유놀이	월~화	• 오전 실내자유놀이시간: 첫째 주에 했던 신체활동 〈둥근 고리 끼우기 활동해요〉, 언어활동 〈내 이름을 부르면 대답해요〉, 감각·탐색활동 〈선생님과 로션을 발라요〉, 역할놀이활동 〈소꿉그릇에 밀가루 반죽을 담아요〉 놀이가 지속될 수 있음. 각 놀이별 영아의 흥미와 관심을 살펴보며 둘째 주에 계획한 새로운 놀이 중 일부를 개별적으로 소개하면서 자유롭게 놀이하도록 지원 • 오후 실내자유놀이시간: 오전 활동을 반복하거나 기타 영역에서 자유롭게 놀이하도록 지원함
	수	• 〈촉감신발 신고 걸어요〉 〈울퉁불퉁 종이에 끼적여요〉 〈친구 기저귀를 만져 보아요〉 〈촉감블록으로 놀이해요〉 활동 중 새롭게 제시한 활동에 대해 영아들이 어떻게 놀이하는지 관찰하며 제시한 활동을 영아가 충분히 반복하고 확장할 수 있도록 지원함
	목~토	• 새롭게 제시한 활동과 지난주에 했던 활동이 영아들과 놀이하면서 반복, 확장되거나 다른 영역과 통합이 되도록 하며 영아들의 흥미와 관심이 지속되도록 함

실외놀이	월~토	• 실내자유놀이 중 실외놀이로 연계할 수 있는 활동을 반복하거나 재료를 달리하여 실행할 수 있음. 예를 들면, 언어활동의 〈울퉁불퉁 종이에 끼적여요〉를 실외에서 하는 경우 실외의 바닥에 색분필을 사용하여 끼적여 보는 활동으로 연계하여 실행할 수 있음
	월~토	• 지난주부터 실행하고 있는 실외놀이 〈모래로 놀아요〉를 영아의 동기유발과 호기심을 장려하면서 반복할 수 있으며 새로운 놀잇감을 추가하거나 확장하면서 지원함

출처: 보건복지부(2013c).

표 7-10 유아반 주간 프로그램 계획안

◎ 주제: 생활도구
◎ 소주제: 다양한 생활도구
◎ 실시기간: 1월 3주

구분		월	화	수	목	금	토
기본생활		전기 아껴 쓰기					
등원		어린이집, 가정에서 사용하는 생활도구에 관심 갖기					
오전 자유 선택 활동	쌓기 놀이 영역	내 책상을 만들어요 종이벽돌 도미노 놀이					
	역할 놀이 영역	부엌 놀이를 해요					
	미술 영역	생활도구 본뜨기 비밀 그림을 그려요 사진기를 만들어요					
	언어 영역	도구의 이름을 찾아요 좋아요					
	수과학 · 조작 영역	조작: 컵으로 놀아요 조작: 어떤 도구로 잴까요 과학: 편리한 깔대기 과학: 드라이버를 안전하게 사용해요					
	음률 영역	신기한 자석 가위 안전송					
대 · 소 집단 활동		동시: 필요해요	이야기 나누기: 점점 편리해져요 음악: 무엇이 필요할까요	신체: 꽁꽁 감아라, 술술 풀어라	동화: 내가 제일 멋진 도구야 게임: 나는 안전왕	요리: 달걀찜 만들기	
실외활동		뚝딱뚝딱 길을 내자 받아라 바톤					
점심 및 낮잠		좋아하는 음식과 싫어하는 음식 함께 먹어 보기					
오후자유 선택활동		실외: 모래와 실이 만나면? 기억게임 도형 이용하여 도구 그리기					
귀가 및 가정과의 연계		가정에서 가족들이 사용하는 다양한 생활도구 찾아보기					
비고		〈이야기 나누기〉 도구가 필요해요 〈이야기 나누기〉 여러 가지 가방 〈이야기 나누기〉 아차 조심해요 〈게임〉 안전 그림을 찾아요 〈게임〉 힘센 보자기 〈동화〉 신기한 요술냄비 〈현장체험〉 우리 동네 마트 가요 〈음악〉 주전자					

출처: 보건복지부(2013a).

이러한 주간 프로그램 계획 시에는 월~금(또는 토)에 어떻게 배치할 것인지를 고려해 선정된 활동을 배치할 필요가 있다.

구분		월	화	수	목	금	토
등원 및 맞이하기		아침에 먹고 온 음식을 이야기해 보기					
일상생활	기본생활 · 안전	스스로 겉옷을 벗어 보기 길을 잃었을 때는 제자리에서 기다리기					
일상생활	점심 및 간식	바르게 앉아서 먹어 보기 새로운 음식 먹어 보기					
일상생활	낮잠	자고 나서 내 베개를 정리해 보기					
일상생활	배변 활동	배변 후 선생님의 도움 받아(스스로) 옷을 올려 보기 - 지퍼, 단추 잠궈 보기					
실내 자유 놀이	신체	낙엽비가 내려요 →					
실내 자유 놀이	언어	과일까꿍카드 →					
실내 자유 놀이	감각 · 탐색	내 짝을 찾아주세요(과일 반쪽 찾기)					
실내 자유 놀이	역할 · 쌓기	낙엽을 청소해요 →					
실내 자유 놀이	역할 · 쌓기			큰 나무, 작은 나무 쌓아 보기 →			
실내 자유 놀이	미술			알록달록 가을나무 꾸미기 →			
실내 자유 놀이	음률				열매 마라카스 흔들기 →		
실외놀이		동물인형 목욕시키기, 여러 가지 색, 모양의 나뭇잎이 있어요					
귀가 및 연계	귀가	가을 날씨 이야기하며 귀가하기					
귀가 및 연계	가정 및 지역사회 연계	가정과의 연계-가족과 함께 공원 나들이 해 보기					

월요일부터 토요일까지 이번 주에 제시된 일상생활 관련 활동 내용을 하루 일과에서 자연스럽게 반복 시행하여 영아에게 즐겁게 습관화되도록 지원한다.

요일별로 새롭게 계획한 흥미영역활동을 소개하여 진행하고 소개되지 않는 영역에는 기본 놀잇감을 항상 비치하여 자유롭고 다양한 활동이 이루어지도록 진행한다. 또한 소개한 활동은 계속해서 이루어지도록 하여 놀이활동의 반복 및 확장이 자연스럽게 이루어지도록 한다.

요일에 계획한 실외활동을 진행하고 그 외 실외놀이터에서 자유롭게 놀이를 진행한다.

4) 일일 프로그램 계획

일일 프로그램은 주간 프로그램 계획에 기초해 하루 일과를 시간대별로 관련 활동을 정해 활동별 계획을 수립한 것으로, 영유아의 심리적 · 신체적 상태를 고려하여 영유아가 다음 활동에 대한 예측이 가능한 일관적이고 안정적인 흐름 속에 다양한 경험을 할 수 있도록 계획되어야 한다. 따라서 영유아를 위한 안정적인 하루 일과를 어떻게 운영할 것인가 하는 문제는 영유아의 질적 보육 지원과 직결되므로 영유아의 발달적 특성과 개별적 특성, 발달에 적합한 환경, 안정적인 보육계획과 평가의 유기적 관계를 통해 이루어진다.

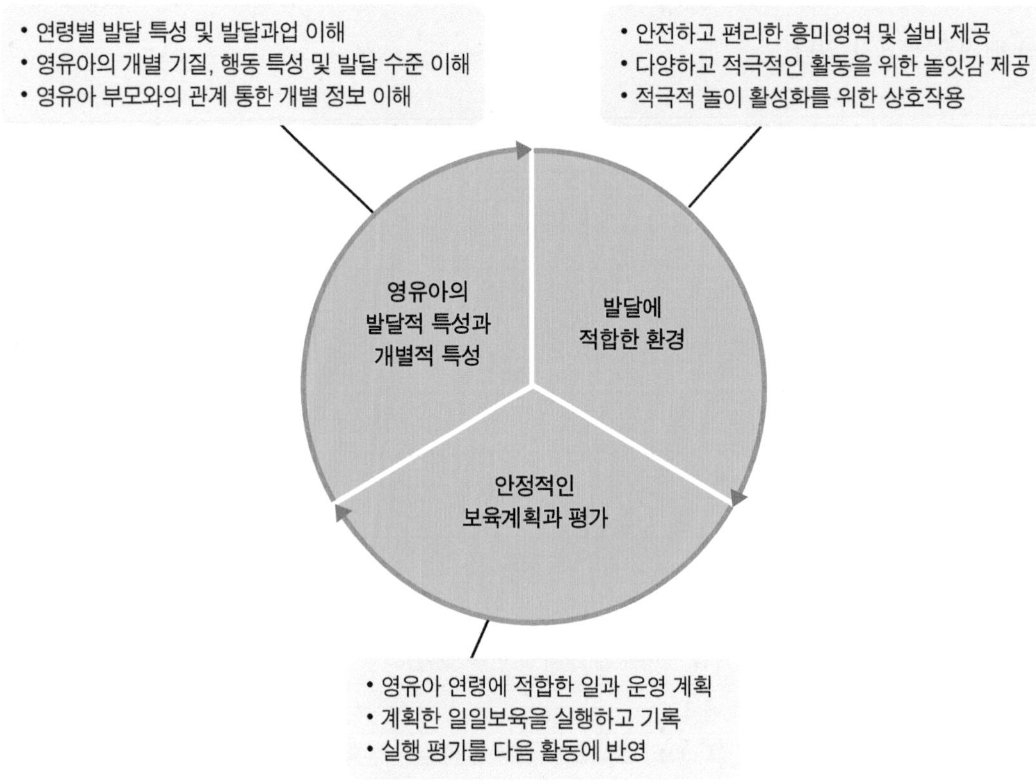

그림 7-1 일과 운영의 유기적 관계

일일 프로그램 계획을 위해 영유아반 일과 운영의 기본적인 구성요소에 대해 살펴보면 하루 일과는 등원, 간식과 점심(수유 및 이유), 낮잠과 휴식, 화장실 다녀오기(기저귀 갈기), 자유선택활동, 실외활동, 귀가지도로 구성된다. 일일 프로그램에서는 등원에서 귀가까지의 시간을 계획하고 활동명을 기록해야 하는데, 시간대별로 계획된 활동을 구체적으로 표기해야 한다. 하루 일과에 대한 일일 프로그램 계획을 수립하고 계획에 따라 실행한 후 이를 기록하여 보관하는 것을 일반적으로 보육일지라고 한다. 일반적으로 어린이집에서는 보육일지를 작성하므로, 보육일지 작성에 대해 살펴보고자 한다. 보육일지를 작성할 때 고려할 사항은 다음과 같다.

- 일상적 양육활동(간식, 배변, 점심, 낮잠 등) 계획이 수립되었는가?
- 자유선택활동시간이 오전과 오후 골고루 이루어지고 총 2시간 30분 이상 수립되었는가?
- 실외활동이 매일 1시간 이상(영아 30분 이상) 수립되었는가?
- 영유아 연령 및 발달 특성을 반영하여 대·소집단활동이 수립되었는가?
- 오전 간식, 점심, 오후 간식 시간이 수립되었는가?

- 만 4세까지 낮잠시간이 수립되었는가?
- 활동의 균형이 적절한가? (정적/동적, 실내/실외, 개별/소집단)
- 융통성 있는 일과 운영이 가능한가?
- 일관성 있는 일과계획인가?

일일 프로그램 계획은 영아반과 유아반으로 구분하여 살펴볼 필요가 있다. 영아반의 경우 영아의 개별적인 신체리듬을 고려해 융통성 있게 일과 운영을 조절하고, 영아의 흥미를 중심으로 자연스럽게 실행되도록 지원해야 한다. 유아반의 경우 유아의 흥미와 발달 수준, 사전 학습경험을 바탕으로, 개인차를 고려하고 수준별로 다양한 활동 계획을 수립해 풍부한 경험과 활동을 제공해야 한다. 또한 유아가 스스로 활동을 선택하고 결정해 문제해결력과 또래와의 상호작용이 활성화될 수 있도록 지원하는 것이 필요하다.

여기서는 앞서 제시한 1세 영아반의 연간 프로그램 계획에서 '느낄 수 있어요' 주제의 '만져 보아요' 소주제에 해당하는 일일 보육일지와 4세 유아반의 연간 프로그램 계획에서 생활도구 주제의 다양한 생활도구 소주제에 해당하는 일일보육계획안과 보육일지를 소개한다. 여기에서 소개하는 항목 이외에도 어린이집의 상황에 맞게 신입원아적응절차, 영유아관찰, 안전교육, 소방훈련 등을 추가해서 기재할 수 있다.

표 7-11 영아반 보육일지

반명	○○반	일시	2012년 ○월 ○일	담임	원장
주제	느낄 수 있어요				
소주제	만져 보아요(둘째 주)				

활동 / 시간	계획	실행
7:30~9:00	오전 통합보육 • 부모와 교사가 반갑게 인사하기	오전 통합보육 - 오전에 등원하면서 영아들의 건강상태를 확인하고 부모의 전달사항을 각 담임교사에게 인수인계함
9:00~9:20	* 등원 • 부모와 교사가 반갑게 인사하기 - 교사가 부모에게 인사하는 모습을 영아에게 보여 주며 영아와도 함께 인사 나누기 • 혼자서 양말을 벗어요 - 영아가 혼자 양말을 벗어 볼 것을 제안한 뒤 쉽게 벗을 수 있도록 양말 끝을 잡는 것을 보여 주거나 도와줌 * 손 씻기 및 오전간식(롤케이크, 우유) - 소독비누로 거품을 내서 씻도록 하고 물로 씻을 때 비누가 남지 않도록 도와주기 • 즐겁게 먹어요 - 간식을 먹으며 영아가 등원하면서 경험한 것, 가정에서의 일상을 물어보며 관심 갖기	* 등원 • 연휴로 인하여 등원한 영아들이 부모와 헤어지기 힘들어하고 많이 움 → 반갑게 인사하기 활동보다는 부모와 헤어진 뒤 안아 주거나 부모에게 전화하는 흉내내기 놀이를 하면서 안정감을 갖도록 함 • 혼자서 양말을 벗어요 - 혼자 양말을 벗어 볼 것을 제안하였으나 교사에게 도움을 요청하는 영아는 교사가 벗겨 주었고 혼자 시도해 보는 영아가 양말을 벗는 동안 교사가 '영차영차' 하고 노래부르 듯 말해 주며 모두 벗을 때까지 기다려 줌 - 스스로 시도하고 벗는 것에 대하여 '○○가 혼자 벗었구나'라고 격려한 뒤 장에 넣는 것도 혼자 넣도록 제안함 * 손 씻기 - 손을 씻으며 옷을 적신 영아들은 옷을 갈아입힌 뒤 간식을 먹도록 함 - 물에 대한 영아의 탐색이 손 씻기 시간에 많이 나타남 (A) * 간식 • 즐겁게 먹어요 - 간식을 먹으며 영아의 이름을 개별로 불러 주고 눈을 마주치며 '선생님은 ○○를 사랑해' 노래를 불러 줌 - 맛있는지 물어보면서 집에서도 간식으로 나온 것을 먹어 보았는지를 물어봄

9:20~10:20	* 실내자유놀이 • 신체: 둥근 고리 끼우기 놀이해요 - 영아들의 흥미가 지속되어 지난주 활동을 반복하여 계획함 • 언어: 울퉁불퉁 종이에 끼적여요 - 다양한 질감의 종이에 부드러운 영아용 크레파스로 끼적거리기를 하기 • 감각 · 탐색: 누구의 기저귀일까요 - 여러 가지 질감의 기저귀를 만져 보기 • 역할 · 쌓기: 밀가루 반죽에 빨대를 꽂아요 - 지난주 밀가루 반죽을 소꿉그릇에 담는 활동을 반복하면서 빨대를 꽂아 보는 활동을 첨가하여 계획함	* 실내자유놀이 • 신체: 둥근 고리 끼우기 놀이해요 - 둥근 고리를 놀잇감에 끼워 보거나 손목에 끼우고 흔들어 봄 - 교사가 머리에 고리를 올려 놓고 앞으로 고개를 숙여 떨어뜨리자 영아들 모두 큰 소리로 웃으며 교사의 행동을 모방함 (B) • 언어: 울퉁불퉁 종이에 끼적여요 - 여러 질감의 종이를 준비한 것 중 큰 벽지에 끼적거리기를 하는 것을 가장 선호함 - 다른 종이들의 크기가 작은 것이 이유인 것으로 보여짐 (C) - 바닥에 준비한 벽지를 붙이고 시작하다 영아들이 모두 왔을 때는 비어 있는 벽면에도 벽지를 붙여서 영아들이 서서 위아래로 끼적거리기를 할 수 있도록 함 • 감각 · 탐색: 누구의 기저귀일까요 - 언어활동으로 '울퉁불퉁 종이에 끼적여요'에 영아들이 집중하여 놀이를 지속함으로써 오전에는 할 수가 없어서 오후에 다시 계획하여 실시함 • 역할 · 쌓기: 밀가루 반죽에 빨대를 꽂아요 - 밀가루 반죽을 소꿉그릇에 담는 활동을 지속하였음 - 반죽을 모형 소꿉 칼로 칼집을 내서 만져 보거나 손으로 두드리기, 손가락으로 찔러 보기 등의 다양한 방법으로 촉감을 느끼도록 함 - 월령이 낮은 영아가 빨대를 꽂을 때 빨대가 잘 안 꽂혀 지기도 하여 교사와 함께 꽂음 (D) - 반죽에 빨대를 꽂고 생일초처럼 불어 보거나 생일 축하 노래를 부르는 놀이를 함
10:20~10:35	* 정리정돈 및 기저귀 갈이/배변활동, 실외놀이터로 이동 교사가 영역별 및 영아 개별로 곧 정리할 것임을 알려 주고 노래를 부르며 정리를 시작함 • 친구들도 기저귀가 있어요 기저귀 갈이를 하기 전에 자신의 기저귀를 보고 또래들의 기저귀도 함께 보도록 제안하기	* 정리정돈 - 정리 중에 뛰어다니는 영아들이 있어 부딪히지 않도록 함께 손을 잡고 '집에 못 간 장난감 찾아주기' 놀이를 하며 영역을 둘러봄 * 기저귀 갈이/배변활동 • 친구들도 기저귀가 있어요 지난주부터 또래들의 기저귀를 보는 것에 익숙한 영아들은 교사가 기저귀를 갈기 위해 또래들의 이름을 부를 때마다 그 영아의 사진과 이름이 붙은 개별 장을 가리키기도 함

	• 영아용 변기에서 소변 보기 - 월령이 높은 영아들 중 팬티형 기저귀를 입는 영아들은 영아용 변기에 앉아서 소변 볼 것을 권유하기	• 영아용 변기에서 소변 보기 - 이번 주부터 팬티형 기저귀를 입는 영아들 중 몇 명은 영아용 변기에 앉는 것을 거부하기도 하여 이를 수용함 - 대신 거부한 영아들이 영아용 변기에 앉는 또래를 지켜볼 때 도와주는 교사가 끄덕이고 미소를 짓는 모습을 보여 줌으로써 영아용 변기에 앉는 두려움이 감소될 수 있도록 함
10:35~11:30	* 실외놀이 • 모래로 놀아요 - 체를 준비하여 교사가 모래를 체로 걸러줄 때 떨어지는 모래를 만져 보기, 걸러진 부드러운 모래 만져 보기	• 소방대피 훈련 - 비상벨이 울렸을 때 교사에게 안기거나 교사를 따라서 안전하게 실외 대피장소로 이동함 - 영아 놀이터로 이동하여 놀이함 * 실외놀이 • 모래로 놀아요 - 체에서 떨어지는 모래를 만져 보며 탐색하는 것 외에 체 위로 걸러진 돌멩이나 조개껍데기 등을 만져 보며 탐색하기도 함
11:30~11:45	* 정리, 손 씻기 및 이동	* 정리, 손 씻기 및 이동 - 모래를 털고 닦는 데 시간이 오래 걸림 - 다른 반이 우리 반 뒤에서 기다리는 상황이 발생함
11:45~12:15	* 점심 • 즐겁게 먹어요 - 점심을 먹으며 영아가 등원하면서 경험한 것, 연휴 동안 가정에서의 일상을 물어보며 관심 갖기	* 점심(잡곡밥, 콩나물국, 닭양념찜, 깻잎나물, 김치) • 즐겁게 먹어요 - 나물을 먹고 싶어 하지 않는 영아들이 많아서 처음에 있던 양보다 덜어 주고 한 번씩 먹어 볼 것을 권유함 - 영아들이 각각 선호하는 반찬 이름을 알려 주며 맛있게 먹는 모습을 격려함
12:15~13:00	• 이 닦기 및 오후 실내자유놀이/기저귀 갈기	• 이 닦기 및 오후 실내자유놀이/기저귀 갈기 - 자신의 차례에 교사의 도움으로 양치질을 하여 보기 - 물을 뱉지 못하는 영아는 치약 없이 먹을 수 있는 물로 행구어 보기 - 세수하고 로션 바르기와 기저귀 갈기를 함 - 잠옷이나 편안한 곳으로 갈아입고 제한된 영역에서 블록과 책을 통하여 조용한 놀이 즐기기
13:00~15:30	• 낮잠 준비 및 낮잠 - 내 이불, 내 베개를 찾아요	• 낮잠준비 및 낮잠 - 영아가 옷을 갈아입는 것까지 낮잠 준비를 모두 마치면 이불을 깔아 주면서 영아 개별의 이름을 불러 줌 - '○○ 베개는 어디에 있나요' '이불은 어디에 있을까' 하고 자신의 이불과 베개를 찾아볼 수 있도록 함 - 대부분의 영아들이 자신의 베개와 이불을 찾을 수 있었음

15:30~16:00	• 낮잠 깨기 및 정리정돈/기저귀 갈기 - 내 이불, 내 베개를 찾아요	• 낮잠 깨기 및 정리정돈/기저귀 갈기 - 낮잠에서 깨면 교사가 개별로 다리를 주물러 주거나 기지개를 켜도록 도움 - 기저귀를 확인하고 갈아 줌 - 교사가 정리 시 자신의 베개를 가져올 수 있는 영아에게 '○○ 베개는 어디에 있나요?' '선생님께 가져올까요?'라고 물어봄. 가져온 영아에게는 '도와줘서 고마워요'라고 말함 - 옷을 갈아입도록 도와줌
16:00~16:30	• 손 씻기 및 오후간식(단호박범벅) • 즐겁게 먹어요 - 호박을 먹는 것을 낯설어 하는 경우 탐색할 시간을 주기	• 손 씻기 및 오후간식(단호박범벅) - '즐겁게 먹어요'의 일상활동이 오후에도 지속되도록 함 - 교사의 예측과 달리 호박을 먹는 것에 대해 거부감이 있는 영아들은 없었음 - 숟가락으로 조금 덜어 주고 만져 볼 수 있도록 하였으나 만지고자 하는 영아들이 없었음
16:30~18:00	* 오후 실내자유놀이/귀가 • 신체: 둥근 고리 끼우기 놀이해요 - 오전에 실행한 것처럼 고리 끼우기 놀이와 함께 고리를 머리에 올리고 떨어뜨리는 놀이를 계획함 • 언어: 울퉁불퉁 종이에 끼적여요 - 오전에 끼적거리기 한 종이를 바닥에 붙인 경우 위에 투명 비닐을 덮어 주거나 벽면에 게시하여 함께 보도록 함 • 감각 · 탐색: 누구의 기저귀일까요 - 여러 가지 질감의 기저귀를 만져 보기 • 역할 · 쌓기: 밀가루 반죽에 빨대를 꽂아요 - 오전에 했던 밀가루 반죽에 빨대를 꽂아 보고 생일초 꽂기 놀이를 흉내 내어 보는 것을 계획함	• 오후 실내자유놀이 - 오전에 했던 '울퉁불퉁 종이에 끼적여요'를 실외에서 진행하기로 함 - 두꺼운 큰 전지와 크레용을 첨가하여 실외 바닥에 종이를 깔고 영아들이 그 위에 앉아 끼적이는 경험을 함 - 다수의 영아들이 종이 위가 아닌 바닥에 끼적이기를 하려는 시도가 많았음 (E)

18:00~19:30	* 오후 통합보육 • 개인 소지품을 챙긴 뒤 교사와 함께 통합보육실로 이동하기 • 부모님께서 오시면 교사와 인사와 포옹을 한 뒤 귀가하기
평가	- 손 씻기 일과 동안 영아들이 물을 갖고 만지고 흐르는 물에 손을 이리저리 대 보면서 물에 대한 영아의 탐색이 손 씻기 시간에 많이 나타나는 것을 알 수 있었음. 교실에서의 놀이나 실외 시간에 물을 갖고 놀이하는 활동을 계획하고 실행함으로써 일상에서의 관심을 보다 적극적인 놀이로 지속시켜야 할 것임. 실내에서 물과 관련된 활동을 자주 할 수 있는 방법에 대해 동료교사와 의논할 필요가 있음 (A) - 교사가 머리에 고리를 올려놓고 고개를 숙여 떨어뜨리자 영아들이 매우 즐거워하고 곧 따라 하는 것을 알 수 있었는데 이러한 흥미가 계속된다면 팔주머니, 작은 인형 등을 첨가하여 수요일 정도에 새롭게 계획된 활동으로 추가할 수 있음 (B) - 영아들이 크기가 작은 종이를 벽지처럼 큰 종이보다 덜 사용하므로 내일부터는 다른 종이들도 벽지처럼 크게 잘라서 사용하려고 함 (C) - 월령이 낮은 영아는 빨대를 꽂을 때 빨대가 반죽의 탄성에 따라 다시 튀어나오는 것을 관찰함. 빨대의 지름이 12mm짜리로 바꾸어 내일 다시 해 볼 수 있도록 할 계획임 (D) - 실외에서 끼적이기 활동을 할 때는 종이보다는 바닥에 끼적이는 것에 영아들의 관심이 많은 것을 알 수 있어서 다음 활동 계획 시 바닥에 끼적일 수 있는 영아용 굵은 색분필을 준비하여 활동을 진행해 볼 것임 (E)
비고	소방대피 훈련 실시

출처: 보건복지부(2013c).

표 7-12 유아반 보육계획안

(만 4세) 일일보육계획안	2○○○년 1월 ○일 수요일 날씨: ○○	담임	원장
주제	생활도구		
소주제	다양한 생활도구		

시간 및 구분	활동 계획 및 방법	준비물 및 유의점	실행 및 평가
7:30~9:00 등원 및 통합보육	• 유아의 기분과 건강상태 확인하기 • 스스로 소지품을 정리할 수 있도록 도와주기 • 투약의뢰서 유무 확인하기 • 통합 보육실에서 자유놀이하기	투약의뢰서 일일연락장 영역별 놀잇감	
9:00~10:30 오전 자유선택활동	• 새로운 영역활동 소개하기 • 어린이집, 가정에서 사용하는 생활도구에 관심 갖기 • 관심 있는 영역에서 자유롭게 활동하도록 돕고, 교사 및 또래와 긍정적 상호작용 나누기 • 교사의 도움이 필요한 놀이에 적절히 참여하기 • 놀잇감 바르게 사용하고 정리하도록 안내하기 [쌓기놀이] 종이벽돌 도미노 놀이 - 종이벽돌 블록을 자유롭게 늘어놓고 쓰러뜨려 보기 - 친구와 함께 동일한 개수의 종이벽돌 블록으로 도미노 놀이를 해 보고 쓰러진 상태의 길이를 줄자로 재어 보기 - 동일한 개수의 블록을 쓰러뜨렸을 때 길이가 다를 경우 이유를 예측해 보기(블록을 나열할 때 블록 간의 간격 차이 등) [역할놀이] 부엌놀이를 해요 - 부엌에서 사용하는 도구들을 살펴보며 부엌에 관련된 경험을 이야기 나누기 - 역할을 정하여 부엌에서 사용하는 도구들을 이용하여 놀이하기 [미술] 비밀 그림을 만들어요 - 양초를 살펴보며 어떤 놀이를 할 수 있을지 예측해 보기 - 흰 도화지의 양초 그림을 보며 어떤 느낌인지, 왜 그림이 보이지 않을지 이야기 나누기 - 물감을 칠한 후 나타나는 그림을 보며 느낌 나누기	영역별 놀잇감, 활동 제시된 교구 일체, 줄자, 부엌 배경 그림, 부엌 도구 실물자료, 물감, 붓, 흰도화지, 양초, '도구를 찾아주세요' 그림 카드, 도구 그림 카드, 도구 이름 카드, 도구 그림과 도구, 이름이 함께 인쇄된 기본판, 임의 측정 도구(클립, 지우개, 벽돌 블록, 끈, 네임펜), 결과 기록지, 필기도구, 자석이 사용되는 상황의 사진, 다양한 모양의 자석, 자석 실험을 위한 다양한 도구, 〈여우야 여우야〉 반주 음원	

	[언어] 도구의 이름을 찾아요 - '도구를 찾아주세요' 상황 그림 카드를 보며 각각의 상황에 필요한 도구에 대해 이야기 나누기 - 도구 그림 카드를 보며 이름 카드 붙여 보기 - 도구 이름 찾기 수수께끼 놀이를 해 보기 [수과학·조작] 어떤 도구로 잴까요 - 책상의 길이를 잴 수 있는 방법에 대해 이야기 나누기 - 책상의 길이를 잴 수 있는 도구를 찾아보기 - 여러 가지 도구를 이용하여 책상의 길이를 재어 보고 친구의 것과 비교해 보기 [음률] 신기한 자석 - 생활 속에서 자석이 사용되는 상황의 사진을 보며 이야기 나누기 - 자석의 특성을 탐색한 후 〈여우야 여우야〉 노래에 맞추어 개사하여 노래를 부르며 자석에 붙는 것과 붙지 않는 것을 실험해 보기 • 화장실 다녀오기 및 손 씻기 • 준비된 간식 가지고 자리에 앉기 • 간식 먹은 후 자리 정리하기	오전간식: 쇠고기버섯죽	
10:30~10:50 정리정돈 및 화장실 가기	가지고 놀던 놀잇감을 제자리에 정리한 후 화장실 다녀오기		
10:50~11:20 대 · 소집단 활동	[신체] 꽁꽁 감아라, 술술 풀어라 - 줄을 보며 어떤 놀이를 해 볼 수 있을지 예측해 보도록 하기 - 줄을 이용하여 노는 모습을 그림을 통해 살펴보며, 놀이하는 모습에 대해 이야기 나누기 - 줄 감기와 풀기를 재미있고 안전하게 할 수 있는 방법에 대해 생각해 보도록 하기 - 두 명의 유아가 줄을 이용하여 놀이하기	유아의 3배 길이의 줄(양쪽으로 유아 몸통 크기의 고리를 묶은 것), 줄을 이용한 놀이 모습(줄넘기, 꼬마야 꼬마야, 고무줄놀이, 통과하기, 줄감기) 삽화, 노랫말(펑펑장서방을 개작한 노랫말) 적은 가사판	
11:20~12:20 실외활동/ 손 씻기	[실외활동] 받아라 바톤 - 바톤을 이용해서 어떤 게임을 할 수 있을지 이야기해 보기 - 바톤을 다양한 방법으로 전달해 보기(머리 위, 다리 사이, 옆 친구에게 전달하기) - 바톤을 떨어뜨리지 않고 잘 전달할 수 있는 방법에 대해 이야기해 보기 ★ 우천 시: 실내 유희실에서 활동하기 • 화장실 다녀오기 및 손 씻기	물, 세로로 반 자른 페트병, 여러 모양과 길이의 PVC파이프, 유아용 삽, 바가지, 물통, 조리개, 비닐, 물에 뜰 수 있는 여러 가지 물건(나뭇잎, 스티로폼 공, 종이배 등)	

12:20~13:20 점심식사/ 이 닦기	• 좋아하는 음식과 싫어하는 음식 함께 먹어 보기 • 개별적인 상호작용을 하며 올바른 식습관 지도하기 • 이 닦기	검은쌀밥 건새우아욱국 사태떡찜 참나물무침 김치	
13:20~14:00 조용한 활동, 정리정돈 및 낮잠 준비	• 점심식사가 끝난 유아들은 책 보기 등 조용한 활동을 하며 기다리기 • 정리정돈 및 화장실 다녀오기 • 베개 및 낮잠 이불 찾아 자기 자리에 눕기	교실에 비치된 책	
14:00~15:30 낮잠 및 휴식	• 동화 듣기 • 낮잠 자기 및 음악 들으며 누워서 휴식하기		
15:30~16:00 낮잠 깨기 및 정리정돈	• 먼저 일어난 유아들은 화장실을 다녀온 후 다른 유아가 일어날 때까지 책 보기 등의 정적인 놀이하기 • 낮잠 침구 장에 정리하기		
16:00~16:30 오후간식	• 손 씻고 간식 먹기 • 준비된 간식 가지고 자리에 앉기 • 간식 먹은 후 스스로 자리 정리하기	약식, 과일	
16:30~18:00 오후 자유선택활동	[실외] 모래와 실이 만나면 - 모래놀이터에서 실을 가지고 할 수 있는 놀이에 대해 생각해 보기 - 모래 속에 실을 묻어 실 끝을 잡고 잡아당겨 보기 - 실의 가닥 수, 잡아당기는 속도, 방향 등에 따라 모래 위에 나타나는 다양한 모양을 살펴보기 화장실 다녀오기 및 손 씻기	모래, 실	
18:00~19:30 통합보육 및 귀가	• 개별적으로 조용한 놀이를 하면서 부모님이 오시는 대로 귀가하기 • 자신의 소지품 정리하기/선생님과 친구에게 인사하기 • 가정에서 가족들이 사용하는 다양한 생활도구를 찾아보도록 연계하기	일일연락장, 영역별 놀잇감	
일일 전체 평가			
기본생활 관련	※ 전기 아껴 쓰기에 대해 일주일간 상황 관련해서 경험하기		

출처: 보건복지부(2013a).

표 7-13 유아반 일일 보육일지

일시	20△△년 1월 15일 수요일	날씨	흐림
주제	생활도구	소주제	다양한 생활도구
시간 및 구분	활동내용	평가	
기본생활	〈절약〉 전기 아껴 쓰기 하루일과 속에서 유아들이 전기 절약에 대해 생각할 수 있도록 카세트, 컴퓨터 등을 사용할 후에는 반드시 전원을 끄도록 함. 또한 교실 이동 시 소등을 습관화 하여 유아들이 전기 절약에 대해 인식할 수 있도록 지도함	실외 자유선택활동이나 간식, 점심시간 교실 이동 시 불을 켜 놓고 가는 경우가 있었는데, 이제 유아들 스스로 "불 꺼야지."라고 소등을 챙기는 모습이 나타나 격려함	
7:30~9:00 등원 및 통합보육	* 반갑게 맞이하며 유아의 건강 · 심리상태를 파악하기 * 통합 보육실에서 놀이하기 * 옷, 가방 및 소지품을 스스로 정리할 수 있도록 함	자신의 소지품을 다시 한 번 확인하고, 분실되지 않도록 주의함	
9:00~10:30 오전 자유선택활동	* 언어영역: 놀이 계획하기 - 영역표시 그림을 보고, 하고 싶은 영역에 색칠하여 오늘의 놀이를 계획하여 봄	원하는 놀이의 종류와 순서에 대해 생각하지 않고 습관적으로 놀이영역에 색칠을 하던 모습이 줄어들었으며, 지속적인 교사와의 일대일 상호작용을 통한 격려와 지도가 필요하겠음	
	* 오전간식: 바르게 앉아 간식을 먹고 그릇 정리함 (09:20~9:40)		
	* 역할놀이영역: 부엌놀이를 해요 - 영역 내에 있던 놀잇감 외에 실제 부엌에서 사용하는 다양한 도구를 제공하여 충분히 탐색해 볼 수 있도록 하였으며, 도구를 사용하여 요리하는 놀이를 해 봄	영역 내에 있던 놀잇감 외 새롭게 제시된 실물자료에 큰 관심과 흥미를 보였음. 첫날이라 자료의 용도보다는 도구 자체를 탐색하느라 다소 소란스러웠으나, 충분한 탐색 시간이 지나자 점차 자신이 봤던 경험을 이야기하며 도구의 용도에 알맞게 사용하며 자연스럽게 요리하여 밥 차리기 놀이로 진행됨	
	* 미술영역: 비밀 그림을 만들어요 - 양초로 흰 도화지에 그림을 자유롭게 그려 보고, 붓과 물감을 사용해 도화지에 색칠해 봄	양초그림 위에 물감을 칠하며 나타나는 그림의 형태에 매우 흥미로워하였음. 물감의 농도가 짙어 양초그림이 잘 나타나지 않는 경우가 있었으며, 매번 물감 농도 조절을 하는 데에 교사의 도움이 많이 필요하여 내일은 농도를 맞추어 물감을 통에 여분으로 준비해 두어야 하겠음	

	* 언어영역: 도구의 이름을 찾아요 - 2~3명의 유아가 모여 순서를 정하고, 한 유아가 도구 그림 카드를 보며 수수께끼를 냄. 다른 유아들은 수수께끼에 맞는 도구 이름 카드를 찾으며, 카드를 찾은 유아가 다음 수수께끼를 내어 봄	도구의 특징을 말로 설명하는 데에 어려움을 느끼는 유아가 있어 언어적 단서 외에 도구를 사용할 때 나는 소리나 사용하는 모습의 움직임 등을 이용하여 수수께끼를 내어 보도록 제안하고 격려함
	* 수과학 · 조작영역: 〈조작〉 어떤 도구로 잴까요? - 교실 안에서 책상의 길이를 잴 수 있는 물건을 유아 스스로 찾아 모아 본 후, 유아들이 고른 다양한 도구를 이용하여 책상의 길이를 재어 보고 친구의 것과 비교해 봄	다양한 도구를 이용하여 책상의 길이를 재어 보는 데에 관심이 높았으나, 측정 시작 지점의 선정 및 측정 과정이 명확치 않아 동일한 도구를 이용해도 유아 간 측정에 약간의 차이가 나타남. 자로 재어 볼 것을 제안한 유아가 있어 내일은 오늘 기록해 둔 활동지에 이어서 자로 측정한 길이도 함께 기록해 보기로 하였음
	* 음률영역: 신기한 자석 - 〈여우야 여우야〉 노래에 맞추어 자석에 물건을 붙여 보는 실험을 함께 하며 붙는 물건과 붙지 않는 물건을 발견해 봄	자석에 붙이기 전 붙을지 안 붙을지 예측해 보는 과정에 매우 흥미로워하였음
10:30~10:50 정리정돈 및 화장실 가기	* 쌓기 · 역할 · 미술 영역 등 정리 시간이 오래 걸리는 영역부터 정리 시작하고 전체 정리하기 • 정리가 끝난 유아부터 화장실 다녀온 후 모여 앉기	
10:50~11:20 대 · 소집단 활동	* 대 · 소집단활동: 〈신체〉 꽁꽁 감아라, 술술 풀어라 - 2명의 유아가 마주 서서 줄의 양쪽 끝에 있는 고리를 허리에 검. 한 명은 그대로 힘을 주며 서 있고, 다른 한 명은 줄을 잡고 몸에 감으면서 돔. 다 감기면 반대방향으로 돌아서 줄을 풀고, 역할을 바꾸어 다시 해 봄	친구와 함께 몸에 줄을 감아 보는 활동에 매우 큰 관심을 나타내었으나, 다소 흥분하여 줄을 감고 푸는 속도를 빨리 함에 따라 다소 위험한 모습도 나타남. 유아 간 간격 조절 및 줄을 감고 푸는 속도에 대한 안전에 주의가 요구되었음
11:20~12:20 실외활동/ 손 씻기	* 실외활동: 받아라 바톤 - 바톤을 머리 위, 다리 사이, 옆으로 마지막에 서 있는 사람에게까지 전달해 봄 ★ 오후 활동이 실외로 계획되어 실내 유희실에서 활동함	바톤을 빠른 속도로 전달하는 것에 치중하여 지나친 경쟁이 발생함에 따라 게임 중간 평가가 함께 이루어짐. 전달 과정에서 떨어질 경우 다시 처음 유아부터 전달하자는 의견에 따라 다시 진행이 되었으며 보다 신중하고 천천히 전달하는 모습이 나타남
12:20~13:20 점심식사/ 이 닦기	* 점심 및 이 닦기 - 좋아하는 음식과 싫어하는 음식 함께 먹어 보기	참나물을 먹기 힘들어 하는 유아가 있었으며, 부드러운 잎 부분으로 골라 향을 맡아 보고, 맛보기 정도로 소량만 먹어 보는 경험이 이루어지도록 지도함

13:20~14:00 조용한 활동, 정리정돈 및 낮잠 준비	* 조용한 놀이하며 낮잠 준비하기 - 양치가 끝난 유아들은 입었던 옷을 벗어서 정리하고, 교실에 있는 책 보기 - 책을 본 유아부터 정리 후 천천히 화장실 다녀오기 - 자신의 이불과 베개를 찾아 이불 덮고 눕기	
14:00~15:30 낮잠 및 휴식	• 동화 듣고 낮잠 및 휴식하기	오전에 동적인 활동량이 많아 전반적으로 일찍 잠들었으나, 기침하는 유아가 2명 있어 중간에 미지근한 물을 먹고 다시 잠들었음
15:30~16:00 낮잠 깨기 및 정리정돈	- 먼저 일어난 유아들은 화장실을 다녀온 후 다른 유아가 일어날 때까지 책 보기 등의 정적인 놀이하기 - 낮잠 침구 장에 정리하기	
16:00~16:30 오후간식	* 오후 간식: 약식, 과일 - 놀잇감 정리 후, 손을 씻고 간식을 들고 자리로 이동함. 바르게 앉아 간식을 먹고 다 먹은 뒤, 그릇을 정리함	약식을 먹기 힘들어하는 유아가 많아 배식할 때 원하는 유아에 한하여 양을 조금씩 줄여 주고 더 받아서 먹을 수 있도록 함
16:30~17:40 오후 자유선택활동	* 실외: 모래와 실이 만나면 - 모래 속에 실을 묻어 실 끝을 잡고 당겨 모래 위에 나타나는 모양을 살펴봄. 실의 가닥 수, 잡아당기는 속도, 방향 등을 달리하여 다양한 모양을 만들어봄 • 화장실 다녀오기 및 손 씻기	실을 한 줄로 할 때는 모래에 덮여 형태가 잘 나타나지 않아 여러 줄을 합친 후 모래 속에서 당겨 봄 젖어 있는 모래 쪽에서는 형태가 더 잘 나타나 높은 흥미를 보였으며, 내일은 유아들이 모래 위에 만든 그림을 카메라로 담아 공유할 예정임
17:40~18:00 귀가 준비	* 귀가 준비-세안 및 옷 단정히 입기 - 자신의 몸을 스스로 단장할 수 있도록 격려 후 자신의 물건을 혼자 챙길 수 있도록 하면서 서랍 정리도 함께 이루어질 수 있도록 함	
18:00~19:30 귀가 및 가정과의 연계 (통합보육)	* 귀가 및 가정과의 연계-통합보육 - 통합보육실에 가서 놀이를 하다 부모님이 오시면 통합보육 선생님께 인사를 하고 하원함	
총 평가	역할영역에서 실제 다양한 부엌 도구를 이용한 요리에 높은 관심을 보임에 따라 내일은 밀가루 반죽을 함께 제공해 주어야 하겠음. 바톤을 이용한 게임에 지나치게 경쟁적인 모습을 보이는 유아들이 자신의 팀이 질 경우 친구 탓을 하며 강하게 불만을 표현하는 모습이 나타나 상대방의 기분을 배려하고 친구와 힘을 합쳐서 즐겁게 놀이를 할 수 있는 것에 초점을 맞추어 지도와 격려가 필요했음. 도구에 대한 수수께끼에서 언어적 단서를 이용한 설명으로 문제를 내는 것이 어려운 유아의 경우 도구를 사용할 때의 모습이나 소리로 문제를 내어 보았는데, 흥미가 높아 내일도 이어서 두 가지 방법으로 수수께끼 맞히기 놀이가 진행될 예정임. 기침하는 유아들이 있어 규칙적인 교실 환기와 습도 조절이 필요함	

출처: 보건복지부(2013a).

표 7-14 관찰일지 사례

<table>
<tr><th>□ 관찰 아동명</th><th>○○○</th><th>□ 관찰 아동월령</th><th>61개월</th></tr>
<tr><td></td><td>실내·외 놀이 및 활동</td><td colspan="2">해석</td></tr>
<tr><td>1회
▶ 일자: 9월 ○일 화요일
▶ 시간: 오전자유선택활동
▶ 장면: 밀가루 탐색
▶ 관찰자: 최○○</td><td>
처음에 교사의 활동을 10분 정도 보고 있다가 밀가루를 만지기 시작함. 손을 털고 만지고를 반복하다 옷에 밀가루를 묻혀가며 놀이를 계속함. 자유활동 50분 동안 처음부터 마지막까지 밀가루 탐색 활동에 몰입함</td><td colspan="2">자연탐구〉일상생활 주변의 몇 가지 친숙한 것들을 양육자와 함께 탐색한다.
- 탐색 놀이를 시작할 때는 적극적인 탐색보다는 주변에서 친구들이 놀이하는 것을 지켜봄. 탐색시간이 끝나면 조금씩 놀이에 참여하기 시작하여 적극적으로 놀이하는 모습을 보임. 밀가루 뿐 아니라 물감 놀이에서도 비슷한 모습이 관찰됨
- 탐색에서 강점을 보이는 ○○이는 탐색놀이에 가장 즐겁게 참여하지만 적극적인 탐색을 하기 까지는 시간이 걸리는 편임
- 교사의 직접적인 놀이지도(제안)보다는 자발적으로 참여 할 수 있도록 기다려 주는 간접적인 놀이지도와 관찰이 필요함. ○○이가 탐색활동에 몰입 할 수 있도록 필요한 도구를 다양하게 준비하고 충분한 시간을 줄 예정임</td></tr>
<tr><td>2회
▶ 일자: 9월 ○일 월요일
▶ 시간: 오후 자유선택활동
▶ 장면: 북치며 노래하기
▶ 관찰자: 김○○</td><td>교사가 영아들과 함께 '반짝 반짝 작은별' 노래를 부르고 있음. ○○이가 다가와 큰 소리로 '아름답게 비치네. 동쪽 하늘에서도 서쪽 하늘에서도'라고 노래를 부름. 북을 꺼내 두드리면서 이 노래를 5번 정도 반복해서 부름</td><td colspan="2">예술경험〉노래를 부분적으로 따라 부른다.
- ○○이는 교사가 부르는 노래를 잘 모방하며, 자발적으로 반복해서 시도하는 모습을 보임
- 정확한 발음과 음계로 노래를 부를 수 있으며 노래 부르는 것에 흥미를 보임
- 다양한 노래를 들려주어 음감 발달에 도움을 주고자 함
- 가정에서도 노래 부르기를 경험할 수 있도록 안내</td></tr>
<tr><td>가정연계</td><td colspan="3">- 어린이집에서 배우는 노래 음원 안내 〉 노래 부르는 모습 영상 받기</td></tr>
</table>

3. 프로그램 평가

보육프로그램 평가는 주로 보육목표, 보육내용, 교수학습과정의 실행에 대한 질적 평가로 이루어지며 이에 따라 체계적인 자료 수집과 평가 과정이 필요하다. 평가 과정은 자료수집과 평가로 나눌 수 있는데 실제로 실행된 일에 대한 기록을 토대로 요소별 평가를 하고, 그 결과를 프로그램에 다시 반영하여 보육계획을 수립할 수 있어야 한다. 어린이집 프로그램 평가는 연간, 월간, 주간, 일일 보육계획과 프로그램 운영별로 실행하고 반영한다(보건복지부, 교육과학기술부, 2013, 보건복지부, 육아정책연구소, 2013).

1) 연간 프로그램 평가

연간 프로그램 평가는 1년간 진행되었던 연간 주제를 검토하고 각 생활 주제가 영유아의 발달에 적합했는지, 영유아의 흥미와 요구를 반영했는지, 계절의 변화를 반영한 시기적으로 적합했는지, 지역사회의 연계 등을 고려하여 계획했는지를 검토한다. 또한 각 생활주제 간 연계성이 있었는지, 위계가 적합하게 선정되었는지도 평가한다. 연간프로그램에 대한 평가는 매년 새로운 학기가 시작되기 전 2월에 검토하여 그다음 해의 연간 프로그램에 반영해야 한다.

표 7-15 연간 프로그램 평가

○○반(만 ○세) 연간 보육계획안(5월)

월	대주제	소주제	현장학습	사회관계 증진활동	지역사회 협력활동 (월1회)	기본생활습관	연간행사
5월	나와 엄마 아빠	우리집			도서관에서 가족과 관련된 책 골라 읽어 보기	우리반 약속 1) 선생님께 인사해요!	
		엄마, 아빠		친구와 함께 〈우리엄마〉 그림책 읽어 보기	부모님께 드릴 선물 사 보기	우리반 약속 2) 바르게 앉아요!	어린이날 행사 어버이날 행사
		나의 몸 ▸ 그림자, 조명을 이용한 몸의 탐색이 좋았음	판토마임 공연관람	친구 키만큼 벽돌블록 쌓아 보기 ▸ 일어서거나 누워서 친구의 키만큼 블록을 나열하며 함께 놀이하는 즐거움을 경험함		우리반 약속 3) 복도에서 만나는 친구 엄마 아빠에게 인사해요!	
		내가 할 수 있는 것		친구에게 기분 좋은 말 해주기 ▸ "사랑해" "미안해" "고마워" 등의 구체적인 표현이 많이 늘어음	치과 검진 받으며 양치하는 방법 알아보기	우리반 약속4) 친구에게 먼저 배려해요! ▸ 우리반에서 정한 약속이라 기억과 실천을 잘함	학부모 참여 수업

2) 월간 프로그램 평가

월간 프로그램 평가는 한 달 동안 계획된 보육내용을 진행함으로서 영유아가 경험할 수 있는 지식, 기술, 태도 및 가치를 적절히 습득할 수 있었는지, 월간 프로그램안의 목표가 영유아의 발달 수준에 적절하였으며 어느 정도 획득되었는지를 검토한다. 또한 주간별 보육 내용간의 상호 연계와 통합을 잘 이루고 있는지, 주간별 소주제와 주별 활동은 위계적으로 진행되었는지, 이전 주간 보육과정 평가를 반영하여 주간 보육과정 계획이 이루어졌는지를 평가한다. 월간보육과정에 대한 평가는 다음 달 월간 프로그램 및 다음 해 연간 프로그램에 반영한다. 월간 프로그램 평가는 매월 마지막 주 금요일 또는 토요일에 진행한다.

3) 주간 프로그램 평가

주간 프로그램 평가는 한 주간의 보육과정 내용의 흐름을 되돌아보고 계획된 주간보육내용 중 실제로 진행된 내용과 진행되지 않은 내용, 주간보육 시 계획되지 않았지만 추가로 진행된 내용을 정리해 본다. 주간계획안의 활동들이 영유아의 발달에 적절하였는지, 영유아의 발달, 흥미 요구에 적합한 경험 및 학습을 촉진하는 다양한 활동으로 구성되었는지, 활동은 해당 주의 소주제와의 통합성, 활동 간 통합성을 고려하여 계획, 실행되었는지 평가한다. 또한 월요일에서 금요일까지 일일보육의 내용이 다음날의 보육 내용과 연계성 있게, 위계적으로 진행되었는지도 검토한다. 검토한 내용은 영유아의 반응, 흥미, 보육 내용 진행 시의 상황, 활동의 균형을 고려하여 그 이유를 분석한다. 분석된 내용은 다음주 프로그램에 반영한다. 주간보육과정 평가는 한 주의 보육이 끝나는 금요일 오후에 진행한다.

표 7-16 주간 프로그램 평가

○○반 주간보육계획안(만 1세반)

담임교사: ○○○

□ 실시기간: 2000년 ○월 ○주(기간 기록)
□ 주　　제: 나의 몸을 움직여 보아요
□ 목　　표: 신체의 움직임을 통해 내 몸에 관심을 갖는다.

요일 일과		월	화	수	목	금
등 원 (7:30~9:00)		‘♪나처럼 해 봐라’ 노래를 불러요				
오전 간식 (9:00~9:20)		간식의 맛을 말해 보아요				
오전 실내 자유 놀이 (9:20 ~ 10:30)	신체			선생님 비행기를 타고 올라가요 →		
		백업 원 안으로 몸을 통과할 수 있어요 / 끼어 보아요 →				
		평가) 상자에 대한 흥미도가 높았음 〈상자 구멍에 팔, 다리를 넣어보아요〉 활동 좋음				
	언어	몸의 움직임과 관련된 단어를 듣고 말해 보아요 →				
		긁적이기 판에 자유롭게 긁적여 보아요 →				
	탐색	촉감판을 손으로 만져 보아요 / 걸어 보아요				
				움직이는 사진 붙여진 컵 블록 쌓아보아요 →		
			평가) 〈움직이는 사진 붙여진 벽돌 블록 쌓아보아요〉로 변경			
	음률 미술	〈♪깡깡총 체조〉 방울 달고(손목 딸랑이, 방울 신발) 친구 따라 움직여 보아요 →				
				물감 묻은 솜방망이로 상자를 두드려 보아요 →		
	역할 쌓기			징검다리를 만들어 건너 보아요		
		이사 가는 날, 짐을 옮길 수 있어요				
전이 (10:30~10:40)		〈♪올라간 눈〉 들으며 여러 가지 눈 그림 모양 살펴보아요				
오전 실외놀이터 자유놀이 (10:40~11:20)		[대근육] 숨기 찾기 놀이를 해요 〈♪꼭꼭 숨어라〉 [탐색] 비눗방울 잡고 터뜨려 보아요 [물 · 모래] 투명 통에 물 담고 쏟아 보아요				

4) 일일 프로그램 평가

일일 프로그램에 대한 평가는 정기적 보육 평가의 가장 기초적이며 매일 진행되어야 하는 평가이다. 일일 프로그램 평가는 일일 보육목표가 영유아에게 적절한지, 일과 구성은 영유아의 신체 리듬을 고려하였는지, 계획했지만 실행하지 못한 활동이 있는지 등을 반성적으로 사고하고 일일보육일지에 기록하고 평가한다. 또한 일일보육활동들이 놀이 중심으로 통합적으로 진행되었는지, 하루일과 중 각 활동 및 놀이 시간은 적절하게 배분되었는지, 하루 일과에서 영유아가 다양한 상호작용을 할 기회가 충분히 있었는지를 검토한다. 교사는 하루 일과에서 영유아와 고루 긍정적 상호작용의 기회가 있었는지, 영유아의 활동이나 놀이, 일상생활에서 나타나는 반응을 지속적으로 관찰하였는지, 영유아의 개별적 요구를 반영해 활동내용과 자료, 시간을 융통성 있게 조절하였는지 평가한다. 일일 프로그램 평가는 매일 일과 후 실행하고 평가된 내용은 다음날 일일 프로그램에 반영한다.

표 7-17 일일 프로그램 평가

○○반 보육일지(만 1세반)

<table>
<tr><td colspan="2" rowspan="2">일시</td><td rowspan="2">20○○년 ○월 ○일
(목요일)</td><td rowspan="2">날씨</td><td rowspan="2">맑음</td><td rowspan="2">출결사항</td><td>출석</td><td>결석</td></tr>
<tr><td>○명</td><td></td></tr>
<tr><td colspan="2">주제</td><td colspan="3">나</td><td>소주제</td><td colspan="2">나의 몸</td></tr>
<tr><td colspan="2">목표</td><td colspan="3">내 몸에 관심을 갖고 신체 부분의 명칭을 안다.</td><td>기록자</td><td colspan="2">김○○</td></tr>
<tr><td colspan="2">내용
일과</td><td>계획된
활동명</td><td colspan="2">활동 목표 및 활동 계획</td><td colspan="2">실시된 활동</td><td>평가</td></tr>
<tr><td colspan="2">등원
(7:30~9:00)</td><td>내 발자국을 따라 교실로 들어와 보아요</td><td colspan="2">• 사〉 자기 반에서 지내며 안정감을 가진다.
• 목표〉 내 발자국을 따라 걸어 보며 안정적으로 일과에 참여한다.
: 우리반 교실은 어디에 있을까?
: 발자국을 밟고 우리반에 들어가 볼까?</td><td colspan="2">• 요기조기 노래를 개사하여 〈○○반은 어디 있나〉 노래를 불러봄
• 노래를 불러 보며 새로 바뀐 ○○반의 위치를 인지해 볼 수 있었음</td><td></td></tr>
<tr><td>오전
실내
자유
놀이
(09:30
~
10:20)</td><td>신체</td><td>와플 블록으로 집 만들어 보아요</td><td colspan="2">수요일 평가반영: 흥미를 보인 빅브릭스 블록 추가
• 신〉 눈과 손을 협응하여 소근육을 활용해 본다.
• 목표〉 와플 블록을 탐색하고, 조립하기를 시도한다.
: 와플 블록집이 무너지지 않으려면 어떻게 해야 할까?</td><td colspan="2">• 와플 블록을 조립할 때 힘이 많이 필요하기 때문에 교사가 함께 와플 블록을 조립해 봄
• 같은 색깔의 블록을 모아 길게 연결</td><td>• 영아가 와플블록을 조립할 때 좌절하지 않도록 단계적으로 도움을 줄 예정임</td></tr>
</table>

오전 실내 자유 놀이 (09:30 ~ 10:20)	언어	신체 부위 이름 듣고 짚어 보아요 〈♪머리 어깨 무릎 발〉	• 의〉 표정, 몸짓, 말소리로 의사표현을 한다. • 목표〉 신체 부위 이름을 듣고, 모방하여 소리 내어 본다. 수요일 평가반영: "돋보기로 보니 ○○이 눈이 파란색으로 보인다~"	• 색깔 돋보기로 또래의 얼굴을 탐색해 보며 신체 부위의 이름을 말해 봄	
		손, 발 모양 종이에 끼적여 보아요	• 의〉 끼적이기에 관심을 가진다. • 목표〉 손, 발 모양 종이에 긁적이기를 한다. 수요일 평가반영: 영아들의 손, 발 사진을 탐색해 본다. - 영아들의 손, 발 사진 위에 끼적이기를 시도해 본다.	• 손, 발 사진에 관심을 가지며 손, 발 모양을 탐색해 봄 • 자신의 손 사진을 찾아보고, 실제 손과 비교해 봄	• 사진의 손 모양과 실제 손 모양을 비교해 보는 활동을 추가하여 계획할 예정임
	표현	〈♪사과 같은 내 얼굴〉 노래 부르며 눈, 코, 입 찾아보아요	• 예〉주변의 소리와 움직임에 호기심을 가진다. • 목표〉 노래 가사에 맞춰 신체 부위를 찾아본다. - 〈사과 같은 내 얼굴〉 가사에 좋아하는 과일 넣어 부르기 수요일 평가반영: 〈코코코〉노래 들어 보며 신체부위 찾기	• 〈코코코〉 노래를 부르며 신체부위를 찾는 놀이를 즐겨 함	

제8장

건강 · 영양 관리

1. 건강관리
2. 영양관리

어린이집에 다니는 영유아의 건강과 영양은 안전과 더불어 교육활동 이전에 가장 기본적으로 고려되어야 하는 사항이다. 전 생애 발달 중 생애 초기에 해당하며 발달이 가장 급격하게 진행되는 시기가 영유아기인 만큼 신체적 건강을 위해 충분한 영양 섭취가 전제되어야 한다. 이러한 영유아기 건강 및 영양 관리의 중요성에 근거하여 이 장에서는 영유아 예방접종, 응급조치, 건강검진 등의 내용을 중심으로 건강관리에 대해 살펴보고, 영양관리와 급식관리를 중심으로 영양관리에 대해 살펴본다.

1. 건강관리

어린이집 원장은 영유아와 어린이집 보육교직원에 대하여 정기적으로 건강진단을 실시하는 등 건강관리를 해야 한다. 원장은 교직원 및 영유아에 대한 건강진단 실시 관련 증빙서류 등을 비치하여 건강관리를 철저히 해야 한다.

1) 건강검진

어린이집에서 필요한 건강검진은 영유아 대상 건강검진과 보육교직원 대상 건강검진으로 구분된다.

(1) 영유아 건강검진

어린이집 입소 시 영유아의 건강검진 관련 서류를 구비하고 있어야 하는데, 영유아 건강검진 검사결과통보서, 부모(영아) 수첩 등이 대표적이다. 어린이집 원장은 영유아를 대상으로 매년 1회 이상 건강진단을 실시해야 하는데(「영유아보육법 시행규칙」 제33조), 「국민건강보험법」 제52조, 동법 시행령 제25조 및 「의료급여법」 제14조의 규정에 의한 영유아 건강검진이나 보호자가 별도로 건강검진을 실시한 경우에는 검사결과통보서로 이를 대신할 수 있다. 또한 어린이집 신규 입소 예정 아동의 경우, 전 어린이집에서 당해연도 내 건강진단을 받았거나, 「국민건강보험법」 등에 의한 영유아 건강검진을 실시하였을 경우에는 해당 검사결과통보서로 대신할 수 있다.

건강검진 결과자료는 보육통합정보시스템 내 건강검진 내역조회 출력자료로 대신할 수 있고, 보호자가 영유아의 건강검진을 거부할 경우 원장은 건강검진에 대한 안내를 3회 이상 고지 · 안내한다. 건강검진 실시에 대해 3회 이상 고지 · 안내 후에도 보호자가 건강검진을 거부할 경우 원장은 건강검진 실시 여부와 거부 사유를 생활기록부 등에 기록한다.

모든 원아는 당해연도 또는 전년도에 실시한 건강검진 확인 서류를 구비하도록 한다. 검진기관은 「건강검진기본법」 제14조에 의해 영유아는 영유아 검진기관으로 지정된 의료기관(보건소, 의원, 병원, 종합병원) 등에 방문하여 검진을 받아야 한다.

영유아 대상 건강검진 시 검사항목은 신체계측, 시력검사, 청력검사, 구강검사 등으로 영유아의 발달단계에 따라 필요한 항목을 검사하며, 영유아건강검진 검사항목(건강검진 실시기준 제6조 제4항)에 준한다. 건강검진 결과, 치료가 필요한 영유아는 보호자와 협의하여 필요한 조치를 취하고, 전염성 질환에 감염되었거나 감염이 의심되는 영유아는 어린이집으로부터 격리하여 치료하도록 한다.

- 검사항목: ① 문진과 진찰 ② 신체계측 ③ 발달평가 및 상담 ④ 건강교육 ⑤ 구강검진
- 검진주기: 총 7차에 걸쳐 검진
  ① 생후 4~6개월 ② 생후 9~12개월 ③ 생후 18~24개월 ④ 생후 30~36개월
  ⑤ 생후 42~48개월 ⑥ 생후 54~60개월 ⑦ 생후 66~71개월
    * 구강검진의 경우 3차, 5차, 6차에 포함되어 있으나, 검진기간은 12개월로 연장됨(3차는 18~29개월, 5차는 42~53개월, 6차는 54~65개월까지 검진 가능)
- 건강검진 실시기준(보건복지부 고시 제2016-252호, 2016. 12. 26. 일부개정 시행)
- 원장은 보호자가 영유아 건강검진을 받을 수 있도록 안내 · 협조(검진비: 무료)
  * 영유아 검진결과, 발달장애가 의심되어 정밀평가가 필요하다고 판정받은 의료급여수급권자, 건강보험료 부과금액 하위 30% 이하인 자에 대하여 평균 20만 원의 정밀 검사비 지원(주소지 관할 보건소에 문의)
- 국민건강보험공단(www.nhic.or.kr 또는 ☎ 1577-1000)으로 문의

그림 8-1 영유아 건강진단 실시기준

출처: 보건복지부(2017).

(2) 보육교직원 건강검진

어린이집에서 보육교직원을 신규 채용할 경우 채용신체검사서를 구비하고 있어야 하며, 어린이집 보육교직원 및 어린이집에 함께 거주하는 자는 연 1회 이상 건강진단을 실시한다. 보육교직원 건강진단의 검진기관 및 양식은 신규 채용인 경우 채용신체검사서에 따르고, 신규 채용이 아닌 경우는 일반건강검진으로 가능하며, 어린이집에 함께 거주하는 자의 건강진단 시 일반건강검진 검사항목에 준한다. 건강진단 결과, 감염병에 감염된 것으로 의심되거나 판명된 자는 완치 시까지 휴직시키거나 면직시키는 등의 조치를 취해야 한다.

채용신체검사서

진료과:
작성자:
일자: 20 년 월 일

직무별		수험번호		사진
성명		성별		
주민등록번호		연령		
주소				
체격		치아 질환		
신장	cm	호흡 질환		
체중	kg	소화 질환		
흉곽	cm	신경 질환		
혈압	mmhg	순환 질환		
시력	좌 　 우	피부 질환		
색신		비뇨 질환		
청력	좌 　 우	정신 질환		
안과 질환		흉부 질환		
이비인후과 질환		기타		
척추 질환		G.O.T	정상0-40U/L	
혈청검사(매독)		G.P.T		
ABO/RH		HBs-AG	Anti-HBs	

위와 같이 검사하였습니다.

20 년 월 일

면허번호:
담당의사명:

검사 결과(합격 여부)		병환의 주원인	
전문검사		유의사항	

위와 같이 판정했음을 증명합니다.

20 년 월 일

○○대학교 의과대학부속○○병원장: (인)

건강진단서

진료과:
작성자:
일자: 20 년 월 일

성명		성별		생년월일		연령	
주소							

비교			
용도		진단일	
진단을 위해 시행한 검사	□ 흉부 X-선 검사 □ 일반뇨검사 □ 기타(명시:)		

• 발행일:
• 의료 기관명:
• 주소 및 명칭:
• 전화 및 FAX:
• 면허번호 제○○호 의사성명: (인)

- 채용기간이 1개월 미만의 대체교사(임시교사)는 보건소의 전염성 질환(폐결핵, 장티푸스, 전염성 피부질환 등)에 대한 건강진단결과서(구 보건증)로 대신한다.
- 보육실습생, 특별활동강사, 노인일자리파견 파견자는 보건소의 전염성 질환(폐결핵, 장티푸스, 전염성피부질환 등)에 대한 건강진단결과서(구 보건증)를 제출한다.
- 미임용 보육교직원 중 매일 1개월 이상 지속적으로 근무하는 자는 건강검진 관련 증빙서류를 구비해야 한다.

2) 예방접종 및 감염병 대처

어린이집에서는 영유아와 보육교직원 대상의 건강검진과 더불어 영유아의 예방접종 및 감염병에 대처해야 한다. 어린이집 원장은 영유아에 대하여 최초로 보육을 실시한, 즉 입소 후 첫날부터 30일 이내에 「감염병의 예방 및 관리에 관한 법률」 제27조에 따라 특별자치도지사 · 시장 · 군수 · 구청장 또는 예방접종을 한 자가 발급한 예방접종증명서 또는 그 밖에 이에 준하는 증명 자료를 제출받아 영유아의 예방접종 사실을 확인해야 한다. 확인 결과, 예방접종을 받지 않은 영유아에게는 필요한 예방접종을 받도록 보호자에게 안내해야 한다.

영유아의 예방접종 여부 확인 및 관리를 위해 생활기록부에 예방접종 여부 및 내역에 관한 사항을 기록하여 관리한다. 아동의 생활기록부상 '감염병 예방접종' 내역을 확인하여 필수예방접종 종류는 반드시 접종하도록 보호자에게 안내하고, 보육통합정보시스템이나 예방접종도우미 사이트에서 예방접종 내역을 확인할 수 있다.

그림 8-2 예방접종도우미 사이트(http://nip.cdc.go.kr)

어린이집에서는 영유아에게 자주 발생하는 감염병에 대한 정보를 보호자에게 수시로 제공하고, 이를 예방하기 위한 예방접종과 건강검진에 대한 정보를 부모에게 가정통신문, 홈페이지, 게시판, 문자서비스 등을 통해 안내한다. 감염병에 대한 대책 안내에는 영유아에게 자주 발생하는 감염병(예: 수두, 볼거리, 홍역, 수족구, 독감, 뇌염 등)의 증상, 등원하지 않아야 할 감염병의 종류와 기간, 감염병에 걸렸을 경우의 대처방법 등이 필수적으로 기재되어야 한다. 어린이집 영유아의 안전사고 및 감염병 발생 보고는 보육통합정보시스템에 입력하여 보고하는 것을 원칙으로 하며, 치료가 필요한 영유아의 경우에는 보호자와 협의하여 필요한 조치를 취해야 한다.

■ 검역법 시행규칙 [별지 제33호 서식]

예방접종증명서

피접종자	성명	
	성별	
	생년월일	
	주소	
	직업	
	여행지	
	여행 목적	

구분 / 종별		접종 연월일	접종량 또는 Lot No.		담당의사 성명
콜레라 (콜레라 오염지역만 해당함)	1차		접종량		
	2차		접종량		

위와 같이 예방접종을 하였음을 증명합니다.

년 월 일

담당 의사 성명 (인) (서명 또는 지장)

기관명 (인)

비고: 피접종자는 이 증명서를 국립검역소장에게 제출하여 국제공인 예방접종증명서를 발급받아야 합니다.

210㎜×297㎜(일반용지 60g/㎡)

활동 생활기록부 서식 중 영유아 표준예방접종 내용을 작성해 보세요.

■ 영유아 표준예방접종

대상전염병	백신종류 및 방법	접종차수	접종일자	접종기관
결핵	BCG(피내용)	1회		
B형간염	HepB	1차		
		2차		
		3차		
디프테리아 파상풍 백일해	DTaP	1차		
		2차		
		3차		
		4차(추가)		
폴리오	IPV	1차		
		2차		
		3차		
b형헤모필루스 인플루엔자	Hib	1차		
		2차		
		3차		
		4차		
홍역 · 유행성이하선염 · 풍진	MMR	1차		
수두	Var	1회		
일본뇌염	JEV(사백신)	1차		
		2차		
		3차		
	JEV(생백신)	1차		
		2차		
인플루엔자	Flu	매년 접종		
장티푸스(24개월 이상부터)	주사용	고위험군에 한함		
A형간염	HepA	1차		
		2차		
폐렴구균	PCV(단백결합)	1차		
		2차		
		3차		
		4차		
	PPSV(다당질)	고위험군에 한함		
기타 임시예방접종 등		명칭 기재		
		명칭 기재		

3) 응급조치

어린이집 원장은 영유아에게 질병 · 사고 또는 재해 등으로 인하여 위급상태가 발생할 경우를 대비하여 의료기관 이송체계(예: 의료기관 연락망 및 보호자 연락망, 시 · 군 · 구청 보육담당 부서 및 보건소 연락망)를 갖추고, 위급한 상태가 발생한 경우 즉시 응급의료기관에 이송해야 한다. 어린이집 원장은 영유아 또는 보육교직원에게 식중독 및 감염병으로 의심되는 증상이 발견되는 즉시 시 · 군 · 구청 보육담당 부서 및 관할 보건소에 신고한다.

응급처치 동의서에는 보호자의 비상연락망과 의료기관이 필수적으로 기재되어야 하며, 응급처치 동의서는 귀가 동의서와 통합적으로 작성하여 부모의 확인을 받아 관리할 수 있다.

아동이 접근할 수 없는 안전한 장소에 응급조치를 위한 비상약품 및 간이 의료기구 등을 비치한다. 구급상자의 약품은 종류별로 사용(유효) 기한을 표시하여 사용(유효) 기간이 지나거나 표시가 없는 약품이 없도록 관리하며, 시중에 파는 구급상자를 사서 필요한 용품을 채울 수도 있고, 기본 의료용품이 담긴 구급상자를 구입해 약품을 추가할 수도 있다.

의료기구/용품	외용약	주의사항
붕대, 거즈, 소독솜, 삼각붕대, 탄력붕대, 칼, 가위, 핀셋, 반창고, 일회용 장갑, 일회용 반창고, 부목류	과산화수소, 베타딘, 항생제 외용 연고, 근육용 마사지 연고, 화상용 바세린 거즈, 생리식염수, 벌레 물린 데 바르는 연고	어린이집에서의 의약품 사용은 반드시 전문의사의 진료와 처방에 의해 이루어지도록 해야 한다.

그림 8-3 구급상자 구성 사례

출처: 중앙육아종합지원센터(2016).

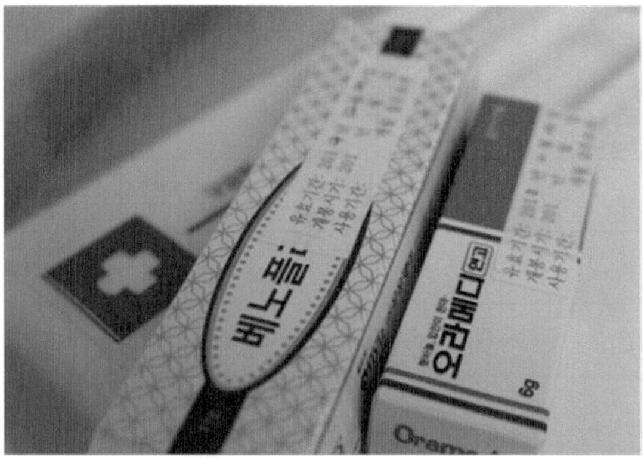

그림 8-4 약 입고 및 정리

그림 8-5 약 냉장보관

활동 어린이집 비상연락망을 작성해 보세요.

비상연락체계

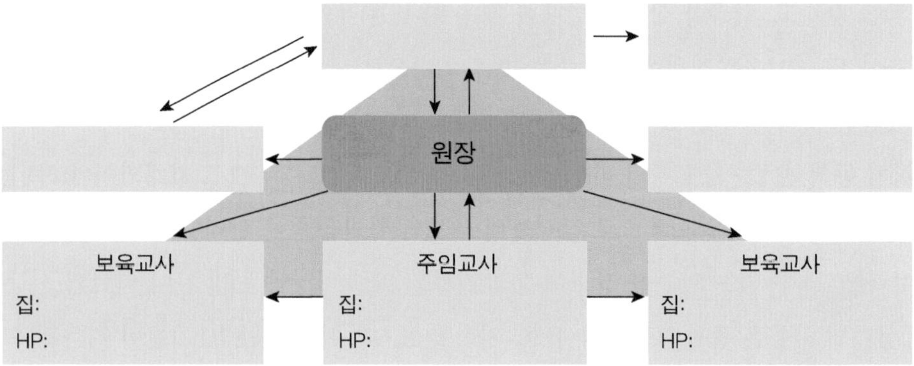

보육교직원 비상연락망

번호	이름	직책	핸드폰	전화번호
1				
2				
3				
4				
5				

기관 연락망

번호	기관명	부서	전화번호	비고
1	○○구청 가정복지과			
2	보건소			
3	응급치료기관			

출처: 보건복지부, 한국보육진흥원(2017a).

활동 응급처치 동의서를 작성해 보세요.

응급처치 동의서

반이름		생년월일	
성 별	남 여	성 명	

○○○에게 응급상황 발생시 다음의 절차에 따라 응급처치를 하는 것에 동의합니다.

20 . .

부 모: ○ ○ ○(서명 또는 인)

〈응급처치 절차〉

1. 사고 발생 시 가장 먼저 부모님께 연락합니다.

(시간/기간) (전화번호)

어머니와는 ________ 동안에 ____________________ 로 연락됩니다.

________ 동안에 ____________________ 로 연락됩니다.

아버지와는 ________ 동안에 ____________________ 로 연락됩니다.

________ 동안에 ____________________ 로 연락됩니다.

2. 부모님과 신속하게 연락되지 않을 경우, 부모님이 정해 주신 다음의 연락처로 연락드립니다.

(이름) (전화번호)

① __________ 는 __________________ 로 연락할 수 있습니다.

아동과의 관계 ____________

② __________ 는 _______________ 로 연락할 수 있습니다.

아동과의 관계 ____________

3. 필요한 경우 119 구조대에 연락할 것이며(어린이집에서 지정하는 의료기관이나, 부모님이 정하신 _____________________ 의료기관)으로 응급수송할 것입니다.

4. 의료기관 수송 후에는 다음의 건강보험 관련 정보를 주어 신속하게 치료받을 수 있도록 합니다.

건강보험 종류 _____________________

건강보험 번호 _____________________

건강보험 기관 _____________________

○○ 어린이집

활동 투약의뢰서와 투약보고서를 작성해 보세요.

투약의뢰서

금일 우리 자녀의 투약을 (양호)선생님께 의뢰합니다.

- 반 명: ______________________
- 아 동 명: ______________________
- 증 상: ______________________
- 약의 종류: ______________________

(보관장소: 실온 · 냉장)

년 월 일

의뢰자 (인)

※ 투약으로 인한 책임은 의뢰자가 집니다.

투약보고서

금일 귀댁의 자녀에 대해 다음과 같이 투약했음을 보고합니다.

no.	투약시간	투약 종류 및 용량	투약자
비고			

년 월 일

○○ 어린이집

출처: 근로복지공단(2017).

아픈 영유아에 대해 개별적인 보호가 필요한 경우 응급처치 동의서, 투약의뢰서 등 어린이집 방침이 마련되어 있어야 한다. 부모가 의뢰한 투약사항에 따라 영유아에게 투약을 실시하고 투약한 내용을 기록하여 부모에게 보고해야 하는데, 투약의뢰서에는 투약하는 약의 종류, 용량, 시간(횟수), 의뢰자 등의 필수기재사항이 포함되어야 하며, 투약의뢰 및 투약보고는 알림장, 스마트폰 어플리케이션(스마트 알림장), 대화수첩을 활용할 수 있다.

2. 영양관리

1) 급식관리

어린이집 급식관리에서는 식단관리과 급식위생을 중점적으로 고려해야 한다.

(1) 식단관리

어린이집 원장은 영유아에게 균형 있고 위생적이며 안전한 급식을 제공해야 한다. 급식은 정상적인 발달에 필요한 영양을 섭취할 수 있도록 영양사가 작성한 식단에 의하여 공급하되, 영유아 100인 미만을 보육하는 시설의 경우에는 인근 육아종합지원센터, 보건소 및 「어린이 식생활안전관리 특별법」 제21조에 따른 어린이급식관리지원센터 등의 영양사 지도를 받아 식단을 작성한다. 영유아 100인 이상을 보육하는 시설은 영양사 1인을 두어야 하며, 영양사는 영유아의 건강 · 영양 및 위생을 고려하여 어린이집의 급 · 간식을 관리해야 한다. 5개 이내 어린이집이 공동으로 영양사를 둘 수 있으나, 이 경우 영양사는 5개 시설 중 어느 한 시설에 반드시 배치되어야 하며, 5개 시설을 1인이 담당함으로 인해 영유아에 대한 영양관리가 소홀하지 않도록 담당시설에 대한 정기적인 순회지도 등 체계적인 관리계획을 수립하여 실행해야 한다.

급식은 어린이집에서 직접 조리하여 공급하는 것을 원칙으로 한다(「영유아보육법 시행규칙」 제34조). 사전에 수립된 식단에 따라 영양적 균형을 고려한 식품이 제공되어야 하며, 제공된 식단에 대한 기록을 유지하는 것이 바람직하다. 식단표는 오전 및 오후 간식, 점심식사, 계획된 식단의 변동사항 등의 내용이 누락되지 않도록 작성하고, 가정에서 가져오는 이유식을 제공하거나 수유 시에도 제공 내용을 운영일지 등에 기록하여 관리할 필요가 있다.

그림 8-6 연령별 1인 1회 적정 배식량(새송이메추리알장조림 주찬식단)

출처: 식품의약품안전처, 어린이급식관리지원센터(2013).

그림 8-7 만 1~2세용 간식 배식량(롤빵과 우유)

출처: 식품의약품안전처, 어린이급식관리지원센터(2013).

| 만 3-5세용 간식 배식량 |

롤빵과 우유

| 실물크기 |

만 3-5세 간식 배식량 조정 및 고려사항

롤빵
- 만 3-5세 표준 분량(60 g) 제공
- 60 g은 가로 10 cm, 세로 8 cm, 두께 2.2 cm 크기의 롤빵 1조각 배식
- 롤빵 대신 소보로빵 1/2개 또는 단팥빵 1/2개 또는 모닝빵 2개 또는 머핀 1/2개 또는 카스테라 60 g(가로 9 cm, 세로 5.5 cm, 두께 3.8 cm) 등으로 바꿔 제공할 수 있음

우유
- 1/2컵(100 ml)을 간식과 함께 오전에 한 번 오후에 한 번 배식하거나 한 번에 (200 ml) 배식 가능
- 1/2컵(100 ml)의 우유를 플라스틱 컵에 담았을 경우 약 5 cm 높이 해당
- 우유 · 유제품류 간식의 배식량은 만 1세부터 5세까지 모두 동일함

그림 8-8 만 3~5세용 간식 배식량(롤빵과 우유)

출처: 식품의약품안전처, 어린이급식관리지원센터(2013).

(2) 원산지 및 유통기한 관리

모든 어린이집은 영유아의 건강 · 안전 및 소비자의 알 권리 확보를 위해 농수산물이나 그 가공품을 조리하여 제공하는 경우, 식단표에 원산지를 기재하여 공개해야 한다(「농수산물의 원산지 표시에 관한 법률」 제5조 제3항). 또한 집단급식소를 신고 · 운영하는 어린이집은 식단표 작성 시 「농수산물의 원산지 표시에 관한 법률」에 의해 대상품목의 원산지를 기재하여 공개한다.

> 쇠고기, 돼지고기, 닭고기, 오리고기, 양(염소 등 산양 포함), 쌀, 배추와 고춧가루, 두부류, 콩비지, 콩국수에 사용하는 콩, 넙치, 조피볼락, 참돔, 미꾸라지, 뱀장어, 낙지, 명태, 고등어, 갈치, 오징어, 꽃게 및 참조기, 살아 있는 수산물(「농수산물의 원산지 표시에 관한 시행령」 제3조 제5항 참조)

모든 식자재는 신선한 것을 구입하여 소비기한, 식품구입날짜 등을 표기하고, 유통기한을 준수한다. 재료를 보관하는 냉장고나 창고 등을 청결하게 관리하고 유통기한 경과 식자재가 발견되지 않도록 관리(어린이집 내의 모든 공간에 있는 유통기한이 표기된 모든 음식)한다. 기타 특별한 음식을 필요로 하는 영유아에게는 보호자(부모 등)의 의사를 반영하여 음식을 제공하고, 입소 시 보호자 면담

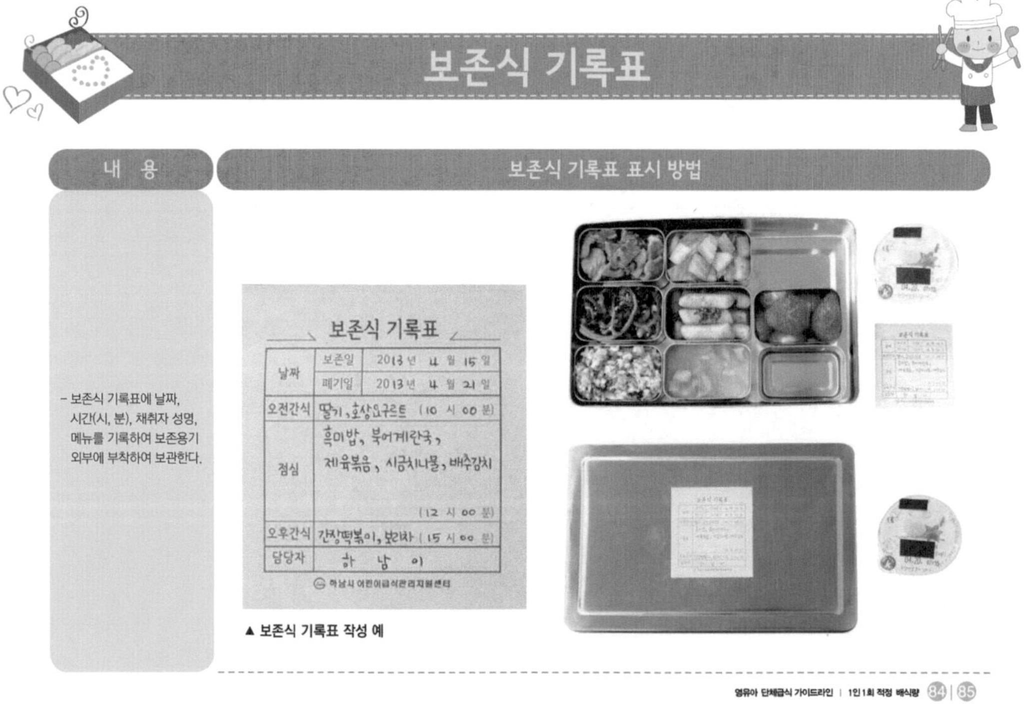

그림 8-9 보존식 기록표

출처: 식품의약품안전처, 어린이급식관리지원센터(2013).

등을 통해 영유아의 식품 알레르기 여부를 확인하여 급·간식 제공 시 알레르기 유발 식품이 제공되지 않도록 주의한다.

1회 50명 이상에게 식사를 제공하는 집단급식소(「식품위생법」 제88조)에서는 급식 시 제공되는 모든 음식을 냉동고에 보존하여 식중독 사고가 일어났을 때 그 원인을 규명하도록 보존식을 보관 및 관리해야 한다. 영유아 대상 급식소에서는 점심뿐만 아니라 오전·오후 간식, 석식, 이유식 등 급식 대상자에게 제공되는 모든 음식(음료도 포함)이 보존식 대상이다.

보존식은 소독된 스테인리스 스틸 재질의, 각각의 뚜껑이 있는 전용용기 또는 1회용 멸균백과 같은 전용 용기에 보관해야 하며, 음식 종류별로 각 100g 이상 독립 보관하고, 완제품으로 제공되는 식재료는 원 상태(포장 상태)로 보관한다(식품의약품안전처, 어린이급식관리지원센터, 2013).

보존식 기록표는 일별로 작성하며, 날짜(채취 및 폐기), 시간(시, 분), 채취자 성명, 메뉴를 모두 기록해야 한다. 보존식은 영하 18°c 이하의 보존식 전용 냉동고에 보관해야 하나, 보존식 전용 냉동고가 구비되어 있지 않을 경우에는 일반 냉동고에 보존식 칸을 구분하여 보관하며, 보존식은 144시간(6일) 보관이 원칙이다.

표 8-1 어린이집 유아반 월간 식단 예시

주	요일 구분	월	화	수	목	금	토
1주	아침 식단	흑미밥	찹쌀밥	차조밥	팥밥	팥밥	기장밥
		배추김치	배추김치	깍두기	배추김치	배추김치	배추김치
		건새우아욱국	근대국	참치김치찌개	두부찌개	콩나물뭇국	버섯된장국
		달걀말이	돈육피망볶음	맛살콩나물무침	소시지케첩조림	감자쇠고기조림	고등어조림
		감자비엔나조림	무생채	-	감자채볶음	가지나물	김구이
	오전 간식	바나나	야채죽	시리얼	키위	토마토	미숫가루
		우유	-	우유	호두우유	우유	우유
	점심 식단	완두콩밥	백미밥	오므라이스	수수밥	찹쌀밥	칼국수
		배추김치	총각김치	뭇국	배추김치	오이소박이	주먹밥
		뭇국	쇠고기국	땅콩조림	우거지된장국	시금치국	배추김치
		닭찜	북어볶음	배추김치	돈갈비고구마찜	두부조림	자두
		열무된장무침	어묵감자조림	-	야채겉절이	부추전	-
	오후 간식	찐옥수수	팬케이크	요구르트(호상)	롤빵	유부초밥	
		-	우유	수박	우유	-	
	저녁 식단	백미밥	찹쌀밥	팥밥	검정콩밥	백미밥	
		배추김치	배추김치	배추김치	깍두기	배추김치	
		동태맑은국	두부된장찌개	쇠고기탕국	조랭이미역국	동태맑은국	
		떡갈비조림	삼치무조림	닭볶음	생선가스	떡갈비조림	
		진미채무침	깻잎참치전	어묵조림	삼색나물	진미채무침	
2주	아침 식단	흑미밥	차조밥	현미찹쌀밥	찹쌀밥	기장밥	백미밥
		깍두기	깍두기	미역국	깍두기	배추김치	배추김치
		콩나물국	돈육김치찌개	닭야채조림	김치국	감자국	아욱된장국
		돈육단호박찜	가자미구이	양배추오이무침	미트볼조림	애호박쇠고기찜	삼치무조림
		청경채버섯무침	미나리무침	-	버섯볶음	야채겉절이	깻잎나물
	오전 간식	수박	게살치즈죽	쌀음료	사과	삶은감자	머핀
		우유	-	-	우유	우유	보리차
	점심 식단	찹쌀밥	기장밥	콩나물밥	잡곡밥	기장밥	햄야채볶음밥
		배추김치	배추김치	쇠고기탕국	열무김치	배추김치	팽이버섯미역된장국
		근대국	어묵감자국	해물부추전	배추국	미역오이냉국	닭날개간장찜
		두부볼케첩조림	장산적조림	깍두기	코다리조림	마파두부	배추김치
		시금치나물	무생채	-	무말랭이무침	콩나물무침	요구르트

	오후 간식	물만두	약식	딸기잼식빵	비빔쌀국수	어묵떡볶이	
		-	우유	매실차	-	-	
	저녁 식단	흑미밥	찹쌀밥	수수밥	찹쌀밥	흑미밥	
		배추김치	깍두기	깍두기	배추김치	배추김치	
		순두부찌개	된장국	뭇국	북어국	순두부찌개	
		뱅어포조림	버섯탕수	김치제육볶음	쇠고기피망볶음	뱅어포조림	
		감자채볶음	부추양파생채	상추겉절이	오이무침	감자채볶음	
3 주	아침 식단	팥밥	찹쌀밥	차조밥	검정콩밥	백미밥	찹쌀밥
		총각김치	총각김치	배추김치	배추김치	배추김치	깍두기
		시금치국	애탕국	감자애호박국	근대국	어묵국	순두부찌개
		닭가슴살사과무침	참치계란말이	조기구이	돈육콩나물찜	삼치구이	애호박생선살찜
		북어볶음	어묵피망볶음	비름나물	오징어채볶음	달걀우유찜	진미채무침
	오전 간식	참외	요구르트(호상)	수박	시리얼	당근죽	시리얼
		우유	사과	우유	우유	-	우유
	점심 식단	찹쌀밥	잡곡밥	자장밥	차조밥	기장밥	비빔밥
		배추김치	깍두기	깍두기	깍두기	배추김치	건새우아욱국
		뭇국	시금치국	김치국	두부된장찌개	오징어국	만두튀김
		LA갈비조림	돈가스	브로콜리초무침	고구마닭조림	소시지야채볶음	배추김치
		오이부추생채	맛살콩나물무침	요구르트	김볶음	무나물	-
	오후 간식	오색롤샌드위치	주먹밥	인절미	어묵떡볶이	찐옥수수	
			보리차	매실차	-	우유	
	저녁 식단	기장밥	팥밥	흑미밥	찹쌀밥	기장밥	
		배추김치	깍두기	배추김치	깍두기	배추김치	
		해물탕	육개장	순두부찌개	콩나물국	해물탕	
		메추리알장조림	북어찜	닭날개간장찜	낙지볶음	메추리알장조림	
		브로콜리초무침	애호박버섯볶음	감자조림	참치야채전	브로콜리초무침	
4 주	아침 식단	흑미밥	차조밥	수수밥	보리밥	흑미밥	차조밥
		깍두기	깍두기	배추김치	배추김치	배추김치	김치볶음
		미역국	참치김치찌개	아욱된장국	두부된장찌개	뭇국	버섯된장국
		고등어김치조림	미트볼조림	쇠고기떡찜	고등어구이	단호박해물찜	어묵조림
		브로콜리숙회	열무된장무침	쑥갓나물무침	오이무침	미역줄기볶음	부추잡채볶음
	오전 간식	멜론	참치채소죽	방울토마토	생선죽	키위	식혜
		우유	-	우유	-	-	-

	점심 식단	찹쌀밥	백미밥	마파두부덮밥	수수밥	찹쌀밥	김치볶음밥
		깍두기	배추김치	콩나물국	깍두기	깍두기	미소국
		김치두부국	된장국	게맛살튀김	미역국	배추국	달걀후라이
		닭다리카레찜	오삼불고기	배추김치	돼지불고기	탕수육	깍두기
		콩자반	야채겉절이	-	깻잎나물무침	미나리무침	-
	오후 간식	국수	절편	롤빵	감자샐러드	꿀호떡	
		-	포도주스	바나나쉐이크	우유	수정과	
	저녁 식단	기장밥	수수밥	차조밥	찹쌀밥	기장밥	
		배추김치	배추김치	배추김치	배추김치	배추김치	
		어묵감자국	쇠고기국	달걀국	갈비탕	이묵감자국	
		돼지불고기	깻잎두부조림	돈육피망볶음	진미채조림	돼지불고기	
		무미역생채	무말랭이무침	건새우조림	감자어묵볶음	무미역생채	
5주	아침 식단	현미밥	차조밥	흑미밥	율무밥	백미밥	찹쌀밥
		깍두기	배추김치	총각김치	깍두기	배추김치	배추김치
		팽이버섯미역된장국	북어국	순두부찌개	어묵국	오징어국	콩나물뭇국
		묵은지김치찜	돼지고기장조림	장산적조림	감자채볶음	두부땅콩조림	애호박생선살찜
		사과연근샐러드	무생채	숙주미나리무침	부추양파생채	미역줄기볶음	메추리알장조림
	오전 간식	사과	야채죽	수박	바나나	모닝빵	두유
		치즈	-	요구르트(호상)	우유	우유	-
	점심 식단	차조밥	기장밥	찹쌀밥	기장밥	수수밥	국수
		배추김치	배추김치	배추김치	깍두기	배추김치	불고기주먹밥
		아욱된장국	미소국	미소국	버섯된장국	미역오이냉국	배추김치
		치킨가스	오징어볶음	소불고기	삼치무찜	닭찜	요구르트(호상)
		아몬드멸치조림	도라지오이생채	시금치나물	열무된장무침	과일샐러드	-
	오후 간식	궁중떡볶이	핫도그	약식	오징어김치전	백설기	
		-	-	매실차	-	매실주스	
	저녁 식단	잡곡밥	백미밥	잡곡밥	찹쌀밥	잡곡밥	
		배추김치	총각김치	배추김치	배추김치	배추김치	
		콩나물국	돈육김치찌개	감자애호박국	우거지된장국	콩나물국	
		돈육케첩조림	어묵맛살볶음	새우깐풍기	소시지야채볶음	돈육케첩조림	
		건파래볶음	깻잎나물무침	청포묵무침	무미역생채	건파래볶음	

출처: 어린이급식관리지원센터(2017).

표 8-2 원산지 표시 식단 예시(20개 항목 원산지 표시)

2주		월	화	수	목	금
오전 간식		만둣국	미니치즈롤 검은콩두유	호박고구마찜 우유	흑임자죽 백김치	누룽지채소죽
점심		검정콩밥 배추된장국 낙지피망볶음 모듬콩조림 깍두기	조밥 콩나물국 양배추닭갈비 연근채조림 김치	흑미쌀밥 미역된장국 오향장육 무들깨나물 백김치	발아현미밥 감자맑은국 조기구이 그린콘샐러드 깍두기	차수수밥 한우곰탕 황태채무침 오이지무침 김치
오후 간식		쑥절편 우유	파래전 우엉차	해물볶음우동 보리차	닭고기샐러드 오렌지주스	빵/사과 우유
원산지 표시 (20개 항목)	쌀	국내산	국내산	국내산	국내산	국내산
		▸ 밥, 죽, 누룽지 포함 원산지 표시 기재 ▸ 백미, 찹쌀, 현미, 흑미쌀 모두 포함 원산지 표시 기재				
	쇠고기	국내산-한우	국내산-한우	국내산-한우	국내산-한우	국내산-한우
	돼지고기	국내산	국내산	국내산	국내산	국내산
	닭고기	국내산	국내산	국내산	국내산	국내산
	배추 김치	배추-국내산	배추-국내산	배추-국내산	배추-국내산	배추-국내산
		고춧가루-국내산	고춧가루-국내산	고춧가루-국내산	고춧가루-국내산	고춧가루-국내산
		▸ 배추김치 외 겉절이로 제공하는 얼갈이, 봄동 등을 포함 원산지 표시 기재				
	식육 가공품					
		▸ 통조림 및 수산 가공품 모두 포함 ▸ 가공품 원료 배합 비율 순으로 3순위까지 원산지 표시 기재				
	낙지					
	명태					황태-국내산
		▸ 명태(=황태, 생태, 동태, 코다리) ▸ 건어물을 제외한 반 건조 제품 모두 원산지 표시 기재				
	고등어					
	갈치					
	콩	콩-국내산	두부-국내산			
		▸ 두부, 콩국수, 콩비지 포함 원산지 표시 기재				
	오징어					
	꽃게					
	참조기				조기-국내산	
	기타	▸ 오리고기, 넙치, 조피볼락, 참돔, 미꾸라지, 뱀장어 사용 시 원산지 표시 기재				

활동 어린이집 유아반 식단표를 작성해 보세요.

20 년 월 식단표

결재	담당	원장

첫째주	일자/요일	(월)	(화)	(수)	(목)	(금)	(토)
	오전간식						
	점심						
	오후간식						
	변동사항						
둘째주	일자/요일	(월)	(화)	(수)	(목)	(금)	(토)
	오전간식						
	점심						
	오후간식						
	변동사항						
셋째주	일자/요일	(월)	(화)	(수)	(목)	(금)	(토)
	오전간식						
	점심						
	오후간식						
	변동사항						
넷째주	일자/요일	(월)	(화)	(수)	(목)	(금)	(토)
	오전간식						
	점심						
	오후간식						
	변동사항						
기타 사항							

2) 급식위생

어린이집의 조리실은 항상 청결을 유지하되 정기적으로 식기, 도마, 칼, 행주, 그 밖에 주방용구를 세척·살균 및 소독하고, 어린이집 통합안전점검표 ① 급식 분야(보건복지부, 2017)를 참고하여 매일 점검한다. 어류·육류·채소류를 취급하는 칼·도마는 각각 구분하여 사용해야 하고, 조리실 비품(조리도구, 행주 등)은 항상 청결한 상태로 관리해야 한다.

「식품위생법」에 따라 상시 1회 50인 이상에게 식사를 제공하는 어린이집은 시군구청 위생관련부서에 집단급식소로 신고·운영하고 조리사 자격을 갖춘 조리원을 배치하여야 한다. 영유아 40인 이상 80인 이하를 보육하는 어린이집의 경우 조리원 1인을 두며, 영유아 매 80인을 초과할 때마다 1인씩 증원한다(현원 기준, 방과후 제외).

그림 8-10 어린이급식관리지원센터(https://ccfsm.foodnara.go.kr)

조리사는 반드시 연 1회 건강검진을 받도록 한다. 「식품위생법」 제40조 제1항 및 동법 시행규칙 제49조에 의한 건강진단 대상자(영양사, 조리사, 조리원)는 전염성 질환(장티푸스, 폐결핵, 전염성 피부 질환)에 대한 검사결과를 포함한다.

어린이집 통합안전점검표 ① 급식 분야(보건복지부, 2017)를 참고하여 매일 위생관리를 철저히 해야 하는데, 어린이집의 환경과 설비에 따라 점검 사항을 변경하여 사용할 수 있다. 점검내용이 지켜지지 않을 경우 반드시 확인 여부와 미실시된 사항에 따라 조치 결과를 기록해야 한다.

더 알아보기 **어린이집 급식재료 공동구매**

기초지방자치단체에서 추진하되, 어린이집연합회, 지방육아종합지원센터(또는 어린이급식관리지원센터) 등과 공동으로 수행 가능하며, 사전 수요조사, 업체 선정 등을 위한 공동구매추진위원회를 구성하되, 지방보육정책위원회로 대체 가능하다. 자율적 참여를 원칙으로 하나, 국공립 등 정부지원시설은 참여를 원칙으로 한다. 공급업체에서는 어린이집의 다양한 수요에 맞춰 소량 포장 배달 서비스를 제공하고, 매일 배달을 원칙으로 하되, 영아전담시설 등 급식량이 적은 어린이집의 경우 주 2~3회, 격일 배달 등 별도의 계약도 가능하다.

활동 어린이집 통합 안전점검표 중 급식 분야 내용을 작성해 보세요.

일별 점검표

(점검 상태: 양호 ○, 보통 △, 불량 ×)

구분	점검 항목	점검 결과						조치 사항
		/	/	/	/	/	/	
		월	화	수	목	금	토	
위생 관리 및 식재료 관리	• 작업 전 건강상태를 확인한다(감기, 설사, 손 상처자 등 조리 금지).							
	• 위생복, 위생화, 앞치마, 위생모를 착용하고, 배식 시에는 배식 전용기구, 마스크, 위생장갑을 사용하고 있다.							
	• 유통기간 확인 및 선입선출을 준수하고 있다.							
	• 식재료 보관실은 항상 청결을 유지하고 있다.							
	• 보존식 보존 및 관리 기준을 준수하고 있다(배식 직전 소독된 전용용기에 100g 이상 채취하여 144시간 냉동 보관).**							
	• 어류·육류·채소류를 취급하는 칼·도마는 각각 구분하여 사용하고 있다.							
	• 식기류 및 조리기구의 세척, 소독을 철저히 하고 있다.							
	• 세제, 소독제, 살충제에 라벨을 부착하여 분리보관하고 방충, 방서 등을 위한 정기적인 방역 소독필증을 보관하고 있다.							
	• 식재료의 입고날짜를 기록한 라벨을 부착하여 관리하고 있다.							
	• 식재료 검수일지를 작성하고 보관하고 있다.**							
작업 관리	• 조리 후 2시간 이내 배식하고 있다.							
	• 영양사가 작성한 식단을 사용하고 있다.							
	• 농수산물 및 그 가공품(쇠고기 등 16종)을 조리하여 제공하는 경우 식단표에 그 원산지를 기재하여 공개하고 있다.**							
	• 영양사나 교사는 검식 후 검식일지 작성 및 배식 점검을 하고 있다.							
시설 설비 관리	• 조리장 바닥과 배수로에 물고임 및 냄새 역류가 없도록 관리하고 있다.							
	• 후드, 환풍기를 청결하게 관리하고 있다.							

※ '**'가 표시된 점검 사항은 집단급식소 미신고 대상시설에서 반드시 준수할 사항은 아님

출처: 보건복지부(2017).

제9장

안전관리

1. 안전관리
2. 안전교육
3. 안전사고 예방대책

어린이집에서는 무엇보다 영유아의 안전이 최우선적으로 고려되어야 한다. 이를 위해서는 비상재해대비시설 및 소방시설, 실내외 시설설비, 놀이터 및 놀잇감 등에 대한 안전관리를 철저히 하고, 영유아, 보육교직원, 부모를 대상으로 정기적인 안전교육을 실시함으로써 안전사고가 발생하지 않도록 사전에 예방할 필요가 있다. 따라서 이 장에서는 어린이집 안전관리와 안전교육에 대해 살펴보고자 한다.

1. 안전관리

어린이집에서의 준수해야 할 안전관리 원칙은 다음과 같다. 첫째, 어린이집 원장은 보육교직원 및 부모와 함께 영유아의 안전사고 예방을 위해 성실하게 노력하고 안전교육을 실시해야 한다. 둘째, 어린이집은 인근 소방서, 경찰서 및 가스, 유류 등의 안전 상태를 점검하는 유관기관에 의해 정기점검을 실시하고 비상연락체계를 구축해야 하며, 자체적으로 정기적인 시설안전점검을 실시하고 기록·관리해야 한다. 셋째, 어린이집 보육교직원은 영유아의 실내외 활동 시 안전을 위해 영유아를 보호·감독해야 하며, 원장은 영유아에 대한 물리적 환경과 인적 환경에 대한 안전 확보를 위해 시설 및 환경을 조성하고 관리해야 한다(「영유아보육법 시행규칙」 제23조 별표 8).

1) 어린이집 비상재해대비시설 및 소방시설 안전관리

어린이집은 「영유아보육법」을 준수하여 어린이집 규모에 따라 소방시설(소화기, 가스누설경보기, 비상시 양방향 대피 가능한 비상구, 비상계단 또는 영유아용 미끄럼대, 피난구유도등)을 갖추고 있어야 하며, 소화기는 접근이 용이한 장소에 두고, 정기적으로 소화기 점검을 실시해야 한다. 어린이집 비상재해대비시설은 「영유아보육법」을 준수하여 설치해야 하는데, 설치기준은 어린이집이 1층인 경우, 2층과 3층인 경우, 4층과 5층인 경우로 구분된다.

먼저, 어린이집이 1층인 경우, 비상시 양방향 대피가 가능해야 하는데, 양방향 대피를 위해 주출입구 외에 지상과 바로 연결되는 안전한 비상구 또는 출구를 설치해야 한다. 다음으로 어린이집이 2층과 3층인 경우, 비상시 각 층별로 양방향 대피가 가능해야 한다. 양방향 대피를 위해 주 계단 외에 각 층별로 건물 내부를 경유하지 않고 직접 지상으로 바로 연결되는 비상계단 또는 미끄럼대를 건물의 외부에 설치해야 한다. 특히 3층의 경우, 「화재예방 소방시설 설치·유지 및 안전관리에 관한 법률 시행령」에서 규정하는 스프링클러가 건물 전체에 걸쳐 유효하게 설치되고, 화재안전기준에서 정한 피난기구를 설치한 경우에는 비상계단 및 미끄럼대를 설치하지 않을 수 있다. 2, 3층에 설치할 수 있는 피난기구 중 구조대는 하강식 경사구조대만 인정된다. 마지막으로 4층과 5층인 경우, 「화재예방 소방시설 설치 · 유지 및 안전관리에 관한 법률 시행령」에 따른 스프링클러 설비 및 자동화재 탐지설비를 건물 전체에 설치해야 한다. 건물 내 양방향 대피가 가능한 2개소 이상의 직통계단을 설치해야 하는 등 추가적인 기준을 모두 준수해야 한다(보건복지부, 2017, p. 52 참조). 옥상놀이터에도 비상재해대비시설을 설치하는 것을 원칙으로 한다.

비상사태에 대비한 안전시설 및 설비는 일상적으로 잘 관리하여 비상시 효율적으로 사용할 수 있어야 하며, 유도등이 작동하지 않는 경우, 비상구를 교구장으로 막거나 통로에 짐을 쌓아 두지 않도록 한다. 보육교직원은 비상대비시설과 설비를 바르게 작동하는 방법을 숙지하고, 실습 등을 통해 소화기 등 소화설비를 작동시키는 방법을 알고 있어야 한다.

표 9-1 비상재해대비시설의 주요 설치기준

구분	설치기준
1층	비상시 양방향 대피가 가능해야 한다.
2층과 3층	비상시 각 층별로 양방향 대피가 가능해야 한다.
4층과 5층	스프링클러 및 자동화재 탐지설비를 건물 전체에 설치해야 한다.

출처: 보건복지부(2017).

어린이집에서 갖추어야 하는 소방시설은 소화설비, 경보설비, 피난설비로 구분되는데, 시설별 설치기준은 어린이집 규모에 따라 다르고, 구체적인 설비의 종류와 수준은 관련 법령과 규정에 따른다. 어린이집에서 최소한 갖추어야 하는 소방시설에는 소화기, 가스누설경보기, 비상시 양방향 대피가 가능한 비상구, 비상계단 또는 영유아용 미끄럼대, 피난구유도등이 있다.

표 9-2 설비 유형별 소방시설

구분	소방시설
소화설비	소화기, 스프링클러, 간이 스프링클러 등
경보설비	비상경보시설, 자동화재 탐지설비, 자동화재 속보설비, 가스누설경보기 등
피난설비	비상구, 비상계단 또는 영유아용 미끄럼대, 피난구유도등 등

2) 어린이집 실내 시설 및 설비 안전관리

(1) 보육실 안전관리

어린이집의 보육실 안전관리를 위해서는 보육실의 시설 및 놀잇감을 영역별로 점검하여 조치할 수 있도록 정기적으로 안전점검을 실시해야 한다. 창문 하단의 높이가 바닥으로부터 120cm 이하인 보육실의 모든 창문(2층 이상)에는 영유아의 추락 방지를 위해 창문 보호대를 설치한다. 창문 아래에 영유아가 딛고 올라갈 수 있는 가구가 있으면 매우 위험하므로 반드시 창문 보호대를 설치해야 하는데, 방충망은 창문 보호대에 포함되지 않는다.

보육실에서 안전사고가 발생하지 않도록 사전점검을 통해 위험요소별 안전관리를 실시한다. 구체적으로, 커튼이나 블라인드 줄은 영유아의 손이 닿지 않도록 짧게 정리하거나 박스 안에 넣어 두고, 전기콘센트에는 안전덮개를, 교구장에는 모서리 보호대를 설치한다.

그림 9-1 보육실의 위험요소별 안전관리

표 9-3 보육실의 위험요소별 안전관리

위험요소	안전관리
커튼, 블라인드 줄	영유아의 손이 닿지 않도록 짧게 정리한다.
전기콘센트	안전덮개를 설치한다.
책상, 의자, 교구장	모서리 보호대를 설치한다.
정수기의 온수	영유아가 만져도 안전하도록 조치한다.
내부의 마감 재료	불연재, 준 불연재 또는 난연재가 바람직하고, 커튼 등의 실내 장식물은 방염 성능을 갖추어야 한다.

(2) 보육실 외 실내 시설 및 설비 안전관리

어린이집의 실내 시설 및 설비를 점검하여 조치할 수 있도록 어린이집 통합안전점검표를 작성하여 안전점검을 정기적으로 실시해야 한다. 보육실 이외에 실내 시설 및 설비의 안전관리를 영역별로 살펴보면 다음과 같다.

먼저, 어린이집의 현관문은 영유아가 성인의 보호 없이 나갈 수 없고 외부인이 침입하지 못하도록 개폐 관리를 하고, 영유아가 사용하는 보육실, 화장실, 현관 등 모든 출입문에 손끼임 방지 장치를 부착한다.

복도나 유희실 등에 설치된 수납장은 안전을 위해 아래쪽에 무거운 물건을 보관하고, 선반에는 물건이 떨어지지 않도록 지지대를 설치한다. 복도나 계단, 유희실 등의 벽에 설치된 게시판은 안전하게 고정한다. 유희실이나 실내놀이터의 고정식 놀이기구는 영유아가 사용하기에 안전하게 설치되어 있는지, 파손된 곳은 없는지 확인하고, 실내시설 및 설비에 고장 등 위험요소가 발견될 경우 바로 조치한다.

어린이집의 계단, 화장실이나 세면장의 바닥은 영유아가 넘어지지 않도록 미끄럼방지 장치를 한다. 온수는 사용 시 수온이 지나치게 높아 화상을 입지 않도록 안전 조치(예: 온수의 양, 온수의 온도 조절, 잠금장치 설치 등)를 통해 조절한다. 조리실이나 덤웨이터(요리 및 식기 운반용 소형 승강기), 보일러실 등 위험요인이 있는 장소에 영유아가 접근할 수 없도록 관리한다.

어린이집 안전을 위해 전기공급 개폐기와 누전차단기를 설치하며, 내부의 마감 재료는 불연재, 준 불연재 또는 난연재가 바람직하고 커튼 등의 실내 장식물은 방염성능을 갖추어야 한다.

3) 어린이집 실외 시설 및 설비 안전관리

어린이집 환경에 맞게 실외 시설 및 설비 안전점검을 정기적으로 실시하고, 어린이집의 실외공간의 경우 대문, 출입구, 울타리, 담장 등을 통해 외부와 충분히 분리되어 영유아가 쉽게 나갈 수 없고, 동시에 외부인이 접근할 수 없도록 한다. 에어컨 실외기, LPG 가스통 등이 영유아 접근이 가능한 곳에 위치한 경우 안전덮개를 덮어 놓는다. 축대, 맨홀 뚜껑, 웅덩이, 돌, 유리조각, 감전위험물 등은 안전하게 관리한다. 마당이나 구석에 사고 유발 위험이 있는 적재물(목재더미, 파손된 가구 등 쉽게 이동할 수 없는 정도의 크기나 무게를 가진 물건)이 있을 경우 이를 안전하게 관리한다.

영유아의 실외 놀이 시 놀이공간에 차량 접근을 차단해야 하며, 미끄럼틀, 볼풀장 등과 같은 고정식 놀이기구를 포함한 실외 시설 및 설비에 고장 등 위험요소가 발견될 경우 '접근 불가' 혹은 '수리중' 등의 표시를 붙인 후 영유아의 접근을 막고 즉시 수리한다.

어린이집 소유의 실외놀이터가 있는 경우 어린이놀이시설 설치자 및 관리주체는 「어린이놀이시설 안전관리법」에 따라 시설기준 및 기술기준 적합성을 확인하기 위해 안전검사기관으로부터 어린이 놀이시설에 대해 2년에 1회 이상 정기시설 검사를 받아야 한다. 어린이집의 아동을 보호하기 위해 어린이집의 주변구역을 아동보호구역으로 지정하여 폐쇄회로 텔레비전을 설치하거나 그 밖의 필요한 조치를 할 수 있다(「아동복지법 시행령」 제29조). 100인 이상을 보육하는 시설은 해당시설의 외곽경계선(출입문)으로부터 500미터 이내의 일정구역을 어린이보호구역으로 지정 · 관리할 수 있다.

4) 어린이집 실내외 놀잇감 안전관리

어린이집 실내외 놀잇감이란 모든 보육실, 유희실(실내놀이터 포함), 다목적 활동실, 옥외놀이터 등에 있는 '이동 가능한 놀잇감'을 의미하는데, 이러한 놀잇감의 위험요인을 상시 점검하여 영유아의 안전을 확보해야 한다. 실내외 놀잇감의 구체적인 안전관리 사항은 다음과 같다(보건복지부, 2017).

- 놀잇감은 거친 표면이나 날카로운 모서리가 없고, 파손되지 않은 것이어야 한다.
- 놀잇감은 유해색소가 첨가되거나 유해색소로 표면이 도포되지 않은 제품, 안전검사를 받은 제품이어야 한다.
- 천장이나 벽에 모빌 등의 놀잇감을 부착할 경우 떨어지지 않도록 단단하게 고정한다.
- 끝이 깨진 사기그릇, 안전 처리되지 않은 깡통, 깨지거나 날카로운 조개껍데기 등은 놀잇감으로 적합하지 않다.
- 영아가 삼킬 수 있는 놀잇감이나 활동자료는 제공하지 않는다(예: 직경 3.5cm 이하 작은 크기의 블록이나 구슬, 솜공 등).

더 알아보기 **실내외 위험한 물건의 보관 및 관리**

- 영유아의 손이 닿지 않는 곳에 별도로 보관한다.
  (예: 칼, 성인용 가위, 송곳, 스테이플러, 칼날 있는 테이프커터기 등)
- 영유아의 손이 닿는 곳에 위험한 물건을 보관해야 할 경우 잠금장치를 한다.
  (예: 강력접착제, 목공용 본드, 글루건, 세제, 세척제, 표백제 등)

더 알아보기 **어린이집 영상정보처리기기 설치 · 운영**

- 영상정보처리기기를 설치하기 위해 학부모 총회의 개최, 운영위원회 개최, 그 밖에 해당 영상정보처리기기의 설치로 직접 영향을 받는 교사, 학부모를 대상으로 하는 설명회 · 설문조사 등을 실시한다.
- 영상정보처리기기는 보육실 등을 촬영하고 모니터를 통해 영상을 구현할 수 있으며, 그 영상정보를 녹화(저장)할 수 있는 기능을 갖추어야 하고, 카메라는 보육실 등 일정한 장소에 일정한 방향을 지속적으로 촬영할 수 있도록 설치한다.
- 어린이집 원장은 영상정보처리기기를 설치할 경우 정보 주체가 영상정보처리기기의 설치 현황 및 영상정보의 수집에 대하여 인식할 수 있도록 안내판을 제작 및 설치해야 한다.

그림 9-2 **어린이집 영상정보처리기기 화면 예시**

활동 어린이집 통합 안전점검표 중 안전분야 일별 점검표를 작성해 보세요.

(점검 상태: 양호 ○, 보통 △, 불량 ×)

구분	점검항목	점검결과						조치사항
		/	/	/	/	/	/	
		월	화	수	목	금	토	
실외 환경	• 어린이집 보호벽 및 주변의 관리 상태는 양호한가?							
	• 실외놀이 공간 주변의 돌, 유리조각, 요철, 녹이 슨 부분, 벗겨진 페인트, 돌출된 모서리가 방치되어 있지는 않은가?							
	• 놀이터 바닥에 오물, 방치된 물 웅덩이가 없는가?							
실내 환경	• 문과 창문 등의 추락 위험은 없는가?							
	• 바닥에는 다칠 수 있거나 미끄러운 곳이 없는가?							
	• 복도, 계단, 비상계단, 미끄럼대 등에 방치된 물건이 없어 피난계단, 미끄럼대 등을 사용하기에 양호한가?							
	• 보육용품이나 비품 유리창 등에 날카로운 모서리 등이 없는가?							
놀잇감 및 놀이 기구	• 망가져 날카롭고 위험한 것 또는 부품이 빠지거나 작은 볼트 등이 빠진 것은 없는가?							
	• 유해 색소가 칠해진 놀잇감은 없는가?							
	• 영유아가 삼킬 만한 작은 놀잇감이나 부품은 없는가?							
	• 놀잇감 및 놀이기구의 수납 상태가 양호한가?							
화장실 · 세면대	• 화장실 내 세제나 락스 등 위험한 물건이 영유아들의 손이 닿는 곳에 방치되어 있지 않는가?							
전기 · 화기 · 위험물	• 콘센트는 안전덮개로 보호되어 있는가?							
	• 화기에 의한 안전사고 위험은 없는가?							
	• 위험물에 의한 안전사고 위험은 없는가?							
	• 가스밸브와 가스중간밸브 잠금은 양호한가?							

출처: 보건복지부(2017).

활동 어린이집 통합 안전점검표 중 월별 점검표를 작성해 보세요.

(점검 상태 : 양호○, 보통△, 불량×)

구분	점검 항목	점검 결과	조치사항
		월	
안전관리	• 안전관리의 책임 및 위기관리 체계가 적합한가?		
	• 일별 안전점검 체크리스트에 의해 관리되고 있는가?		
	• 응급전화번호 및 비상연락망 등이 잘 관리되고 있는가?		
실외 환경	• 어린이집 주변에 감전 위험은 없는가?		
	• 위험한 적치물, 축대 붕괴, 맨홀 등에 대한 위험은 없는가?		
실내 환경	• 모든 설비는 움직이거나 떨어지지 않도록 바닥과 벽면에 단단히 고정되어 있는가?		
	• 문, 방충망의 상태는 안전한가?		
현관 · 통로 · 계단 · 비상구	• 출입문, 현관문 등의 안전장치는 정상 작동하는가?		
	• 계단, 통로 부분에 미끄럼 방지처리가 되어 있는가?		
	• 계단의 안전 상태는 양호한가?		
화장실 · 세면대	• 화장실 내 전기 콘센트 등 전기용품은 안전한가?		
	• 세면대의 고정 상태는 안전한가?		
실내외 놀이 기구 및 공간	• 모든 놀이기구가 바닥에 안전하게 고정되어 있는가?		
	• 놀이 시설물의 상태(틈새나 간격)가 영유아의 몸에 끼이지 않는 넓이인가?		
	• 기초대, 지지대 등 매설 부분이 노출되지 않았는가?		
	• 모든 놀이기구 아래와 주위(안전지대)의 충격흡수재 성능은 양호한가?		
	• 보수가 필요한 놀잇감 및 놀이기구가 방치되어 있는가?		
	• 놀이기구의 높이가 영유아에게 적합한가?		
	• 「어린이제품 안전 특별법」 등에 의한 안전검사(KC 인증 등)를 필한 제품인가?		
전기 · 가스 · 위험물 안전관리	• 전선, 콘센트, 플러그 등 손상된 부분은 없는가?		
	• 한 개의 콘센트에 용량을 초과해 사용하고 있지 않은가?		
	• 분배전반 및 각종 전기기구의 노후 및 파손된 것은 없는가?		
	• 가스경보기의 설치상태가 양호한가?		
소방시설 관리	• 대피를 위한 대피도가 잘 관리되어 있는가?		
	• 소화기, 스프링클러 등 소화장비의 작동 및 관리상태는 양호한가?		
	• 자동화재 탐지설비의 설치상태가 양호한가?		
	• 옥내 소화전의 관리 및 작동이 양호한가?		
비상대피 시설관리	• 비상계단 및 미끄럼대 등이 화재 등 유사시 사용이 가능한가?		
	• 피난유도등 유도표지 등이 잘 갖추어져 있고 정상 작동하는가?		
	• 건물 내 대피경로에 장애가 되는 요소는 없는가?		

출처: 보건복지부(2017).

2. 안전교육

어린이집에서는 영유아와 보육교직원을 대상으로 안전교육을 실시해야 한다.

1) 영유아 안전교육

어린이집 원장은 보육대상 아동의 연령을 고려하여 『아동복지법』의 안전교육 기준에 따라 매년 안전교육계획을 수립하여 교육을 실시하고, 계획 및 교육실시 결과를 관할 특별자치도지사 · 시장 · 군수 · 구청장에게 매년 1회 보고해야 한다. 또한 어린이집 원장은 비상대응계획을 연 1회 수립해야 하는데, 비상대응계획이란 소방, 지진, 폭설, 수해, 영유아 돌연사 등 어린이집에서 발생 가능한 다양한 유형의 비상사태와 재난에 대비하기 위해 세우는 계획을 의미한다. 이를 수립하고 비상사태와 재난 발생 시 이에 따라 대처해야 한다. 비상대응훈련계획을 수립하여 월 1회 실시해야 하고, 어린이집의 비상연락망 수립과 관내 안전관리 기관과의 연락체계가 수립되어 있어야 하며, 매월 비상대피훈련을 실시한 후 실시 시기와 내용을 작성한다.

비상대피훈련은 '어린이집 비상대피훈련 표준안내'를 표준으로 시행하되 어린이집의 실정에 따라 변경하여 운영할 수 있으며, 소방대피, 지진대피, 폭설대비 훈련을 포함한 다양한 유형의 재난대비훈련을 월 1회 실시한다.

더 알아보기 **안전관리책임관 제도 운영**

- 어린이집 안전관리에 관한 총괄적 관리감독 및 사고 발생 시 효과적인 대응을 위해 안전관리책임관을 지정하며, 원장이 안전관리책임관 역할을 수행한다.
- 안전관리책임관의 평상시 역할
  - 어린이집이 직면할 수 있는 재난, 재해에 대해 비상대응계획 수립(연 1회)
  - 어린이집 비상대응훈련계획 수립 및 실시 총괄(월 1회)
  - 어린이집의 비상연락망 수립 및 관내 안전관리 기관과의 연락체계 수립
- 안전관리책임관의 비상상황 및 재해 발생 시 역할
  - 인명과 재산 피해 최소화를 위한 대응활동 전개 및 어린이집의 비상대응계획 가동 및 운영
- 안전관리책임관의 비상상황 및 재해 발생 후 역할
  - 재해 발생 전 상황으로 어린이집 운영이 되돌아갈 수 있도록 복구 절차 총괄

출처: 보건복지부(2017).

어린이집에서는 「아동복지법」에 근거하여 1년 동안 교통안전교육, 실종 · 유괴의 예방 · 방지교육, 감염병 및 약물의 오용 · 남용 예방 등 보건위생관리 교육, 재난대비 안전교육, 성폭력 및 아동학대 예방교육 등 총 5개의 내용으로 안전교육을 실시해야 한다. 안전교육 실시 후 안전교육일지, 보육일지 또는 어린이집 운영일지에 기록한다(「아동복지법」 제31조, 「아동복지법 시행령」 제28조, 「영유아보육법」 제24조, 「영유아보육법 시행규칙」 제23조).

영유아를 대상으로 안전교육을 실시할 경우, 영유아의 연령별 특성을 고려하여 놀이, 동화, 이야기 나누기 등의 방법으로 보육과정 내에서 자연스럽게 안전교육의 내용을 다룸으로써 영유아가 보다 쉽게 안전의식을 내면화하도록 지도하는 것이 바람직하다.

그림 9-3 어린이집 소방훈련

더 알아보기 **소방훈련의 실시**

- 소방(비상대피)훈련 계획을 작성하고 어린이집의 모든 영유아와 보육교직원을 대상으로 매월 실시한다.
- 정기 소방훈련 이외 비정기적으로(불시) 다양하게 소방훈련을 실시하여 보육교직원과 영유아들이 신속하게 대피할 수 있는 능력을 갖추도록 한다.
- 소방훈련을 실시한 후 실시 시기 및 내용을 보육일지 또는 어린이집 운영일지에 기록한다.

표 9-4 영유아 안전교육 기준(「아동복지법」 제31조 및 동법 시행령 제28조)

구분	성폭력 · 아동학대 예방교육	실종 · 유괴의 예방 · 방지교육	감염병 및 약물의 오용 · 남용 예방 등 보건위생관리 교육	재난대비 안전교육	교통안전교육
실시 주기 (총 시간)	6개월에 1회 이상 (연간 8시간 이상)	3개월에 1회 이상 (연간 10시간 이상)	3개월에 1회 이상 (연간 10시간 이상)	6개월에 1회 이상 (연간 6시간 이상)	2개월에 1회 이상 (연간 10시간 이상)
교육 내용	1. 내 몸의 소중함 2. 내 몸의 정확한 명칭 3. 좋은 느낌과 싫은 느낌 4. 성폭력 예방법과 대처법	1. 길을 잃을 수 있는 상황 이해하기 2. 미아 및 유괴 발생 시 대처방법 3. 유괴범에 대한 개념 4. 유인 · 유괴 행동에 대한 이해 및 유괴 예방법	1. 감염병 예방을 위한 개인위생 실천 습관 2. 예방접종의 이해 3. 몸에 해로운 약물 위험성 알기 4. 생활주변의 해로운 약물 · 화학 제품 그림으로 구별하기 5. 모르면 먼저 어른에게 물어보기 6. 가정용 화학제품 만지거나 먹지 않기 7. 어린이 약도 함부로 먹지 않기	1. 화재의 원인과 예방법 2. 뜨거운 물건 이해하기 3. 옷에 불이 붙었을 때 대처법 4. 화재 시 대처법 5. 자연재난의 개념과 안전한 행동 알기	1. 차도, 보도 및 신호등의 의미 알기 2. 안전한 도로 횡단법 3. 안전한 통학버스 이용법 4. 날씨와 보행안전 5. 어른과 손 잡고 걷기
교육 방법	1. 전문가 또는 담당자 강의 2. 장소 · 상황별 역할극 실시 3. 시청각 교육 4. 사례 분석	1. 전문가 또는 담당자 강의 2. 장소 · 상황별 역할극 실시 3. 시청각 교육 4. 사례 분석	1. 전문가 또는 담당자 강의 2. 시청각 교육 3. 사례 분석	1. 전문가 또는 담당자 강의 2. 시청각 교육 3. 실습교육 또는 현장학습 4. 사례 분석	1. 전문가 또는 담당자 강의 2. 시청각 교육 3. 실습교육 또는 현장학습 4. 일상생활을 통한 반복 지도 및 부모교육
사례					

2) 보육교직원 안전교육

어린이집에서는 매년 보육교직원 안전교육 계획을 수립하여 안전교육을 실시해야 한다. 어린이집의 모든 보육교직원은 안전교육지침 등을 숙지하여야 하며, 시·도 및 시·군·구 등에서 안전 관련 교육을 시행할 때 적극 참여해야 하고 화재 등 긴급사태에 대비한 계획수립 및 정기적인 점검·훈련을 실시하여야 한다.

어린이집 보육교직원은 영유아의 안전사고 예방을 위해 영유아를 보호하고 철저히 감독해야 하며, 특히 보육교사는 실내외에서 영유아들의 전체 상황을 항상 주시해야 한다. 보육교직원은 안전점검 방법 및 안전점검표의 활용법, 영유아의 발달단계 특성을 고려한 보호 및 안전교육 방법을 숙지해야 하며, 영유아의 안전을 위해 영유아의 보호자와 상호 협력해야 한다.

아동학대·안전관리 교육의 경우 보수교육과 연계하여 실시할 수 있다. 예를 들어, 보육교직원 일반직무교육 대상자가 육아종합지원센터와 어린이집안전공제회가 주관하는 아동학대 및 안전관리교육을 수료한 경우, 동일 연도 내 보수교육 건강·안전 영역 중 한 과목(3시간)을 이수한 것으로 인정하여 면제받을 수 있다.

활동 어린이집 연간 안전교육 계획 및 보고서를 작성해 보세요.

안전교육 계획 및 보고서

연간 주제		주	분야	계획	실행 및 평가	실행일자
월	주제명					
3		1				
		2				
		3				
		4				
4		1				
		2				
		3				
		4				
5		1				
		2				
		3				
		4				
		5				
6		1				
		2				
		3				
		4				
		5				

출처: 서울특별시, 서울시육아종합지원센터(2016).

3. 안전사고 예방대책

1) 사고보고체계 확립 및 어린이집 자체 안전점검

어린이집의 원장은 안전사고에 대응하기 위하여 인근 소방서, 경찰서 및 가스, 유류 등의 안전 상태를 점검하는 유관기관 등과 비상연락체계를 구축해야 하고, 어린이집 원장은 사고에 대비하여 부모의 비상연락망을 확보하여야 하며 응급처치 동의서를 비치한다.

원장은 사고발생 24시간 이내에 사고보고서를 작성하여 특별자치도지사 · 시장 · 군수 · 구청장에게 보고하여야 하며, 중대사고(중상 이상의 안전사고, 감염병 및 식중독 등 집단 질병, 화재 · 침수 · 붕괴 등 재난사고 등)는 사고발생 즉시 보고(즉시 유선 통보 후 서식에 의한 보고)한다. 어린이집 영유아의 안전사고 및 감염병 발생 보고는 보육통합정보시스템에 입력 보고를 원칙으로 한다.

어린이집 원장은 자체 안전점검 계획을 수립하여 매월 4일에 안전점검을 실시하고, 자체점검은 '어린이집 통합안전점검표'에 따라 매일, 매월 실시하여 화재 · 상해 등 위험발생요인을 사전에 제거한다.

2) 안전한 인계

영유아의 인계과정에 대해 자체 규정으로 문서화하고, 영유아가 등 · 하원하는 구체적인 절차와 방법을 마련한다. 모든 영유아(차량 이용 영유아 포함)는 지정된 보호자에게 인계하되, 다른 성인에게 인계할 때는 반드시 보호자의 전화나 서명으로 확인한다. 모든 영유아의 보호자에게 귀가 동의서를 받고, 귀가 동의서에 영유아의 이름, 귀가 시 영유아를 인계받을 보호자의 이름, 관계 및 연락처, 보호자의 서명 등의 필수기재사항을 반드시 기록하도록 한다.

등 · 하원 차량 운행 시 운전기사 및 보육교사 등 동승자는 영유아를 안전하게 담당 보육교사나 보호자에게 인도하여야 하며, 모든 영유아가 안전하게 인도되었는지 여부를 확인하여야 한다.

3) 안전한 차량 운행

차량을 운행하고자 할 경우 「도로교통법」에서 규정하고 있는 어린이 통학버스 신고 요건을 구비하여 관할 경찰서장에게 신고해야 한다(「도로교통법」 제52조 참조). 어린이 통학버스 미신고 차량 운행 시 시정명령의 행정처분을 받으며, 시정명령 위반 시 최대 3개월의 운영정지를 당한다.

차량 운행 시 보육교사 등 어린이집 보육교직원이 동승해야 하며, 36개월 미만 영아는 영아용 보호장구를 착용하는 것을 원칙으로 하고, 교사와 영유아는 차량 운행 시작 전 안전벨트를 착용한다. 영아용 보호장구는 안전인증(KC)을 받고 영아에게 적합한 안전인증검사기준(W1, W2)을 충족하는 제품을 사용해야 한다.

운전자는 영유아가 어린이 통학버스를 타고 내리는 때에 영유아가 좌석에 앉은 것과 보도 또는 길 가장자리 구역 등 자동차로부터 안전한 장소에 도착한 것을 확인한 후에 어린이 통학버스를 출발시켜야 한다. 운전자와 차량에 동승한 성인은 영유아가 좌석에 앉아 개별 안전띠를 맨 것과 차량에서 영유아가 안전하게 내린 것을 확인한 후 차량을 출발시킨다.

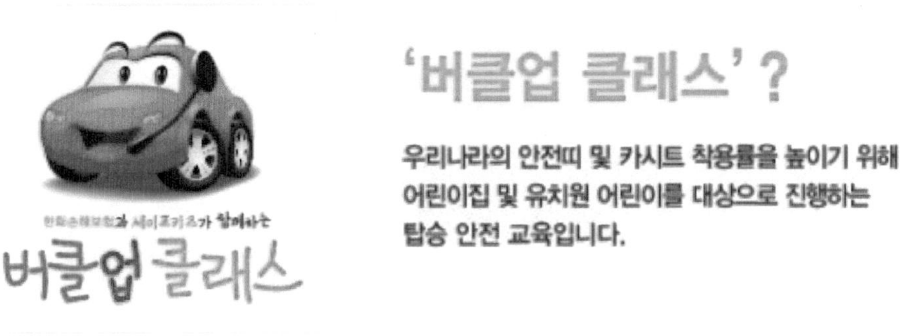

그림 9-4 버클업 클래스 캠페인

출처: 세이프키즈코리아(http://www.safekids.or.kr).

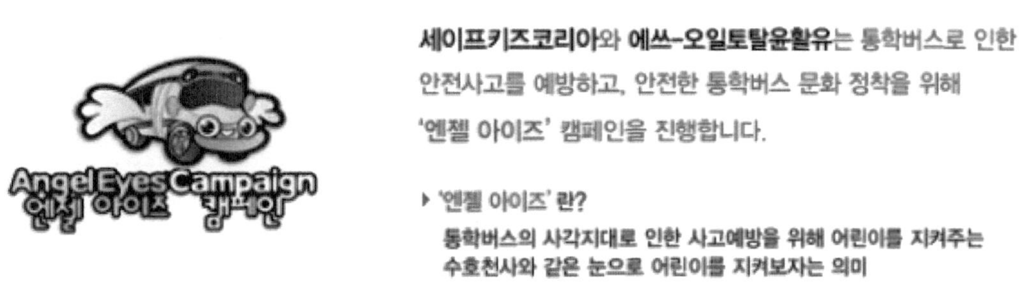

그림 9-5 엔젤 아이즈 캠페인

출처: 세이프키즈코리아(http://www.safekids.or.kr).

활동 어린이집 귀가 동의서를 작성해 보세요.

귀가 동의서

반 이름: ________ 영유아명: __________ 성별: 남, 여

위 영유아의 귀가 시 아래의 보호자에게 인도하여 주십시오.
아래의 보호자 이외의 다른 사람에게 인계할 때에는 사전에 반드시 연락을 취하겠습니다.

■ 기간: 년 월 일 ~ 년 월 일까지

■ 귀가요청시간: 시 분

■ 보호자: 영유아와의 관계: 아버지(성명: ☎)
어머니(성명: ☎)
기타_____(성명: ☎)

년 월 일

보호자 이름: (인)

○○어린이집

활동 영유아 사고보고서를 작성해 보세요.

사고보고서

어린이집명 (유형)	(　　　) *전담지정종류 포함	인가일	최초:　　년　　월　　일 변경:　　년　　월　　일
주소		연락처	

어린이집 현황	정원(　　)명, 현원(　　)명, 보육교직원(　　)명
반별 현황	0세반(　)명 1세반(　)명 2세반(　)명 3세반(　)명 4세반(　)명 5세반(　)명 시간제(　)명 방과후(　)명 시간연장(　)명 24시간(　)명

사고 아동명		성별	남/여	생년월일	년　　월　　일
사고 일자	년　월　일	목격자명		사고 시간	오전/오후

사고 당시 원장 및 담임교사 근무 상황	
부모 연락 사항	

연락 시간	오전/오후	119신고여부	□ 안 함　□ 신고함(오전/오후　　시)

사고 발생 장소	□ 수송 중	□ 견학 중	□ 실외놀이장	□ 실내놀이실	
	□ 화장실	□ 복도	□ 주방	□ 대근육활동실(유희실)	
	□ 교사실	□ 식당	□ 계단	□ 기타(　)	
사고 당시 활동 내용	□ 목욕 및 배변 시간	□ 교실활동	□ 계단 오르내리기		
	□ 실내자유놀이	□ 점심/간식/수유시간	□ 실외자유놀이		
	□ 계획된 실외놀이	□ 놀이시설 설비	□ 물놀이		
	□ 견학	□ 낮잠	□ 기타(　　　)		
상해를 입은 시설 설비	□ 오르기 시설	□ 평균대	□ 크롤(기어 나가는 시설)		
	□ 장애설비	□ 현관문/교실문	□ 실외고정물		
	□ 회전대	□ 놀이집	□ 시소		
	□ 미끄럼틀	□ 그네	□ 바퀴 달린 탈것		
	□ 바퀴 달린 장난감	□ 잘 모르겠음	□ 기타(　　　)		
상해의 유형	□ 화상	□ 쇼크/질식	□ 추락/강타	□ 물체에 끼임	
	□ 찢어짐	□ 뼈가 부러지거나 탈구	□ 압박, 눌림		
	□ 베임	□ 찰과상(벗겨짐)	□ 삠	□ 물림	□ 찔림
	□ 식중독	□ 기타 중독	□ 호흡곤란	□ 기타(　　　)	

상해를 입은 다른 아동이 있는가?	□ 예 □ 아니요
사고원인	□ 바닥으로 떨어짐: 떨어진 높이 약 m 바닥의 형태: □ 뛰거나 발을 헛디뎌 넘어짐 □ 다른 유아에게 물림 □ 다른 유아에게 맞거나 밀림 □ 바퀴 달린 탈것(인라인 스케이트 등) □ 물체에 의해 다침 □ 음식물에 의한 질식 □ 곤충에 물리거나 쏘임 □ 동물에게 물림 □ 열, 추위에 노출 □ 기타( )
다친 부위 (좌, 우 표시)	□ 머리 □ 눈(좌, 우) □ 귀(좌, 우) □ 코 □ 입 □ 목 □ 가슴 □ 등 □ 엉덩이(좌, 우) □ 생식기 □ 팔(좌, 우) □ 손(좌, 우) □ 다리(좌, 우) □ 발(좌, 우)
사고 관련 특이사항	
보육기관에서 행해진 응급처치(상술 예: 압박붕대, 세척, 붕대, 위로 등)	

상해・배상보험 가입 현황			
□ 상해 □ 배상 □ 기타( ) 보험금 최고 한도 인당( )만 원 건당( )만 원			
응급처치자		의료기관 진료 여부	□ 안 함 □ 함
의료기관 진료를 한 경우	□ 외래 진료를 받음(예: 진료실, 응급실) □ 입원(시간/일)		
기타 사후처리 상황 (경찰 조사, 피해 합의 등)			
사고아동 보호(치료)를 위한 추후 계획			
재발 방지를 위한 조치 사항			
직원 서명	(인) 날짜: . . 오전/오후		
부모 서명	(인) 날짜: . . 오전/오후		

출처: 보건복지부(2017).

[첨부서류] **비상대응 훈련 계획 및 평가 양식**

비상대응 훈련 계획 및 평가

결재	담당자	안전관리 책임관

훈련명	어린이집 화재 발생 시 비상대응	훈련일시	2017년 3월 17일
참가자	어린이집 보육교직원 24명, 영유아 100명	훈련 진행 책임자	안전관리책임관 및 안전관리자
훈련 종류	실제 훈련		
훈련 목적 어린이집	비상계획에 명시된 대피에 관련된 내용을 훈련함(대피 시간 줄이기에 중점)		
비상대응 상황 시나리오	조리실의 누수로 인해 전기 배선으로 물이 침투하여 약 11시경에 조리실에서 화재가 발생되어 화재경보기가 울림		
훈련 내용(계획)			
상	대응 활동	평가중점내용	
조리실에서 화재 발생하여 화재경보 발생	소화기를 사용한 초기 진화 시도	소화기 사용	
	각 반의 영유아 대피 실시	질서 유지하며 대피	
	119 연락	위치, 상황 설명	
초기진화에 실패하여 화세 확장	조리실 앞의 방화문을 내리고 계속적으로 영유아를 정해진 장소로 대피시킴 (방화문이 없는 경우, 조리실 문을 닫고 대피함)	대피 시간 대피한 영유아 수	
	대피 후 부상자, 사상자 확인	부상자, 사상자 응급처치	
119 출동 후 화재 진압 후 사태 종료	안전한 곳에서 대피 지속, 인근 병원 연락 영유아 부모에게 연락	연락 시간 응대 태도	
훈련 사진 (※ 소방대피훈련 시 해당됨)	〈대피훈련 사진〉	〈최종 집결지〉	
평가			

출처: 보건복지부(2017).

[첨부서류] **어린이집 네트워크 카메라 설치(운영) 동의서**

[별지 제5호 서식]

________어린이집 네트워크 카메라 설치(운영) 동의서

□ 동의 기간: 20○○.___.___. ~ 20○○.___.___. 까지

원아 명	보호자 또는 보육교직원 성명	주소	서명

210mm×297mm(일반용지 60g/㎡(재활용품))

출처: 보건복지부(2017).

[첨부서류] CCTV 영상정보 관리대장

[별지 제10호 서식]

CCTV 영상정보 관리대장

번호	구분	이용 일시	요구자	파일명/ 형태	이용목적/사유	이용 시간	이용 장소	담당자 확인 서명	비고
1	□ 이용 □ 제공 □ 열람 □ 파기								
2	□ 이용 □ 제공 □ 열람 □ 파기								
3	□ 이용 □ 제공 □ 열람 □ 파기								

출처: 보건복지부(2017).

제10장

부모참여 및 지역사회 연계

1. 부모참여
2. 지역사회 연계

어린이집과 부모 사이의 원만한 관계 형성 및 유지는 영유아의 발달을 촉진하는 데 있어 중요한 역할을 담당한다. 이와 함께 어린이집과 지역사회의 연계를 통해 협력적인 관계를 유지함으로써 영유아가 가족과 어린이집뿐만 아니라 이웃, 지역사회 등 더 넓은 환경과 상호작용할 수 있는 기회를 제공해 줄 수 있다. 따라서 이 장에서는 어린이집에서의 부모참여 및 지역사회 연계의 중요성과 유형별 특징에 대해 살펴보고자 한다.

1. 부모참여

어린이집에서의 부모참여는 다양한 형태로 이루어진다. 어린이집 입소와 더불어 신입원아 부모를 대상으로 부모 오리엔테이션이 진행되고, 수업참관 및 부모참여수업, 부모강연회 및 워크숍, 부모면담, 알림장 및 가정통신문 등의 형태로 영유아의 부모가 어린이집 운영에 참여한다. 이 외에도 부모모니터링단, 어린이집운영위원회 등의 활동을 통해 어린이집 운영에 부모의 의견을 반영할 수 있다.

1) 부모 오리엔테이션

신입원아의 부모를 대상으로 하는 부모 오리엔테이션은 어린이집의 보육철학과 운영방침 등을 어린이집 입소 이전에 부모에게 전달함으로써 영유아가 어린이집에 입소한 이후 어린이집 환경에 특별한 어려움 없이 적응하도록 도와주는 역할을 하며, 가정과 어린이집 간의 유기적인 초기 관계 구축을 도모한다. 부모 오리엔테이션을 통해 어린이집에서 부모에게 전달하고자 하는 내용은 보육교직원에 대한 소개, 어린이집 운영시간, 보육프로그램 및 보육환경, 어린이집 개방 원칙, 등하원 절차 및 안전지침 등이다(정옥분 외, 2016). 이러한 내용을 포함한 어린이집 운영 안내서를 부모 오리엔테이션 시 배부하여 부모가 어린이집 운영의 전반에 대해 이해하도록 돕는다.

2) 수업참관 및 부모참여수업

수업참관은 부모가 어린이집을 방문하여 영유아의 교육활동을 직접 볼 수 있다는 점에서 부모의 관심과 참여가 높은 부모참여 프로그램 중 하나이다(이경희, 정정옥, 2014). 부모가 수시로 영유아의 교육활동을 관찰함으로써 부모가 영유아의 발달 특성을 이해하도록 보육실에 별도의 참관실을 마련하여 수업참관을 진행하는 것이 효과적인 방법이다. 이 외에도 공식적인 신청 절차를 통해 보호자인 부모가 어린이집을 참관하도록 하는 보호자의 어린이집 참관 신청 제도가 시행 중이다.

○○어린이집 운영 안내서(2017년)

Ⅰ. 보육철학 및 목표
1. 보육철학
2. 보육목표
Ⅱ. 운영현황
1. 어린이집 연혁
2. 어린이집의 환경
3. 보육시간
4. 보육료
5. 연령별 집단크기와 교사 수
6. 보육교직원 구성
Ⅲ. 보육프로그램
Ⅳ. 하루 일과
Ⅴ. 건강 · 영양 · 안전관리
1. 건강관리
2. 영양관리
3. 안전관리(아동학대 예방지침 포함)
Ⅵ. 부모 및 지역사회와의 협력
1. 부모참여 프로그램
2. 어린이집 운영위원회
3. 지역사회기관과의 연계 및 보육프로그램
4. 지역사회 및 아동발달 전문가 정보
Ⅶ. 공지사항
1. 신입원아 적응프로그램
2. 어린이집의 개방원칙 및 인계규정
3. 감염병 질환의 예방과 관리대책
4. 아프거나 다친 영유아에 대한 처리 절차(환아처리지침, 상해유형에 따른 응급처치 등)
5. 부모동의 및 조사서 작성 안내(귀가동의, 응급처치 동의, 식품알레르기 관련, 개인정보활용 등)
6. 상해, 화재, 배상보험 가입 안내
7. 안전사고 발생 시 어린이집이 갖는 책임한계에 관한 규정
8. 맞춤형 보육프로그램 운영
9. 보육교직원 윤리강령
10. 기타

그림 10-1 어린이집 운영 안내서

출처: 보건복지부, 한국보육진흥원(2017a).

더 알아보기 **보호자의 어린이집 참관 신청**

보호자가 보육환경, 보육내용 등의 확인을 위해 원하는 경우 직접 어린이집을 참관토록 하여, 어린이집 운영의 투명성을 제고하고 어린이집과 부모의 이해 증진을 강화시키기 위한 목적으로 보호자의 어린이집 참관을 허용한다. 해당 어린이집에 재원 중인 영유아의 부모에 한하여 참관을 원하는 부모는 참관희망일 7일 전까지 참관신청서를 어린이집에 제출해야 하고, 어린이집 원장은 부모의 참관 신청이 있는 경우 보육에 지장이 없는 시간대를 선택하여 참관할 수 있도록 한다(「영유아보육법」 제25조의3, 동법 시행규칙 제27조의2).

부모참여수업은 아버지나 어머니, 조부모가 영유아와 함께 교육활동을 직접 경험하는 방법으로 여러 가지 부모참여 유형 중 가장 적극적인 방식이다. 영유아는 부모와 함께 수업에 참여하면서 활동의 즐거움을 경험하게 되므로 친밀한 부모자녀관계를 증진시키는 하나의 사례가 된다. 부모참여수업의 경우 1년에 1~2회 정도 실시하는 것이 적절하며, 미술활동, 음률활동, 과학활동 등 부모가 함께할 수 있는 참여수업을 사전에 계획하여 진행할 필요가 있다.

수업참관이나 부모참여수업 이후에 부모가 체크리스트나 설문지를 작성하도록 하여 부모의 의견을 수렴하거나 평가의 기회를 갖는 것이 중요하다.

그림 10-2 수업참관

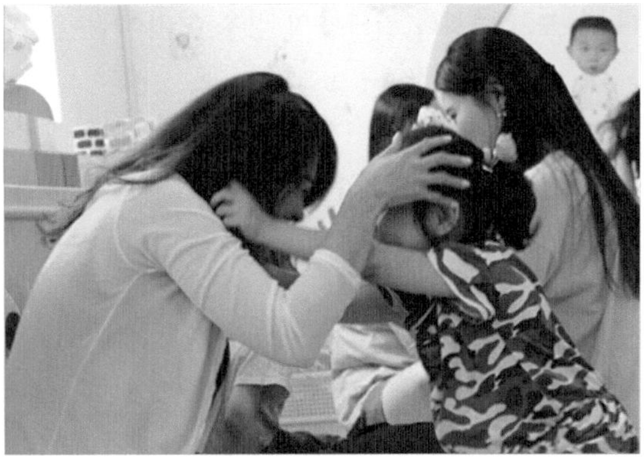

그림 10-3 부모참여수업

더 알아보기 **부모 모니터링단이란**

부모와 보육 · 보건 전문가가 직접 어린이집의 급식, 위생, 건강 및 안전관리 등 운영상황을 모니터링하여 수요자인 부모의 어린이집 운영 참여를 도모하고, 어린이집에 대해서는 컨설팅을 제공하여 보육서비스의 질을 향상함으로써 부모가 믿고 맡길 수 있는 보육환경을 조성하기 위한 제도이다(보건복지부, 2017). 급 · 간식, 위생 · 안전 및 건강관리 등 어린이집 운영 및 사후관리 적정 여부를 모니터링한다.

3) 부모강연회 및 워크숍

부모강연회의 경우 자녀양육에 도움이 되는 양육기술 관련 내용이나, 부모의 자아실현을 위해 필요한 정보를 제공해 주는 주제로 강연회를 진행한다. 이를 위해 해당 분야 전문가를 초청하여 부모 대상으로 강연회를 개최한다. 효과적인 강연회가 되기 위해서는 부모의 요구 및 관심사를 사전에 파악할 필요가 있다(이기숙, 김순환, 조혜진, 2014).

부모강연회가 다수의 부모를 대상으로 진행되는 부모참여 유형이라면, 워크숍은 적은 수의 부모를 대상으로 하여 특정 주제를 깊이 있게 다루면서 실제적인 활동을 경험하는 방식이다. 예를 들어, 간단한 교구를 직접 제작해 본다거나 영유아와의 대화 기법을 실습해 보는 활동으로 진행될 수 있다. 부모강연회나 워크숍의 경우 어린이집에서 직접 제공할 수도 있으나, 육아종합지원센터 프로그램에 부모가 참여하도록 권장할 수 있다.

그림 10-4 부모강연회

그림 10-5 부모워크숍

클로버 - 부모자녀 체험

다양한 가족환경의 변화 속에 자녀에게 바람직한 부모역할을 수행할 수 있도록 보건복지부와 세종특별자치시육아종합지원센터가 주관하여 표준화된 매뉴얼 '클로버-부모자녀 체험'을 영유아 자녀를 둔 가정에 안정된 복지를 지원할 수 있도록 마련하였습니다. 많은 관심과 참여 바랍니다.

◎ 일시: 2017년 7월 18일 화요일 16:10~17:40
◎ 장소: 세종시육아종합지원센터 1층 육아체험실
◎ 대상: 48~60개월 유아와 보호자 13가족
◎ 강사: ○○○(클로버 부모자녀 체험 전문강사)
◎ 교육비: 무료(교재, 기념품, 간식 제공)
◎ 접수기간: 2017년 7월 10일 (월) 10:00부터 마감 시까지(선착순)
◎ 접수방법:

접수 방법	센터 홈페이지 sejong.childcare.go.kr 접속 후 로그인 오른쪽 하단 '센터 교육' 클릭	▶	'교육 신청' 클릭	▶	교육일 및 시간 확인 선착순 접수	▶	접수 완료

◎ 참고: 부모-자녀 체험 교육과정
부모-자녀 간 긍정적 상호작용 증진을 위한 체험 활동

구분 \ 주제		긍정의 가족-마음 신호등
부모-자녀 체험 교육	대상	유아(48~60개월)
	교육 내용	탐색놀이, 신체놀이
소요 시간		회당 90분 소요
대상 및 인원		유아와 부모, 1회당 10가족 이상
진행 형태		방문 교육

☎ 담당: 044-○○○-○○○○ 보육전문요원 △△△

세종특별자치시육아종합지원센터

그림 10-6 육아종합지원센터 부모워크숍 안내문

출처: 중앙육아종합지원센터(http://central.childcare.go.kr).

더 알아보기 **열린어린이집이란**

어린이집의 부모참여 프로그램에 부모가 보다 적극적으로 참여할 수 있도록 어린이집 참여 필요성, 참여 방법 등에 대한 부모교육 활성화를 지원하기 위한 목적으로 열린어린이집 제도를 실시하고 있다. 시 · 도지사 또는 특별자치도지사 · 시장 · 군수 · 구청장이 지역별로 우수한 부모참여 프로그램을 운영하고, 개방성이 높은 어린이집을 열린어린이집으로 선정한다. 매년 1회 선정하며 연속으로 선정 가능하고, 열린어린이집의 우수사례 등 부모참여 프로그램의 사례집을 발간한다. 부모가 어린이집에 참관하기 위한 어린이집 관련 기본 지식, 부모참여의 의의, 참여 방법 등에 대해 육아종합지원센터에서 교육이나 자료를 제공받을 수 있다.

4) 부모면담

어린이집에서 부모와의 면담은 등하원 시에 짧게 이야기를 나누면서 진행될 수도 있고, 사전에 면담 일정을 계획하여 보다 심층적으로 진행할 수도 있다. 대표적인 부모면담의 방식으로 개별 면담, 집단 면담, 전화 면담, 이메일 면담 등이 있다.

교사와의 개별 면담은 개별 영유아의 부모와 1년에 2회 정도 만나서 어린이집에서 영유아의 일상생활의 특징이나 발달 상황을 부모에게 알려 줄 목적으로 실시되는 부모면담의 유형이다(김경회 외, 2016). 개별 면담을 효율적으로 진행하기 위해서는 면담 일정이 결정된 이후에 교사가 면담과 관련된 내용을 사전에 준비할 필요가 있다. 담임을 맡고 있는 영유아의 부모에게 가정통신문 등을 통해 면담 일정을 공지하고, 부모의 일정을 고려하여 면담 시간을 결정한 다음 면담 장소를 안내한다. 면담을 준비하기 위해 면담 대상 영유아의 발달기록부, 관찰기록, 작품 포트폴리오 등의 관련 자료를 챙겨 두고, 영유아의 문제행동에 대한 면담이 필요한 경우에는 해결방안에 대해 미리 고려해 둔다.

집단 면담의 경우 동시에 다수의 부모와 함께 만나서 공개적으로 면담을 진행하므로 부모들의 공통적인 관심사에 대해 의견을 나누는 기회가 된다. 집단 면담의 경우 주로 학기 초 또는 학기 말에 한 학급을 단위로 이루어지는 경우가 많으며, 학부모들 간 활발한 의사소통을 통해 부모와 어린이집 간 협력뿐만 아니라 부모 간 협력을 도모할 수 있다(이순형 외, 2012).

이 외에도 교사와 유아가 간편하게 면담을 진행하는 방법으로 전화 또는 이메일을 통한 면담을 들 수 있다. 전화 통화에 의해 면담이 진행될 경우 면 대 면으로 만나 면담을 진행하는 것보다 편안하게 면담에 참여할 수 있는 장점이 있는 반면, 깊이 있는 대화를 나누기는 어렵다는 단점도 있다(이영자, 신동주, 2012). 이메일 면담의 경우 컴퓨터나 스마트폰을 활용할 수 있으므로 효율적인 면담이 될 수 있고, 영유아와 관련된 자료를 첨부할 수 있어 구체적인 정보를 부모에게 제공해 줄 수 있다.

만 1세(○○반) 1학기 부모면담 계획 및 보고서

<table>
<tr><td>영유아 이름</td><td>○○○</td><td>생년
월일</td><td>○○○○년 ○월 ○○일
(○○개월)</td></tr>
<tr><td>면담일</td><td>2017. ○. ○○(○) 19:00~19:30</td><td>면담
교사</td><td>○○○</td></tr>
<tr><td></td><td>어린이집에서
(전반적인 생활 / 부모님과의 논의사항)</td><td colspan="2">가정에서
(부모의 의견 및 관찰내용)</td></tr>
<tr><td>인사 및
진행 안내</td><td colspan="3">• 간단한 인사
• 부모와 신뢰관계 형성(영유아에 대해 잘 아는 것을 기반으로)
• 이번 면담의 취지 및 소요시간(30분) 안내
1. 하루 일과를 기반으로 새로운 반 적응 안내
2. 면담 사전 설문지에 대한 답변(참고문헌 출처 기록)
: 가정에서의 생활, 환경, 부모님의 기대를 듣고 질문
3. 6개 영역 놀이와 발달, 타고난 재능 및 강점, 유아 사회성, 영아 기본생활습관 상담
※ 면담 준비자료: 월별 관찰기록, 포트폴리오, 기질검사, 체격검사, 자아지각검사 분석자료
4. 올해(또는 2학기) 개별적 보육지원 내용 작성
※ 정상발달 원아의 실수(문제)행동은 수시면담에서 논의</td></tr>
<tr><td>건의사항/
개별가정
보육지원 계획</td><td colspan="3">• 가정과 함께 올해(또는 2학기) 교육과 양육에서 개별적으로 지원할 중점 내용 기록</td></tr>
<tr><td>전문가 및
지역사회 연계</td><td colspan="3">• 부모에게 도움이 될 육아서 또는 지역사회 자원 기록</td></tr>
<tr><td>부모사전 설문지의
질문과 답변</td><td></td><td colspan="2">• 부모에게 할 질문 기록(파랑색)
• 부모에게 할 답변 기록(붉은색)</td></tr>
<tr><td>놀이 및
발달</td><td><table>
<tr><td>신체
운동</td><td>• 체격검사 신장, 체중% 기록: 상위 또는 하위 5%, 체중과 신장의 차이가 클 경우: 식습관 논의
• 에피소드 기록: 영역별 표준보육과정 세부내용과 연결시켜 마무리
○대근육
○소근육</td></tr>
<tr><td>의사
소통</td><td>○말하기
○읽기/듣기
○쓰기</td></tr>
<tr><td>자연
탐구</td><td>○수
○과학</td></tr>
<tr><td>사회
정서</td><td></td></tr>
<tr><td>예술
경험</td><td>○미술
○음률</td></tr>
<tr><td>기본
생활
습관</td><td>○수면(낮잠)
○식습관
○배변</td></tr>
</table></td><td colspan="2"></td></tr>
<tr><td>기타
환경 변화 등</td><td>이사, 둘째 출산, 발령 등</td><td colspan="2"></td></tr>
</table>

그림 10-7 부모면담 계획 및 보고서(예시)

활동 어린이집 알림장을 작성해 보세요.

알림장

가정에서		
원아 상태	기분	좋음/보통/나쁨 (이유:)
	건강	좋음/보통/나쁨 (이유:)
	체온	열이 있음(℃)/없음
식사	저녁	
	간식	
	아침	
배변	저녁	안 했음/했음 (딱딱함/보통/설사)
	아침	안 했음/했음 (딱딱함/보통/설사)
수면	시 분부터 시 분까지	
투약 의뢰	약의 종류	
	약의 보관법	
	약의 용량	
	투약 시간/횟수	
	의뢰자	(인)
전달 내용		

어린이집에서		
원아 상태	기분	좋음/보통/나쁨 (이유:)
	건강	좋음/보통/나쁨 (이유:)
	체온	열이 있음(℃)/없음
식사	간식	
	점심	
	간식	
배변	오전	안 했음/했음 (딱딱함/보통/설사)
	오후	안 했음/했음 (딱딱함/보통/설사)
수면	시 분부터 시 분까지 시 분부터 시 분까지	
투약 결과	약의 용량	
	투약 시간	
	투약자 확인	(인)
전달 내용		

출처: 보건복지부, 한국보육진흥원(2017a).

5) 알림장 및 가정통신문

알림장은 보육수첩이라고도 불리는데, 어린이집의 하루 일과 중 개별 영유아와 관련된 주요 내용을 간략하게 작성하여 부모에게 전달하고, 부모는 알림장의 내용을 확인한 후 가정에서의 상황을 다시 작성하여 교사에게 전달하는 방식으로 부모참여가 이루어진다(이순형 외, 2012). 이를 통해 교사는 영유아가 가정에서 어떻게 생활했는지를, 반대로 부모는 영유아가 어린이집에서 어떻게 생활했는지를 매일매일 확인할 수 있어 가장 짧은 주기로 정보를 교환할 수 있는 대표적인 방법이 알림장을 사용하는 것이다.

가정통신문은 어린이집에서 부모와 접촉하는 가장 기본적인 의사소통 방법으로 영유아를 위한 교육프로그램 일정, 어린이집 행사 일정, 현장학습, 특별활동, 준비물 등에 관한 공지사항을 부모에게 안내장 형태로 발송하는 문서이다(박찬옥 외, 2016). 가정통신문은 하원 시 영유아의 가방에 넣어두거나 부모용 게시판에 게시함으로써 부모가 그것을 확인할 수 있도록 한다. 가정통신문은 어린이집에 따라 형식이나 발송 주기에 차이가 있으나, 반별 활동 내용을 가장 실제적으로 전달해주는 수단이다.

6) 어린이집운영위원회

어린이집 원장은 어린이집 운영의 자율성과 투명성을 높이고 지역사회와의 연계를 강화하여 지역 실정과 특성에 맞는 보육을 실시하기 위해 협동어린이집을 제외한 모든 어린이집에서 어린이집운영위원회를 설치 · 운영해야 한다(「영유아보육법」 제25조, 동법 시행령 제21조의2, 동법 시행규칙 제26조). 어린이집운영위원회는 당해 어린이집 원장, 보육교사 대표, 학부모 대표 및 지역사회 인사(직장어린이집의 경우에는 당해 직장의 어린이집 업무담당자)를 포함한 5인 이상 10인 이내로 구성하되, 학부모 대표가 2분의 1 이상이 되어야 한다.

운영위원회의 회의는 분기별 1회 이상 개최하고 전체 학부모를 대상으로 공개하는 것이 원칙이며, 회의록을 작성 · 보관해야 하고, 아동학대 예방 등의 사유로 학부모 대표, 지역사회 인사 등의 요구 시 수시 개최가 가능하다.

가정통신문

2017년

기간: 3월 1주 (　　월　　일 ~　　월　　일)

학부모님께

따스한 봄을 맞이하여 인사드립니다.

우리 어린이집에서는 부모님들의 자녀 양육을 돕고자 가능한 시간을 서로 의논하여 어린이집을 개방하고 있습니다. 이를 통해 영유아가 어린이집에서 경험하는 하루 일과를 지켜보거나 활동의 일부를 자녀와 함께할 수 있도록 기회를 제공하고자 합니다. 자녀와 함께하는 보육경험은 자녀의 행동 및 어린이집을 이해하는 데 도움이 될 것입니다.

1) (월간 또는 주간) 보육계획안
2) 식단표(매월 작성 및 공지)
3) 어린이집의 주요 행사
4) 공지사항(예시)
   - 필수예방접종 및 건강검진 안내
   - 신체계측 실시방법 및 결과통보 방법
   - 부모면담 실시 안내
   - 아동권리 존중 안내(가정에서의 실천방안)
   - 식중독 예방 및 식품 알레르기 관련 안내
   - 감염병 발생 시 공지 및 대처방안 안내
   - 운영위원회 회의 개최 및 회의 내용 안내
   - 부모교육 자료
   - 계절 및 날씨 관련 안전수칙, 교직원 근무현황 등
   - 지역사회 관련 정보 및 행사
   - 기타

20　년　　월　　일

○○어린이집

그림 10-8 가정통신문

출처: 보건복지부, 한국보육진흥원(2017a).

더 알아보기 **어린이집운영위원회의 기능**

어린이집운영위원회는 다음 사항을 심의하는 역할을 한다.

- 어린이집 운영규정 제 · 개정에 관한 사항
- 어린이집의 예산 및 결산의 보고에 관한 사항
- 영유아의 건강 · 영양, 안전 및 학대예방에 관한 사항
- 보육시간 · 보육과정의 운영방법 등 어린이집의 운영에 관한 사항
- 보육교직원의 근무환경 개선에 관한 사항
- 영유아의 보육환경 개선에 관한 사항
- 어린이집과 지역사회의 협력에 관한 사항
- 보육료 외의 필요경비를 받는 경우, 「영유아보육법」 제38조에 따른 범위에서 그 수납액 결정에 관한 사항
- 그 밖에 부모 모니터링단의 모니터링 결과 등 어린이집 운영에 대한 제안 및 건의사항

더 알아보기 **어린이집 정보공시**

어린이집 전반의 주요 정보를 객관적이고 투명하게 공개하는 제도로, 부모들이 보다 쉽고 편리하게 어린이집 정보를 이용할 수 있도록 돕는다. 정보공시 범위는 어린이집 시설, 설치 · 운영자, 보육교직원 등 기본현황, 「영유아보육법」 제29조에 따른 보육과정 사항, 「영유아보육법」 제38조에 따라 수납하는 보육료와 그 밖의 필요경비, 어린이집 예 · 결산 등 회계에 관한 사항, 영유아의 건강 · 영양 및 안전관리에 관한 사항, 그 밖에 보육여건 및 어린이집 운영에 관한 사항으로서 대통령령으로 정하는 사항 등이다. 모든 어린이집이 정보공시의 대상이며, 정보를 공개하지 않거나 거짓으로 공개할 경우 시정 또는 변경하도록 명령하며, 어린이집 원장은 보유 · 관리정보를 공시 횟수에 맞게 공시 및 관리하는 역할을 담당한다.

2. 지역사회 연계

어린이집은 부모와 적극적인 협력관계를 유지함과 동시에 어린이집이 위치한 지역사회와도 연계할 필요가 있다. 어린이집은 지역사회에 위치한 하나의 기관이자, 그 지역사회의 영유아를 보육하

는 장소이고, 또한 영유아, 부모, 지역사회의 인력 자원이 함께 모일 수 있는 센터로서의 역할도 담당한다(이순형 외, 2013).

영유아가 전인 아동으로 성장하기 위해서는 어린이집에서의 경험 이외에도 다양한 경험에 노출될 필요가 있으므로, 어린이집이 속한 지역사회의 다양한 기관과의 교류를 통해 영유아가 자신의 주변 환경에 대해 이해하고, 이러한 이해를 바탕으로 지역사회에 적응하도록 도울 필요가 있다. 따라서 여기에서는 어린이집과 지역사회의 연계 방법을 지역사회 인적 자원과의 연계, 지역사회 기관과의 연계로 구분하여 살펴보고자 한다.

1) 지역사회 인적 자원과의 연계

지역사회 인적 자원과의 연계는 영아와 유아의 경우 발달 특성으로 인해 종류나 횟수 등에 차이가 있다. 예를 들어, 영아의 경우 지역사회 인적 자원을 이용한 활동은 연 2회 정도로 유아보다는 적게 실시한다. 부모를 인적 자원으로 활용하는 방법은 부모참여의 형태로 실시될 수도 있으나, 지역사회 연계로도 가능하므로 신입원아 오리엔테이션 진행 시 또는 가정통신문을 이용하여 부모를 인적 자원으로 확보하고 연간 운영 계획을 수립하여 진행한다.

대표적인 지역사회 인적 자원과의 연계 방법으로는 지역사회 병원과 연계하여 응급 시 협조를 받는 것, 병원의 의사나 간호사가 어린이집을 방문하여 영유아에게 건강한 치아관리에 대해 교육하는 것, 지역사회 도서관이나 장난감도서관과 연계하여 책이나 놀잇감을 대여하는 것, 인근 노인정이나 시니어타운과 연계하여 영유아와 노인이 함께하는 활동을 진행하는 것 등을 들 수 있다(이경희, 정정옥, 2014).

지역사회와 연계한 교육활동 시 지역사회의 인적 자원을 활용할 수 있는데, 다양한 직업에 관련

그림 10-9 서울시 육아종합지원센터 녹색장난감도서관(https://seoultoy.or.kr)

더 알아보기 **건강주치의제도**

건강주치의제도는 지역사회 보건소 및 의료기관의 재능기부를 활용하여 질환 조기발견, 질병 예방교육, 예방접종 및 정기 건강검진 등을 통해 어린이집 영유아의 건강증진을 도모하는 데 목적이 있다.

- 평가인증을 받은 어린이집에 대해 우선 시행을 권장하고, 주치의제 참여 어린이집에 대해 평가인증 시 반영한다.
- 지방자치단체에서는 지역의사회 등 의료단체와 긴밀히 협의, 주치의제에 참여할 의료기관 파악 및 관련정보 제공 등 의료기관-어린이집 간 협약체결을 지원하고 독려한다.
- 어린이집에서는 보호자의 의견을 수렴하고, 접근성 등을 고려하여 의료기관(주치의)을 선정하고 상호협약을 체결한다.
- 의료기관(주치의)에서는 질병예방을 위한 영유아 · 교직원 교육을 실시하고 「의료법」 등 관련 법령 규정 범위 내에서 영유아에 대한 건강검진 등 서비스를 제공한다.

출처: 보건복지부(2017).

된 교육주제를 전개하기 위해 소방관, 경찰관, 의사, 도서관의 사서, 미술관의 큐레이터 등 지역사회의 인적 자원을 적극적으로 활용한다. 또한 어린이집의 운영에 지역사회의 인적 자원이 참여하도록 하여 지역사회의 기대나 요구를 어린이집 운영에 반영하고, 지역사회의 다양한 지원을 받는다.

이러한 방안의 하나로 서울시 육아종합지원센터에서는 지역사회 내 잠재된 문화, 예술 등 다양한 재능기부자를 발굴하고 나눔 문화 확산에 기여하며, 이를 보육 자원으로 활용하여 어린이집과 연계함으로써 영유아에게 다양한 분야의 경험과 체험의 기회를 제공하고, 부모의 경제적 부담을 경감시키고자 '재능기부 활용 어린이집 사업'을 운영하고 있다.

2) 지역사회 기관과의 연계

지역사회 기관과의 연계는 어린이집 운영 안내서에도 포함되는 내용으로, 지역사회 기관과의 연계 및 보육프로그램, 그리고 지역사회의 아동발달전문가 정보 등의 내용이 신입원아 오리엔테이션 시 안내되어야 한다. 지역사회 기관과의 연계에 대한 구체적인 사항은 다음과 같다(이경희, 정정옥, 2014).

- 지역사회 기관이나 시설의 활용을 통해 협력적인 관계를 유지한다.

- 현장학습을 위해 공공건물이나 시설을 활용한다.
- 공공기관과 연계하여 영유아에게 필요한 서비스를 제공한다.
- 다양한 지역사회 기관 및 시설과의 형식적 · 비형식적 관계를 유지한다.
- 지역사회와의 의사소통을 위해 어린이집을 개방한다.
- 보육 관련 단체 및 개인의 요청에 따라 어린이집의 참관을 허용한다.
- 참관 및 견학을 통해 어린이집의 실제를 이해하도록 돕는다.

어린이집과 지역사회 기관과의 연계 사례로 '지역연계형 어린이집 사업'을 들 수 있다. 지역연계형 어린이집 사업이란 지역별로 특색을 갖춘 각종 보육 자원(어르신, 생태, 교육기관 등)을 발굴하고 권역 내 어린이집과 유기적으로 연결하여 어린이집 영유아에게 한정된 학습활동을 벗어나 다양한 외부 경험과 학습 기회를 제공함으로써 지역사회와 함께 영유아의 전인 보육을 도모하기 위한 사업이다(서울시 육아종합지원센터, 2017).

더 알아보기 **우리동네 보육반장**

우리 동네에는 아이들을 키우는 데 도움을 주는 다양한 육아 자원이 있다. '어린이집, 유치원, 병원, 복지관, 상담소, 도서관, 박물관' '육아종합지원센터의 부모교육, 영유아 놀이프로그램' '보육교사, 보육전문가, 육아도우미, 재능기부자, 자원봉사자' 등 모두 영유아발달에 중요한 자원들이다. 이러한 육아와 관련된 물적 · 인적 자원을 서로 연계하고 관리하여 양육자에게 One-Stop으로 육아서비스를 제공하는 사업을 '우리동네 보육반장 사업'이라고 한다.

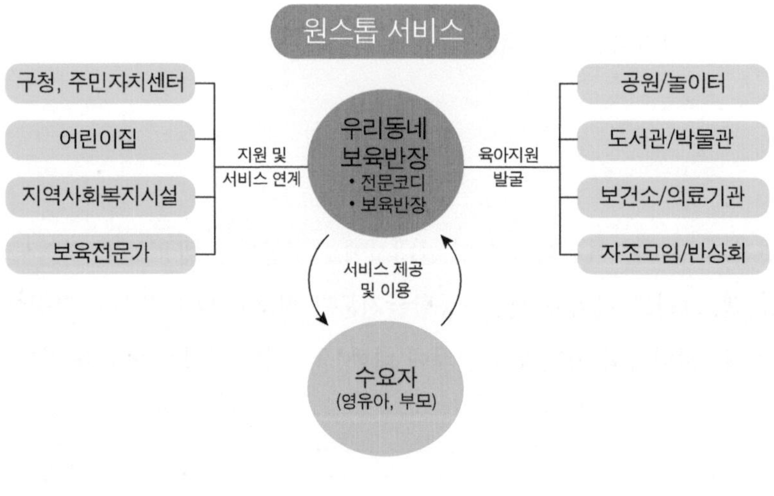

출처: 서울시 육아종합지원센터(http://seoul.childcare.go.kr).

더 알아보기 **자원봉사**

어린이집의 영유아가 지역사회 주민들과 다양하게 접촉하는 것은 영유아의 대인관계 경험에 직접적인 영향을 미친다. 지역사회 주민과 초 · 중 · 고등학교 및 대학교의 학생이 어린이집 자원봉사에 적극적으로 참여함으로써 영유아의 대인관계가 긍정적으로 향상되도록 돕는다. 특히 보육 관련 학과에 재학 중인 대학생의 경우 보육교사 자격증 취득을 위해 6주간의 보육실습을 어린이집에서 경험해야 하는데, 이러한 보육실습과 연계하여 사전 또는 사후에 자원봉사에 참여함으로써 어린이집과 지역사회의 협력관계를 보다 견고히 할 수 있다. 자원봉사자는 육아종합지원센터, 자원봉사센터 등에 공지하여 모집한다.

그림 10-10 지역사회 연계(상점)

그림 10-11 지역사회 연계(공원)

그림 10-12 지역사회 연계(서점)

그림 10-13 지역사회 연계(도서관)

그림 10-14 지역사회 연계(역사)

표 10-1 어린이집 지역사회 자원목록 예시

번호	자원명	자원 유형	번호	자원명	자원 유형
1	○○교회	문화	1	국립어린이청소년도서관	공공기관
			2	서울 강남구청	
			3	강남구 경찰서 지구대	
1	○○상담센터	아동 상담소/ 발달센터	4	강남구 육아종합지원센터	
2	한국미술치료연구센터		5	역삼동 주민센터	
			6	역삼역	
			7	역삼1동 문화센터	
1	○○휘트니스(헬스장)	체육시설	8	강남 소방서 역삼 119안전센터	
			9	서울 역삼 1동 우체국	
1	삼성 딜라이트	체험관			
2	충현 제1공원		1	파리바게트 ○○점	상점/ 업체
			2	○○ 도넛점	
1	서울 선릉과 정릉	역사	3	아트플라워 화원	
			4	애니카랜드 정비소	
			5	쥬씨	
1	한전아트센터 박물관	박물관/ 미술관	6	홈마트	
2	더스트리트 갤러리		7	편의점 거북점	
3	LG 아트센터		8	알파문구	
			9	알라딘 중고서점 강남점	
			10	아리아떼(플라워카페)	
			11	초콜릿 팩토리	
			12	GS칼텍스 주유소	
1	나무치과의원	병원/ 국가 영유아 건강검진 강남구 내 지정 병원	13	고려원예	
2	다래약국		14	아모리스 웨딩홀	
3	강남베스트안과의원		15	세탁소	
4	강남구 보건소		16	119카 프라자	
5	강남 차병원(소아과, 응급실)		17	KEB 하나은행 금융센터	
6	강남세브란스병원(응급실)				
7	멍멍동물병원				

활동 어린이집 지역사회 자원목록을 작성해 보세요.

번호	자원명	자원 유형	번호	자원명	자원 유형
1			1		
2			2		
3			3		
4			4		
5			5		
6			6		
7			7		
1			1		
2			2		
3			3		
4			4		
5			5		
6			6		
7			7		
8			8		
1			1		
2			2		
3			3		
4			4		
5			5		
6			6		
7			7		

제11장

평가인증

1. 평가인증 추진배경
2. 평가인증 개선 사항
3. 어린이집 평가인증 절차
4. 평가인증 지표

2017년 11월부터 3차 통합지표를 통한 평가인증이 실시되고 있다. 이러한 3차 통합지표를 활용한 평가인증제도의 추진배경과 영역별 통합지표에 대해 살펴본다.

1. 평가인증 추진배경

3차 어린이집 평가인증 통합지표 운영의 추진배경은 다음의 세 가지를 들 수 있다(보건복지부, 한국보육진흥원, 2017).

첫째, 현행 평가인증제도의 문제점 보완이 필요했다. 2005년 도입된 평가인증은 어린이집 품질 제고에 기여하였으나, 어린이집의 자발적 신청에 따라 평가인증이 이루어지다 보니 어린이집 질 관리의 사각지대가 발생했다. 전체 어린이집의 80%(4만 1000개 중 3만 3000개)만 평가인증을 실시하고, 인증 어린이집만 정보를 공개하고 있다. 또한 어린이집 현장에서 평가에 대한 부담을 가지고 있고, 평가인증을 받은 어린이집에서는 아동학대 발생으로 국회, 언론에서 문제점이 지속적으로 제기되고 있다. 이에 어린이집 인증 후 관리 강화의 필요성이 제기되었다.

둘째, 유치원 · 어린이집의 통합평가체계를 적용하고자 했다. 유보통합과제로 유치원 · 어린이집의 서비스 수준에 대한 비교 가능한 정보제공 및 서비스 질 개선을 위해 평가체계의 통합을 2014년부터 추진해 왔다. 2014년 12월 유치원 · 어린이집 평가체계 통합 방안을 발표하였고, 2016년 통합평가지표와 평가체계를 보완하였고, 2017년 하반기에 부처별(보건복지부, 교육부) 유보통합평가를 시행하였다. 따라서 향후 평가체계 통합추진을 위해 유보통합평가지표 · 운영체계의 적용이 필요하게 되었다. 이에 3차 지표에서는 ① 유보통합지표 공통 적용, ② 전체 시설에 대해 등급제(4등급: A-B-C-D)로 평가하고 그 결과 공개, ③ 평가결과에 따라 평가주기 차등적용(4~2년)과 같은 방식으로 변경되었다.

셋째, 안심보육 환경을 강화하고자 하였다. 어린이집 · 유치원 통합평가체계를 확대 · 개편하여 학부모가 안심하고 이용할 수 있는 정보제공을 시행하고자 하였다. 어린이집 평가제를 추진해 평가의 사각지대를 해소하고, 전체 어린이집의 평가정보를 부모에게 제공하고자 하였다. 이를 위해 한국어린이집총연합회 등 보육단체, 학계, 보육교사 등 분야별 간담회(4~5월, 9회), 현장시범적용(4~5월), 평가지표 및 운영체계 개선협의체(5~6월, 2회) 등을 운영하였다.

2. 평가인증 개선 사항

그간의 평가인증 문제점 보완과 유보통합평가체계 적용 등을 위해 평가인증 지표 및 운영체계 개선을 우선적으로 추진하고 2017년 11월부터 시행하였다. 다만, 전체 어린이집 대상 평가제, 평가등급 사후관리 등은「영유아보육법」개정 후에 시행하는 것으로 하였다.

구분	제2차 평가인증		제3차 평가인증
평가지표	• 2차, 3차 시범지표 중 어린이집 선택 - (2차) 6영역, 70지표, 218개 단위 - (3차 시범) 5영역, 50지표, 308개 단위	⇨	• 통합지표 - 4영역, 21지표, 123개 단위
평가방식	▪ 절대평가 방식의 점수제 - 항목별, 영역별 점수 합산	⇨	• 절대평가 방식의 등급제(A-B-C-D) - 평가항목에 대해 충족 / 미 충족 체크
평가절차	• 평가절차: 4단계(4개월 소요) 신청(어린이집) ⇨ 기본사항 확인, 자체점검 보고서 제출(지자체, 어린이집) ⇨ 현장 관찰(현장 관찰자) ⇨ 심의, 결과 통보(심의 위원회) • 심의위원회에서 인증결정		• 평가절차: 4단계(4개월 소요) 신청(어린이집) ⇨ 기본사항 확인, 자체점검 보고서 제출(지자체, 어린이집) ⇨ 현장 평가(현장 평가자) ⇨ 종합평가, 결과통보(종합평가 위원회) • 소위원회와 종합평가위원회에서 등급 결정, 평가 관련 주요사항 심의 · 결정
	• 재참여(신규인증 참여 어린이집) - 신규인증 참여 어린이집 불인증 시 재참여 신청하는 경우 인증결과 통보를 유예하고 3개월 이내 평가하여 평가결과를 통보	⇨	• 재참여 확대(신규 → 신규 · 재인증 참여 어린이집) • 재평가 신설 - B, C등급은 1년 이내 재평가 신청 시 1회에 한하여 재평가 실시 후 등급 결정 · 조정
평가결과	• 절차별 배점 합산 방식 - (2차) 기본사항 확인 10%, 자체점검 10%, 현장관찰 55%, 심의 25% - (3차) 기본사항 확인 15%, 현장관찰 65%, 심의 25%		• 현장평가 100% 반영
	• 법 위반, 행정처분 사항 발생 시 점수 차감 - (2차) 10점 이내, (3차) 15점 이내		• 중대한 법 위반, 행정처분 사항에 대해 종합평가 시 차하위 등급으로 조정
	• (인증기준) 총점 및 영역별 점수 75점 이상 인증 • (유효기간) 3년 *공통 유효기간 적용		• (평가등급) 4등급(A~D), C등급 이상 인증, D등급 불인증 • (유효기간) 'A등급' 어린이집은 평가인증 유효기간을 1년 연장(4년), 'B · C등급'은 3년, 'D등급'은 불인증
결과공개	• 인증어린이집만 공시		• 평가받은 모든 어린이집의 결과공개(인증, 불인증), 평가인증 미신청 · 변동(취소, 종료 등) 공개

그림 11-1 3차 운영체계 및 지표 비교

평가방식은 100점 만점에서 75점 이상을 받을 경우 평가인증을 부여하는 것으로 개선하였다. 절대평가 방식의 등급제를 통해 평가하고, 4개 평가영역의 등급종류(우수, 적합, 개선필요) 수에 따라 어린이집 등급(A, B, C, D) 중 1개를 부여해 D등급은 불인증하도록 하였다. 우수 등급은 평가항목 충족비율이 75% 이상, 적합 등급은 평가항목 충족비율이 50~75%미만, 개선필요 등급은 평가항목 충족비율이 50% 미만인 경우이다.

표 11-1 평가영역의 등급에 따른 기관 등급

기관 등급	등급 부여기준	예시
A	• 모든 영역에서 '우수' 등급인 기관	• '우수' 영역 4개
B	• 3개 영역 이상 '우수' 등급이고, '개선필요' 등급이 없는 기관	• '우수' 3개, '적합' 1개 영역
C	• '개선필요' 등급인 영역이 없고, A 또는 B 등급기관이 아닌 기관	• '우수' 2개, '적합' 2개 영역 • '우수' 1개, '적합' 3개 영역 • '적합' 4개 영역
D	• 1개 영역 이상 '개선필요' 등급인 기관	• '개선필요' 영역 1개 이상

출처: 보건복지부, 한국보육진흥원(2017b).

3. 어린이집 평가인증 절차

평가인증 어린이집은 과정은 참여 신청 후 참여확정, 현장평가, 종합평가의 3단계를 거쳐 진행된다. 평가인증 통과 후 사후관리 단계까지 이어지는 평가인증 과정은 다음 [그림 11-2]와 같다.

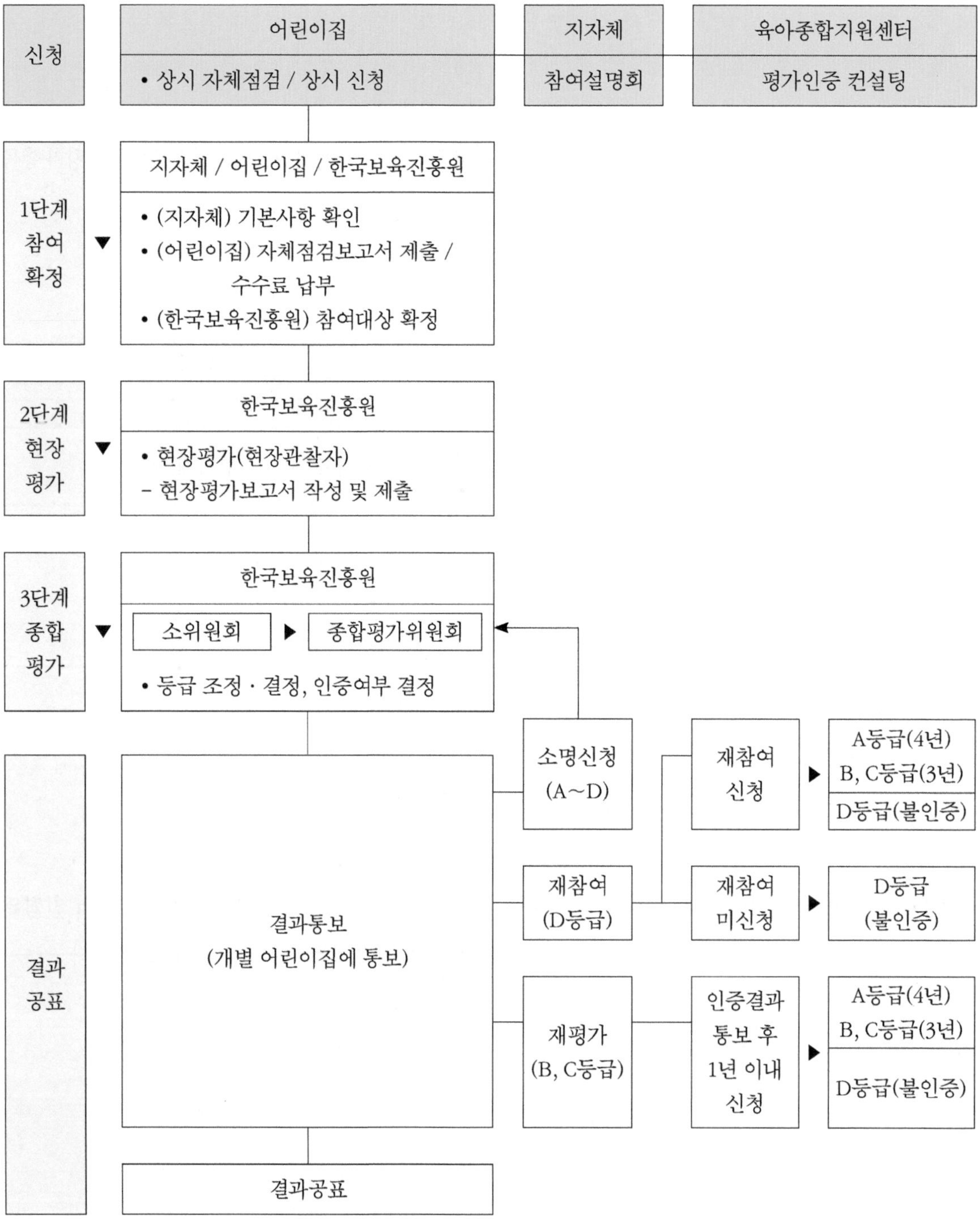

그림 11-2 어린이집 평가인증 운영체계

출처: 보건복지부, 한국보육진흥원(2017b).

평가인증을 통과한 경우 [그림 11-3]과 같은 현판과 평가인증서를 어린이집에 배부한다.

〈평가인증 로고〉
빨강-노랑-하늘색의 조화와 어우러짐을 통해
안전하고 평화로운 어린이집을 상징하고 있습니다.

〈현판〉

인증번호 : 제 0000-00000호

어린이집 평가인증서

어린이집명 : 대한민국어린이집
대 표 자 : 홍 길 동
주 소 : 서울시 용산구 서계동
유 효 기 간 : 0000. 00. 00 ~ 0000. 00. 00

위 어린이집은 영유아보육법 제30조 규정에 의하여 평가인증을 받은 어린이집임을 증명합니다.

0000년 00월 00일

보 건 복 지 부 장 관

〈인증서〉

그림 11-3 어린이집 평가인증 현판 및 인증서

4. 평가인증 지표

제3차 통합지표의 각 영역에 대해 살펴본다. 통합지표는 보육과정 및 상호작용, 보육환경 및 운영관리, 건강·안전, 교직원의 네 가지 영역으로 구성되어 있는데, 각 평가영역과 영역별 평가지표는 〈표 11-2〉에 구체적으로 제시되어 있다. 통합지표는 평가영역, 평가지표, 평가항목, 평가요소 순으로 구성되어 있다. 평가요소는 3영역인 건강·안전 영역에만 제시되어 있다.

표 11-2 통합지표 구성체계

평가영역(항목 수)	평가지표	평가항목수
보육과정 및 상호작용(31)	1-1 보육 계획 수립 및 실행	4
	1-2 일과 운영	5
	1-3 교수-학습방법 및 놀이지원	6
	1-4 교사-영유아 상호작용	6
	1-5 영유아 간 상호작용 시 교사 역할	4
	1-6 평가	4
	1-7 일상생활	2
보육환경 및 운영관리(19)	2-1 실내공간 구성	5
	2-2 실외공간 구성	3
	2-3 기관 운영	4
	2-4 가정 및 지역사회와의 연계	5
	2-5 어린이집 이용 보장	2
건강 · 안전(15)	3-1 실내 외 공간의 청결 및 안전	4
	3-2 급 · 간식	3
	3-3 건강증진을 위한 교육 및 관리	3
	3-4 등 · 하원의 안전	2
	3-5 안전교육 및 사고 대책	3
교직원(14)	4-1 원장의 리더십	4
	4-2 교직원의 근무환경	3
	4-3 교직원의 처우와 복지	3
	4-4 교직원의 전문성 제고	4

출처: 보건복지부, 한국보육진흥원(2017b).

(1) 보육과정 및 상호작용

보육과정 및 상호작용은 보육계획 수립 및 실행, 일과 운영, 교수-학습방법 및 놀이지원, 교사-영유아 상호작용, 영유아 간 상호작용 시 교사 역할, 평가, 일상생활의 7개 평가지표로 구성되어 있다. 각 평가지표는 2~6개의 평가항목으로 세분화되어 총 31개 평가항목으로 구성된다. 보육과정 및 상호작용 영역에서 우수 등급은 우수 지표가 5개 이상, 적합 등급은 우수 지표가 4개 이하, 개선필요 등급은 개선필요가 1개 이상인 경우이다.

표 11-3 보육과정 및 상호작용 영역 통합지표 세부 평가항목

평가지표	평가항목
1-1. 보육계획 수립 및 실행 (4)	1. 국가 수준의 보육과정에 제시된 목표 및 내용을 반영한다.
	2. 영유아의 발달 수준 및 반 특성을 고려하여 연간, 월간, 주간, 일일 계획안을 작성한다.
	3. 연간, 월간, 주간, 일일 계획안의 목표 및 내용이 적절하며, 연계성이 있다.
	4. 표준보육과정(누리과정 포함)의 영역을 반영하여 보육활동을 실시한다.
1-2. 일과운영 (5)	1. 계획에 따라 영유아의 연령에 적합한 놀이, 활동, 일상생활 경험을 균형 있게 통합적으로 운영한다.
	2. 자유선택활동 시간을 매일 충분히 배정하여 운영한다.
	3. 바깥놀이 시간을 매일 충분히 배정하여 운영한다.
	4. 놀이나 활동을 융통성 있게 운영한다.
	5. (장애) 장애영유아를 위한 관련 서비스(치료지원 포함)를 일과 중에 통합적으로 제공한다.
1-3. 교수-학습 방법 및 놀이지원 (6)	1. 주제에 적합한 활동 계획을 수립하고 그에 적절한 교수-학습방법과 자료를 활용한다.
	2. 교사는 영유아가 활동에 대한 흥미나 호기심을 갖도록 한다.
	3. 교사는 다양한 놀이와 활동이 영유아의 자발적 선택에 의해 주도적으로 이루어지도록 격려한다.
	4. 교사는 영유아의 놀이상황을 관찰하면서 놀이를 지원한다.
	5. 교사는 영유아가 다양하게 생각하여 대답할 수 있도록 발문한다.
	6. 교사의 태도가 안정되고 자신감이 있다.
1-4. 교사-영유아 상호작용 (6)	1. 교사는 신체적 특성, 가족 및 민족 배경 등으로 인한 편견 없이 모든 영유아를 존중한다.
	2. 교사는 영유아의 기질, 정서적 상태, 놀이 선호 등을 파악하여 적절히 반응한다.
	3. 교사는 영유아의 개별적 요구나 질문을 주의 깊게 듣고, 적절하게 반응한다.
	4. 교사는 영유아가 이해할 수 있는 내용으로 눈을 마주치며 이야기한다.
	5. 교사는 위협, 비난, 조롱 등 부정적 언어를 사용하지 않는다.
	6. 교사는 칭찬과 격려를 통해 영유아에게 자신감을 준다.
1-5. 영유아 간 상호작용 시 교사역할 (4)	1. 교사는 영유아가 일상생활에서 또래와 긍정적 상호작용을 하도록 격려한다.
	2. 교사는 영유아가 자신의 의견이나 생각을 또래에게 말로 표현하도록 격려한다.
	3. 교사는 영유아가 적절한 약속과 규칙을 알고 지킬 수 있도록 격려한다.
	4. 교사는 영유아 간 다툼이나 문제가 발생하지 않도록 환경을 마련하고, 발생 시 적절히 개입한다.
1-6. 평가 (4)	1. 영유아의 행동을 객관적으로 관찰・기록한다.
	2. 보육과정 목표와 내용을 준거로 영유아의 발달 특성과 변화를 평가한다.
	3. 영유아 평가결과를 보육과정 편성 및 운영에 반영하고, 부모면담의 자료로 활용한다.
	4. 보육과정 운영에 대한 평가를 실시하고, 그 결과를 다음 계획안에 반영한다.
1-7. 일상생활 (2)	1. 특별활동을 운영지침에 따라 실시한다.
	2. 영유아의 일상 경험이 편안한 분위기에서 생활화되도록 격려한다.

출처: 보건복지부, 한국보육진흥원(2017b).

(2) 보육환경 및 운영관리

보육환경 및 운영관리는 실내 공간 구성, 실외 공간 구성, 기관 운영, 가정 및 지역사회와의 연계, 어린이집 이용 보장의 5개 평가지표로 구성되어 있다. 각 평가지표는 2~5개의 평가항목으로 세분화되어 총 19개 평가항목으로 구성된다. 보육환경 및 운영관리 영역에서 우수 등급은 우수 지표가 4개 이상, 적합 등급은 우수 지표가 3개 이하, 개선필요 등급은 개선필요가 1개 이상인 경우이다.

표 11-4 보육환경 및 운영관리 영역 통합지표 세부 평가항목

평가지표	평가항목
2-1. 실내공간 구성 (5)	1. 보육실 내 흥미영역은 영유아의 연령 및 발달 특성을 고려하여 충분한 공간에 구성한다.
	2. 영유아의 요구를 충족하는 다양한 공간을 마련하고 있다.
	3. 실내 시설 및 설비가 영유아의 발달 수준에 적합하다.
	4. 계획안의 주제와 관련된 활동자료들을 영유아의 연령 수준에 맞게 영역별로 다양하게 구비하고 있다.
	5. 비품과 활동자료를 보관하는 별도의 공간이 있고, 연령별, 주제별 또는 영역별로 정리되어 있다.
2-2. 실외공간 구성 (3)	1. 옥외놀이터 등을 구비하고 있다.
	2. 영유아 발달에 적합한 다양한 놀이기구를 구비하고 있다.
	3. 실외 공간에 다양한 활동 영역을 제공하고 있다.
2-3. 기관운영 (4)	1. 모든 반을 편성 규정에 맞게 운영하고 있다.
	2. 개별 영유아의 생활기록부를 작성 · 관리하고 있다.
	3. 신입 영유아 적응을 위한 지원을 하고 있다.
	4. 예결산서를 대내외적으로 공개한다.
2-4. 가정 및 지역사회와의 연계 (5)	1. 부모와 상호 협의 하에 어린이집을 개방한다.
	2. 부모교육을 다양하게 실시하고 있다.
	3. 부모와 개별면담을 하고 가정과의 소통을 다양한 방법으로 실시하고 있다.
	4. 영유아와 가족의 문제를 파악하고 지원한다.
	5. 지역사회와 연계한 다양한 활동을 실시하고 있다.
2-5. 어린이집 이용보장 (2)	1. 어린이집 운영계획을 수립하여 부모에게 안내하고 있다.
	2. 종일반 및 맞춤반을 지침에 따라 운영하고 있다.

출처: 보건복지부, 한국보육진흥원(2017b).

(3) 건강 · 안전

건강 · 안전은 실내외 공간의 청결 및 안전, 급 · 간식, 건강증진을 위한 교육 및 관리, 등 · 하원의 안전, 안전교육 및 사고 대책의 5개 평가지표로 구성되어 있다. 각 평가지표는 2~4개의 평가항목으로 세분화되어 총 15개 평가항목으로 구성된다. 건강·안전 영역에서 우수 등급은 5개의 평가지표 중 우수 지표가 4개 이상, 적합 등급은 우수 지표가 3개 이하, 개선필요 등급은 개선필요가 1개 이상인 경우이다.

표 11-5 건강·안전 영역 통합지표 세부 평가항목

평가지표	평가항목
3-1. 실내외 공간의 청결 및 안전 (4)	1. 실내외 공간을 청결하고 쾌적하게 관리하고 있다.
	① 실내외 공간을 청결하게 유지한다.
	② 실내외 놀잇감을 청결하게 유지한다.
	③ 개별 침구를 청결하게 유지한다.
	④ 환기를 자주하여 실내 공기를 쾌적하게 유지한다.
	⑤ 실내공간의 온도, 습도, 채광, 조명을 적정하게 유지한다.
	2. 실내외 공간을 영유아의 안전을 위해 위험요인 없이 관리하고 있다.
	① 출입문, 창문, 천장, 바닥, 벽면 등이 안전하여 위험요인이 없다.
	② 전기설비 및 전선줄 등이 안전하여 위험요인이 없다.
	③ 고정식 및 이동식 시설, 설비가 안전하여 위험요인이 없다.
	④ 세면대, 정수기 등에 온수 조절 장치가 적절하여 위험요인이 없다.
	⑤ 성인이 주로 사용하는 실내외 공간에 영유아가 출입하지 않는다.
	3. 실내외 놀잇감이 안전하고, 위험한 물건을 안전하게 보관·관리하고 있다.
	① 보육실 내 놀잇감에 파손된 부분이 없다.
	② 실내외 공간에 비치된 놀잇감에 파손된 부분이 없다.
	③ 보육실 내의 위험한 물건을 안전하게 보관·관리한다.
	④ 실내외 공간의 위험한 물건을 안전하게 보관·관리한다.
	4. 안전시설 및 설비를 비상시 효율적으로 사용할 수 있도록 관리하고 있다.
3-2. 급·간식 (3)	1. 영양의 균형을 고려한 급·간식을 제공하고 있다.
	① 영유아의 연령 및 영양 균형을 맞춘 식단이 수립되어 있고, 식단에 따른 급·간식을 제공한다.
	② 인스턴트식품보다 자연식품 위주로 급·간식을 제공한다.
	③ 영유아의 연령 특성을 고려한 급·간식(크기, 맛, 조리형태 등)을 제공한다.
	④ 충분한 양의 급·간식을 제공한다.
	⑤ 식품 알레르기 질환에 대한 지침을 마련하여 실행한다.
	2. 식자재의 구입·보관 및 조리공간을 위생적으로 관리하고 있다.
	① 신선한 식자재를 구입하여 사용한다.
	② 유통기한 경과 식자재가 없다(필수).

	③ 식자재를 위생적으로 보관한다(필수).
	④ 조리실 공간(바닥, 벽, 천장 등)을 청결하게 유지한다.
	⑤ 조리실 내 시설 · 설비(개수대, 조리대, 식기수납장, 가스레인지, 후드, 환풍기, 주방가전 등)를 청결하게 유지한다.
	3. 조리 및 배식과정을 청결하고 위생적으로 관리하고 있다.
	① 조리 시 앞치마, 머릿수건, 조리실 전용 신발이나 위생화를 착용한다.
	② 조리가 위생적으로 이루어진다.
	③ 식기류(컵 등)와 조리실 비품(조리도구, 행주 등)을 위생적으로 관리한다.
	④ 1회 조리된 음식은 당일 소모하고 재배식하지 않는다(필수).
	⑤ 배식과정이 위생적으로 이루어진다.
	⑥ 마실 물, 우유 등을 위생적으로 관리한다(필수).
3-3. 건강증진을 위한 교육 및 관리 (3)	1. 손 닦기, 양치질 등 청결한 위생습관을 실천한다.
	2. 교사는 영유아의 건강 상태를 살펴보고 적절하게 지원한다.
	① 아프거나 다친 영유아에 대한 지침을 마련하고 있다.
	② 교사는 일과 중 영유아의 건강 상태를 주의 깊게 살펴보고, 적절히 조치한다.
	③ 투약의뢰서를 관리하고, 부모에게 투약보고를 한다.
	④ 비상약품이 용도별(실내활동용, 실외활동용)로 구비되어 있고, 비상약품을 유효기간 내로 관리하고 있다.
	3. 영유아와 교직원의 건강증진을 위한 예방관리와 교육을 실시한다.
	① 개별 영유아의 건강검진 서류, 응급처치 동의서를 작성 · 관리하고 있다.
	② 영유아 및 교직원을 대상으로 다양한 건강 및 영양교육을 실시한다.
	③ 교직원의 건강검진이 정기적으로 이루어진다.
	④ 영유아 및 교직원에 대한 감염병 관리수칙을 수립하여 실천한다.
	⑤ 교직원의 직무스트레스(정신건강)를 예방하고 관리할 수 있는 서비스를 안내하거나 제공한다.
3-4. 등 · 하원의 안전 (2)	1. 영유아는 등원부터 하원까지 성인의 보호하에 있다.
	① 영유아의 인계과정에 대한 규정이 있고, 규정에 따라 안전하게 이루어진다.
	② 영유아의 보호자에게 받은 귀가 동의서를 구비하고 있다.
	③ 교직원은 영유아의 안전을 위해 항상 전체 상황을 주시한다.
	④ 영유아를 두고 자리를 비울 때에는 책임 있는 성인에게 인계한다.
	2. 등하원 차량을 운행할 경우 안전요건을 갖추어 관리한다.
	① 차량 내부에 안전수칙을 게시하고, 영아용 보호장구, 차량용 소화기, 구급상자를 구비하고 있다.

	② 매일 차량 안전점검을 실시한다.
	③ 차량 운행 시 성인이 동승한다.
	④ 차량기사와 차량에 동승한 성인은 영유아를 안전하게 보호한다.
3-5. 안전교육 및 사고대책 (3)	1. 영유아를 대상으로 안전교육을 지속적으로 실시하고 있다.
	① 영유아를 대상으로 발달에 적합한 안전교육을 정기적으로 실시한다.
	② 영유아가 정기 소방대피 훈련에 참여한다.
	③ 영유아가 놀이기구와 놀잇감을 안전하게 사용하도록 지도한다.
	④ 계절 및 날씨 관련 놀이 안전수칙을 준수한다.
	2. 교직원은 안전교육을 받고 영유아 학대예방 지침을 준수한다.
	① 교직원을 대상으로 기본적인 안전교육을 정기적으로 실시한다(영유아 학대 예방 교육 포함).
	② 교직원은 안전관리 시설 및 설비(소화기 등)의 사용법을 숙지하고 있다.
	③ 비상 시 교직원의 대처방안과 업무 분장이 체계적으로 수립되어 있고, 교직원은 자신의 역할을 숙지하고 있다.
	④ 교직원 중에 응급처치(심폐소생술) 관련 교육에 참여한 직원이 있다.
	⑤ 영유아 학대 예방 지침(체벌 금지 포함)을 준수한다(필수).
	3. 영유아, 교직원 및 시설 보험에 모두 적합하게 가입하고 있다.

출처: 보건복지부, 한국보육진흥원(2017b).

(4) 교직원

교직원은 원장의 리더십, 교직원의 근무환경, 교직원의 처우와 복지, 교직원의 전문성 제고의 4개 평가지표로 구성되어 있다. 각 평가지표는 3~4개의 평가항목으로 세분화되어 총 14개 평가항목으로 구성된다. 교직원 영역에서 우수 등급은 4개의 평가지표 중 우수 지표가 3개 이상, 적합 등급은 우수 지표가 2개 이하, 개선필요 등급은 개선필요가 1개 이상인 경우이다.

표 11-6 교직원 영역 통합지표 세부 평가항목

평가지표	평가항목
4-1. 원장의 리더십 (4)	1. 원장은 자신의 전문성 향상을 위해 노력하고 있다.
	2. 원장은 교직원을 존중하고, 교직원의 발전을 위해 지원하며, 면담을 실시한다.
	3. 원장은 정기적인 교사회의 등을 통해 교직원의 의견을 민주적으로 수렴한다.
	4. 2년 이상 근속한 교사가 전체 교사의 50% 이상이다.
4-2. 교직원의 근무환경 (3)	1. 교사실과 개인사물함을 별도로 마련하고 있다.
	2. 교사의 업무지원을 위한 자료 및 설비를 충분히 구비하고 있다.
	3. 성인용 화장실을 영유아용과 별도로 설치하고 있다.

4-3. 교직원의 처우와 복지 (3)	1. 교직원 인사와 관련하여 공정한 규정이 있으며, 이를 준수하고 있다.
	2. 교직원의 보수와 관련한 규정이 있으며, 이를 준수하고 있다.
	3. 교직원의 복지를 위해 노력하고 있다.
4-4. 교직원의 전문성 제고 (4)	1. 신규 교직원에게 업무 관련 오리엔테이션을 실시하고 있다.
	2. 교사의 전문성 제고를 위한 다양한 연수 기회를 부여하고 있다.
	3. 교사의 교수-학습방법에 대한 관찰과 지도를 실시하고 있다.
	4. 교사에 대한 근무평가를 실시하고 있다.

출처: 보건복지부, 한국보육진흥원(2017b).

부록

'나만의 어린이집 운영관리하기' 포트폴리오 사례

[부록 1] 가온누리 어린이집

–동덕여대 아동학과 15학번 김이준

[부록 2] 보물섬 어린이집

–동덕여대 아동학과 15학번 정혜윤

[부록 3] 품 어린이집

–동덕여대 아동학과 15학번 홍소영

- **'가온누리'의 의미**
  : 세상의 중심이 되어라
- **어린이집 마스코트**
  : 지구를 들고 있는 아이

세계를 이끌어가는
글로벌 리더로 성장

INDEX

01 어린이집 소개

02 평면도

03 모집 공고

04 식단표

01 어린이집 소개

- 기관 정보

직장 어린이집

보육정원

1세		2세		3세		4세	5세	총
무지개	햇님	별님	달님	구름	하늘	지구	우주	
12	12	12	12	15	15	15	15	108
1:4		1:6		1:8		1:8	1:8	

교직원

원장	보육교사	간호사	영양사	조리원	미화원	누리보조	총
1	18	1	1	3	3	3	30

02 평면도

- 전체 평면도 (1층)

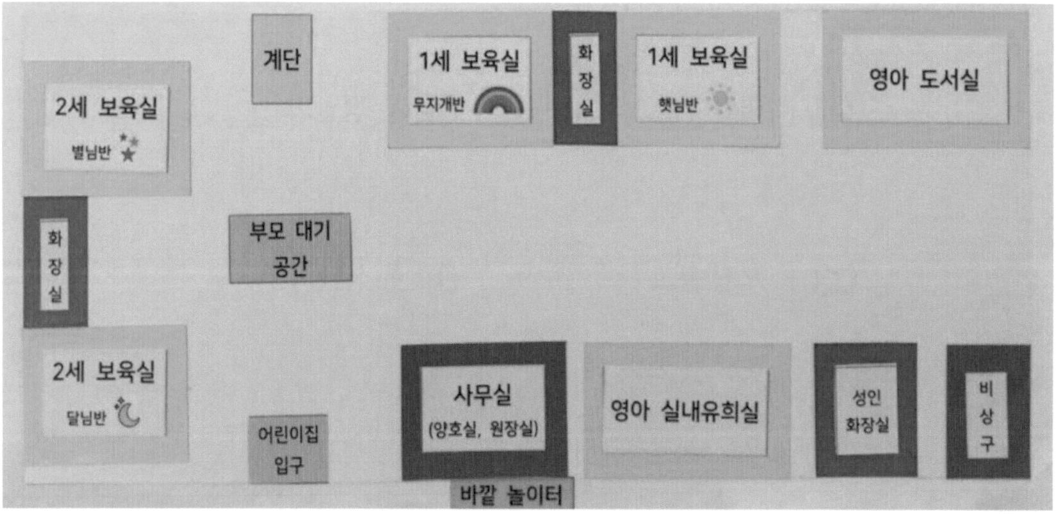

02 평면도

- 전체 평면도 (2층)

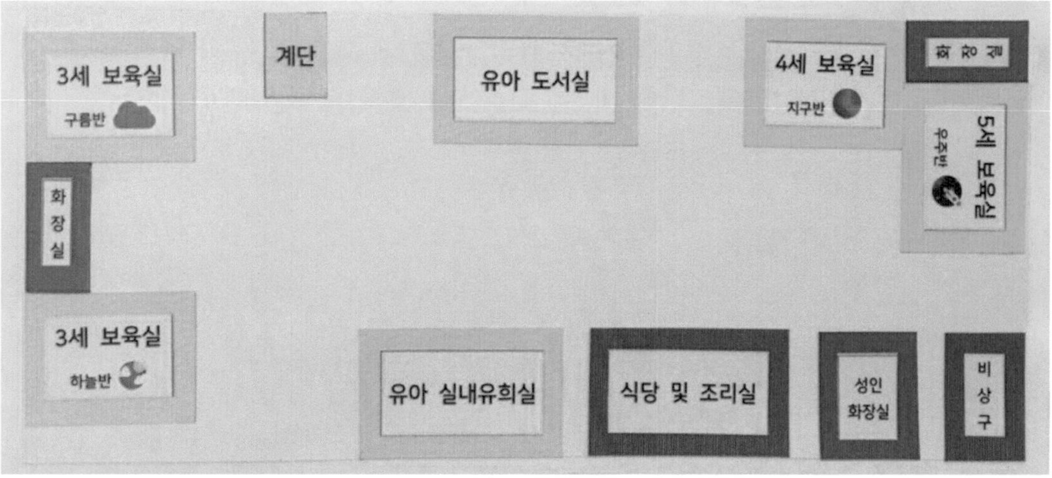

02 평면도

- 전체 평면도 (3층)

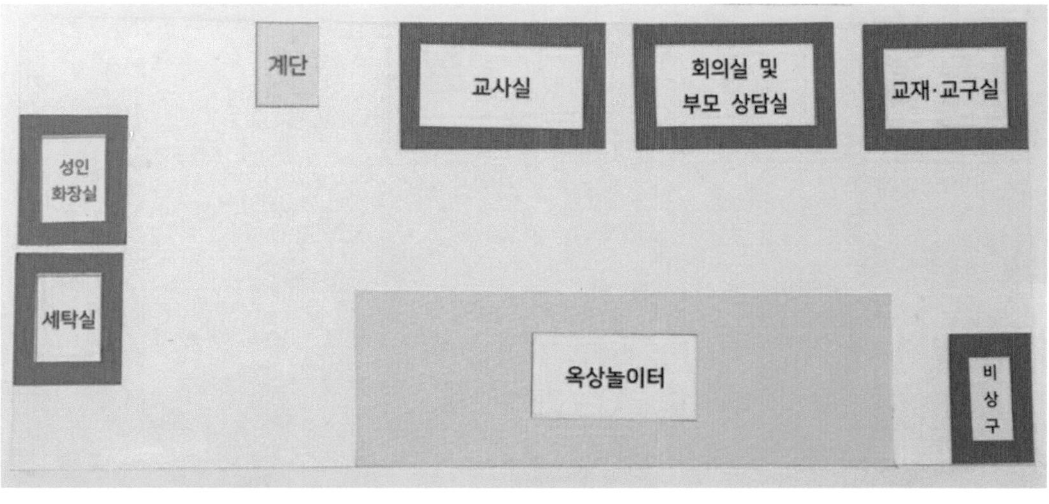

02 평면도

보육실 평면도

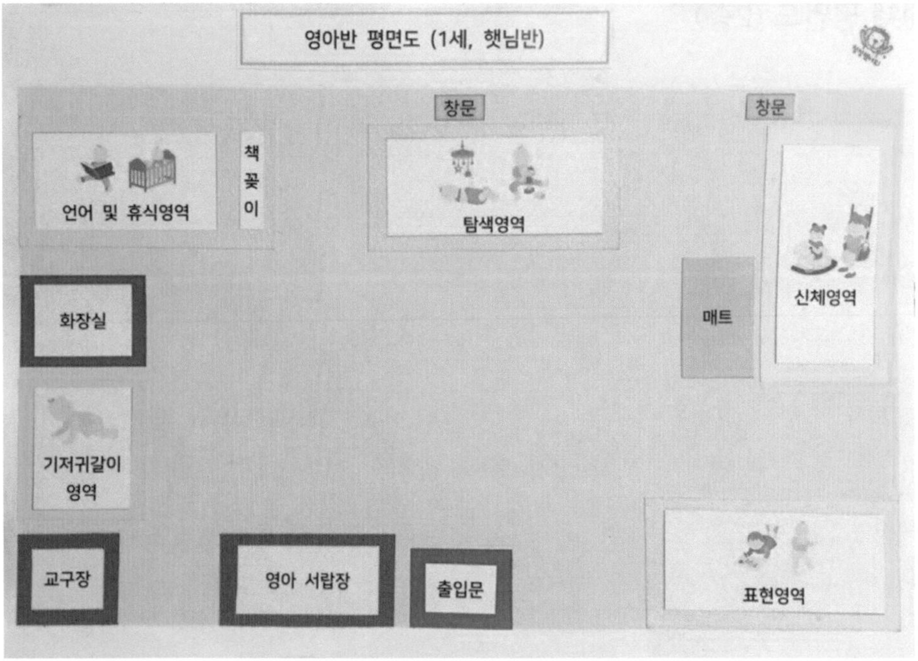

02 평면도

보육실 평면도

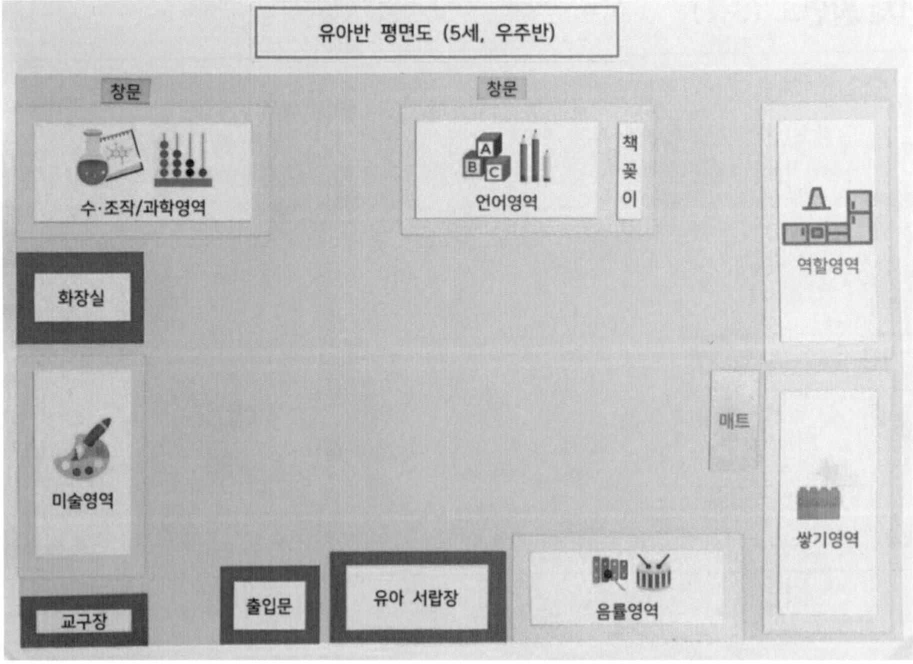

03 모집 공고

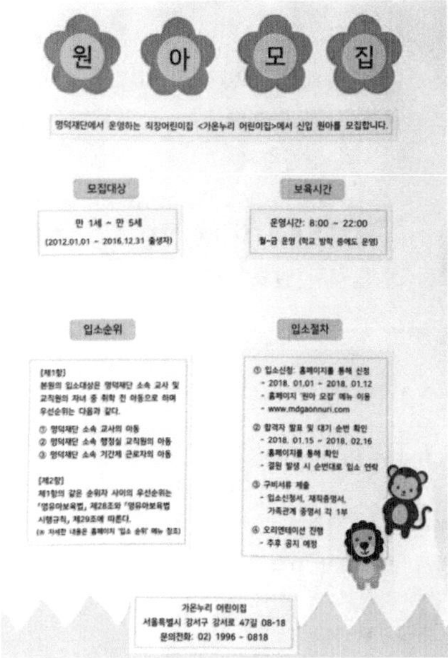

원 아 모 집

명덕재단에서 운영하는 직장어린이집 <가온누리 어린이집>에서 신입 원아를 모집합니다.

모집대상

만 1세 ~ 만 5세
(2012.01.01 ~ 2016.12.31 출생자)

보육시간

운영시간: 8:00 ~ 22:00
월~금 운영 (학교 방학 중에도 운영)

입소순위

[제1항]
본원의 입소대상은 명덕재단 소속 교사 및 교직원의 자녀 중 취학 전 아동으로 하며 우선순위는 다음과 같다.
① 명덕재단 소속 교사의 아동
② 명덕재단 소속 행정실 교직원의 아동
③ 명덕재단 소속 기간제 근로자의 아동

[제2항]
제1항의 같은 순위자 사이의 우선순위는 「영유아보육법」 제28조와 「영유아보육법 시행규칙」 제29조에 따른다.
(※ 자세한 내용은 홈페이지 '입소 순위' 메뉴 참조)

입소절차

① 입소신청: 홈페이지를 통해 신청
- 2018. 01.01 ~ 2018. 01.12
- 홈페이지 '원아 모집' 메뉴 이용
- www.mdgaonnuri.com
② 합격자 발표 및 대기 순번 확인
- 2018. 01.15 ~ 2018. 02.16
- 홈페이지를 통해 확인
- 결원 발생 시 순번대로 입소 연락
③ 구비서류 제출
- 입소신청서, 재직증명서, 가족관계 증명서 각 1부
④ 오리엔테이션 진행
- 추후 공지 예정

가온누리 어린이집
서울특별시 강서구 강서로 47길 08-18
문의전화: 02) 1996 - 0818

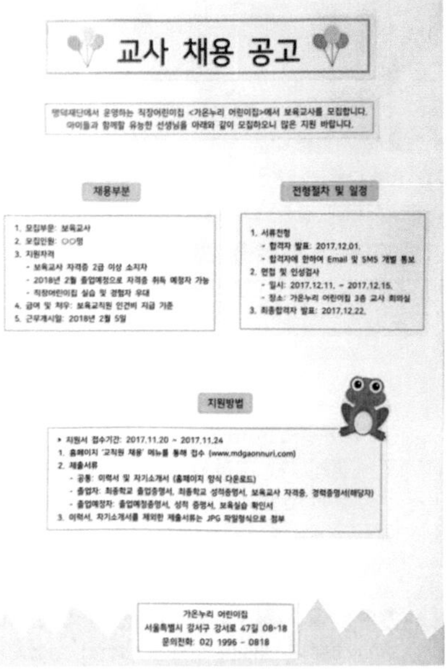

교사 채용 공고

명덕재단에서 운영하는 직장어린이집 <가온누리 어린이집>에서 보육교사를 모집합니다.
아이들과 함께할 유능한 선생님을 아래와 같이 모집하오니 많은 지원 바랍니다.

채용부분

1. 모집부문: 보육교사
2. 모집인원: ○○명
3. 지원자격
- 보육교사 자격증 2급 이상 소지자
- 2018년 2월 졸업예정으로 자격증 취득 예정자 가능
- 직장어린이집 실습 및 경험자 우대
4. 급여 및 처우: 보육교직원 인건비 지급 기준
5. 근무개시일: 2018년 2월 5일

전형절차 및 일정

1. 서류전형
- 합격자 발표: 2017.12.01.
- 합격자에 한하여 Email 및 SMS 개별 통보
2. 면접 및 인성검사
- 일시: 2017.12.11. ~ 2017.12.15.
- 장소: 가온누리 어린이집 3층 교사 회의실
3. 최종합격자 발표: 2017.12.22.

지원방법

▸ 지원서 접수기간: 2017.11.20 ~ 2017.11.24
1. 홈페이지 '교직원 채용' 메뉴를 통해 접수 (www.mdgaonnuri.com)
2. 제출서류
- 공통: 이력서 및 자기소개서 (홈페이지 양식 다운로드)
- 졸업자: 최종학교 졸업증명서, 최종학교 성적증명서, 보육교사 자격증, 경력증명서(해당자)
- 졸업예정자: 졸업예정증명서, 성적 증명서, 보육실습 확인서
3. 이력서, 자기소개서를 제외한 제출서류는 JPG 파일형식으로 첨부

가온누리 어린이집
서울특별시 강서구 강서로 47길 08-18
문의전화: 02) 1996 - 0818

원아 모집

모집대상

만 1세 ~ 만 5세
(2012.01.01 ~ 2016.12.31 출생자)

보육시간

운영시간: 7:30 ~ 22:30
월~금 운영 (학교 방학 중에도 운영)

입소순위

[제1항]
본원의 입소대상은 ○○재단 소속 교사 및 교직원의 자녀 중 취학 전 아동으로 하며 우선순위는 다음과 같다.

① ○○재단 소속 교사의 아동
② ○○재단 소속 행정실 교직원의 아동
③ ○○재단 소속 기간제 근로자의 아동

[제2항]
제1항의 같은 순위자 사이의 우선순위는 「영유아보육법」 제28조와 「영유아보육법 시행규칙」 제29조에 따른다.
(※ 자세한 내용은 홈페이지 '입소 순위' 메뉴 참조)

입소절차

① 입소신청: 홈페이지를 통해 신청
- 2018. 01.01 ~ 2018. 01.12
- 홈페이지 '원아 모집' 메뉴 이용
- www.mdgaonnuri.com

② 합격자 발표 및 대기 순번 확인
- 2018. 01.22 ~ 2018. 02.16
- 홈페이지를 통해 확인
- 결원 발생 시 순번대로 입소 연락

③ 구비서류 제출
- 입소신청서, 재직증명서, 가족관계 증명서 각 1부

④ 오리엔테이션 진행
- 추후 공지 예정

교직원 모집

채용부분

1. 모집부문: 보육교사
2. 모집인원: ○○명
3. 지원자격
   - 보육교사 자격증 2급 이상 소지자
   - 2018년 2월 졸업예정으로 자격증 취득 예정자 가능
   - 직장어린이집 실습 및 경험자 우대
4. 급여 및 처우: 보육교직원 인건비 지급 기준
5. 근무개시일: 2018년 2월 5일

전형절차 및 일정

1. 서류전형
   - 합격자 발표: 2017.12.01.
   - 합격자에 한하여 Email 및 SMS 개별 통보
2. 면접 및 인성검사
   - 일시: 2017.12.11. ~ 2017.12.15.
   - 장소: 가온누리 어린이집 3층 교사 회의실
3. 최종합격자 발표: 2017.12.22.

지원방법

▸ 지원서 접수기간: 2017.11.20 ~ 2017.11.24
1. 홈페이지 '교직원 채용' 메뉴를 통해 접수 (www.mdgaonnuri.com)
2. 제출서류
   - 공통: 이력서 및 자기소개서 (홈페이지 양식 다운로드)
   - 졸업자: 최종학교 졸업증명서, 최종학교 성적증명서, 보육교사 자격증, 경력증명서(해당자)
   - 졸업예정자: 졸업예정증명서, 성적 증명서, 보육실습 확인서
3. 이력서, 자기소개서를 제외한 제출서류는 JPG 파일형식으로 첨부

04 식단표

구분	월요일	화요일	수요일	목요일	금요일
오전간식	당근치즈죽	해물누룽지죽	조랭이떡국	달걀죽	야채참치죽
점심	백미밥	미트소스 스파게티	흑미밥	찹쌀밥	고구마밥
	미역국	양송이스프	배추된장국	닭곰탕	유부맑은국
	장조림	양상추 샐러드	고등어구이	오징어볶음	닭갈비
	야채계란찜	오이피클	도토리묵무침	다시마튀각	콩나물무침
	배추김치 (1세: 백김치)	파인애플	나박김치 (1세: 백김치)	깍두기 (1세: 백김치)	동치미
오후간식	잔치국수	멸치김치주먹밥/보리차	프렌치토스트/아가베시럽/우유	방울토마토/우유	간장떡볶이/메론
저녁	찹쌀밥	짜장밥	잡곡밥	백미밥	차조밥
	콩나물국	부추달걀국	두부된장찌개	소고기무국	만둣국
	단호박찜	감자채볶음	진미채볶음	두부조림	간장찜닭
	소불고기	단무지	시금치나물	파래무침	콘샐러드
	배추김치 (1세: 백김치)	요구르트	석박지 (1세: 백김치)	나박김치 (1세: 백김치)	열무김치 (1세: 백김치)

04 식단표

가온누리 어린이집 주간 식단표

2018년 3월 1주

구분	월요일	화요일	수요일	목요일	금요일
오전간식	당근치즈죽	해물누룽지죽	조랭이떡국	달걀죽	야채참치죽
점심	백미밥	미트소스 스파게티	흑미밥	참쌀밥	고구마밥
	미역국	양송이스프	배추된장국	닭곰탕	유부맑은국
	장조림	양상추 샐러드	고등어구이	오징어볶음	닭갈비
	야채계란찜	오이피클	도토리묵무침	다시마튀각	콩나물무침
	배추김치 (1세: 백김치)	파인애플	나박김치 (1세: 백김치)	깍두기 (1세: 백김치)	동치미
오후간식	잔치국수	멸치김치주먹밥/ 보리차	프렌치토스트/ 아가베시럽/우유	방울토마토/우유	간장떡볶이/메론
저녁	찹쌀밥	짜장밥	잡곡밥	백미밥	차조밥
	콩나물국	부추달걀국	두부된장찌개	소고기무국	만둣국
	단호박찜	감자채볶음	진미채볶음	두부조림	간장찜닭
	소불고기	단무지	시금치나물	파래무침	콘샐러드
	배추김치 (1세: 백김치)	요구르트	석박지 (1세: 백김치)	나박김치 (1세: 백김치)	열무김치 (1세: 백김치)

가온누리 어린이집
문의전화 02) 1996 - 0818

보물섬 어린이집

목차

1 어린이집 소개

2 평면도 (전체/보육실)

3 모집공고 (원아모집/교사 채용)

4 식단표

소개

- 의미: 보물같은 유아들이 모여 있는 곳
- 어린이집 종류: 민간 어린이집
- 보육 시간: 08:00~19:30
- 학급 및 원아 현황

연령	1세	2세	3세	4세	5세
아동 수	10	21	30	30	30
교사 수	2	3	2(1)	2(1)	2(1)

- 보육교사 및 종사자 조직

원장	보육교사	보건교사	영양사	조리사	미화원	누리보조	총
1	11	1	1	2	1	3	20

평면도 (건물 전체)

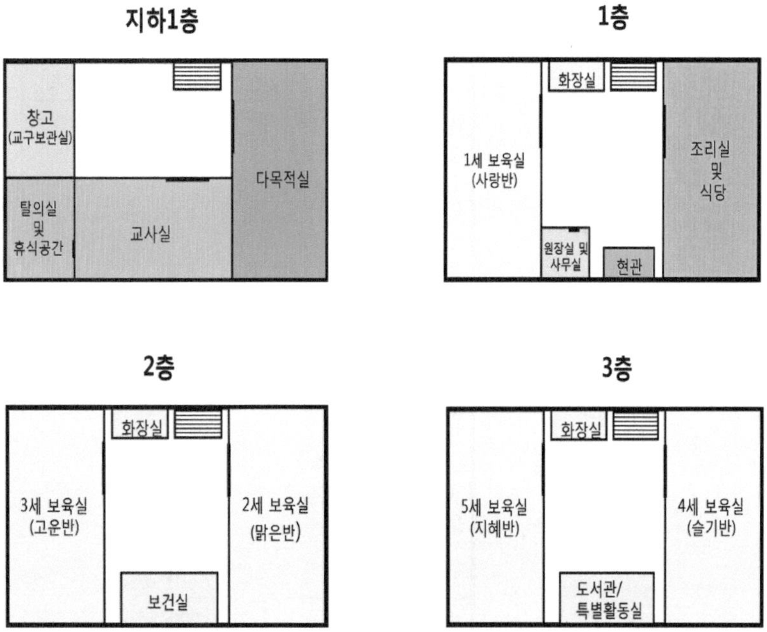

평면도
(영아 보육실)

<2세(맑은반) 보육실 배치>

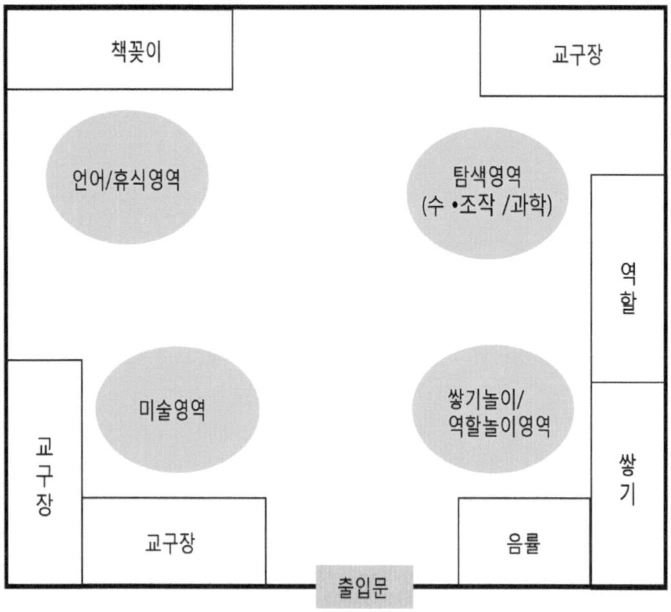

평면도
(유아 보육실)

<5세(지혜반) 보육실 배치>

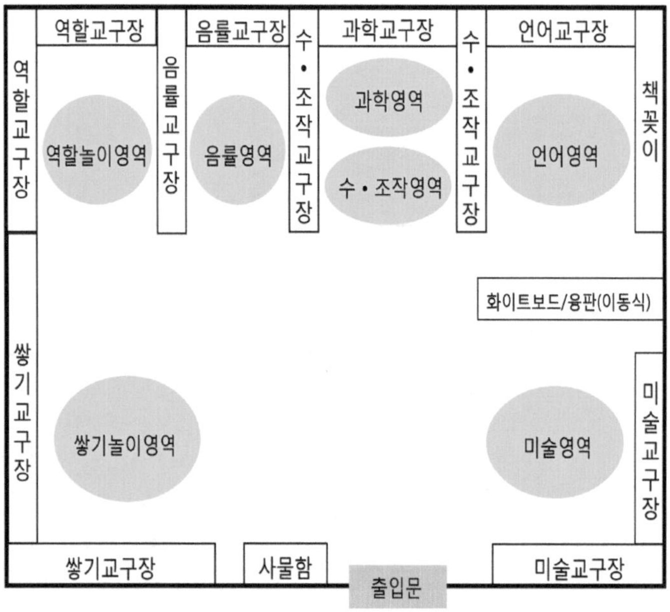

모집 공고
(원아모집)
보물섬 어린이집
원아모집
모집 대상 만 1세 ~ 만 5세
운영 시간 08:00 ~ 19:30
입소 순위 『영유아보육법』 제28조와
『영유아보육법 시행규칙』 제29조를 따름
입소 절차 ① 입소 희망 신청
-iseoul.seoul.go.kr 에서 신청
② 시스템 우선순위에 따라 개별 연락
-입소 대기 순위에 따라 선정 후 개별 연락
③ 확정 개별 통보
-제출 서류 확인 후, 확정자만 개별 통보
★ 입소 확정 시 필요한 서류
- 입학 원서 1통
- 반명함판 사진 2매
- 주민등록 등본 1통
- 입소 순위 증빙 서류
- 기타 원에서 요구하는 증빙서류
보물섬 어린이집
02) ○○○-○○○○

모집 공고
(교사 채용)
보물섬 어린이집
보육교사 채용공고
보물섬 어린이집에서 보육교사를 공개 채용합니다.
따뜻한 마음과 정직한 보육철학으로 아이들과 함께하실 사명감 있는 선생님들의 많은 지원 바랍니다.
모집 분야 보육교사 00명
지원 자격 ① 신입(2018년 2월 졸업 예정자) 및 경력 교사 지원 가능
② 아동학, 유아교육학, 보육학 및 관련학과 4년제 대학 졸업자에 한함
③ 보육교사 자격증 1,2급 소지자
전형 일정 ① 접수기간
: 2017.11.14(화) – 2017.11.21(수)
② 접수 방법
: 홈페이지(www.treasureisland.co.kr) 에서 온라인 접수
③ 서류전형 합격자 발표
: 2017.11.24 (금) 예정
전형 절차 서류 전형-면접 전형-인성검사-최종발표
주의 사항 ① 제출된 서류는 일체 반환되지 않습니다.
② 지원서 내용 중 허위사실이 있는 경우 채용이 취소 될 수 있습니다.
보물섬 어린이집
02) ○○○-○○○○

식단표

구분	월	화	수	목	금
오전 간식	바나나 우유	씨리얼 우유	삶은 감자 우유	배 우유	롤치즈 크림스프
점심	잡곡밥	기장밥	쌀밥	수수밥	잡곡밥
	깍두기	총각김치	총각김치	배추김치	깍두기
	김치찌개	갈비탕	동태국	호박 새우젓국	배추국
	돼지고기 피망볶음	두부조림	제육볶음	돼지갈비찜	돼지고기 엿장조림
	깻잎나물	양배추 된장무침	호박나물	미나리나물	연근조림
오후간식	두부강정 연한녹차	호박설기 우유	떡볶이	팬케이크 우유	탕수육

품 소개

어린이집

학급구성

학급이름	연령	정원	교사수
구름반	만 1세	10명	3명
해님반	만 2세	15명	3명
달님반	만 3세	20명	3명
별님반	만 3세	20명	3명
눈꽃반	만 4~5세	15명	2명
5개 학급	만 1세~만 5세	80명	14명

교직원 구성

	원장	교사	영양사	조리원	미화원	계
인원	1명	14명	1명	2명	1명	19명

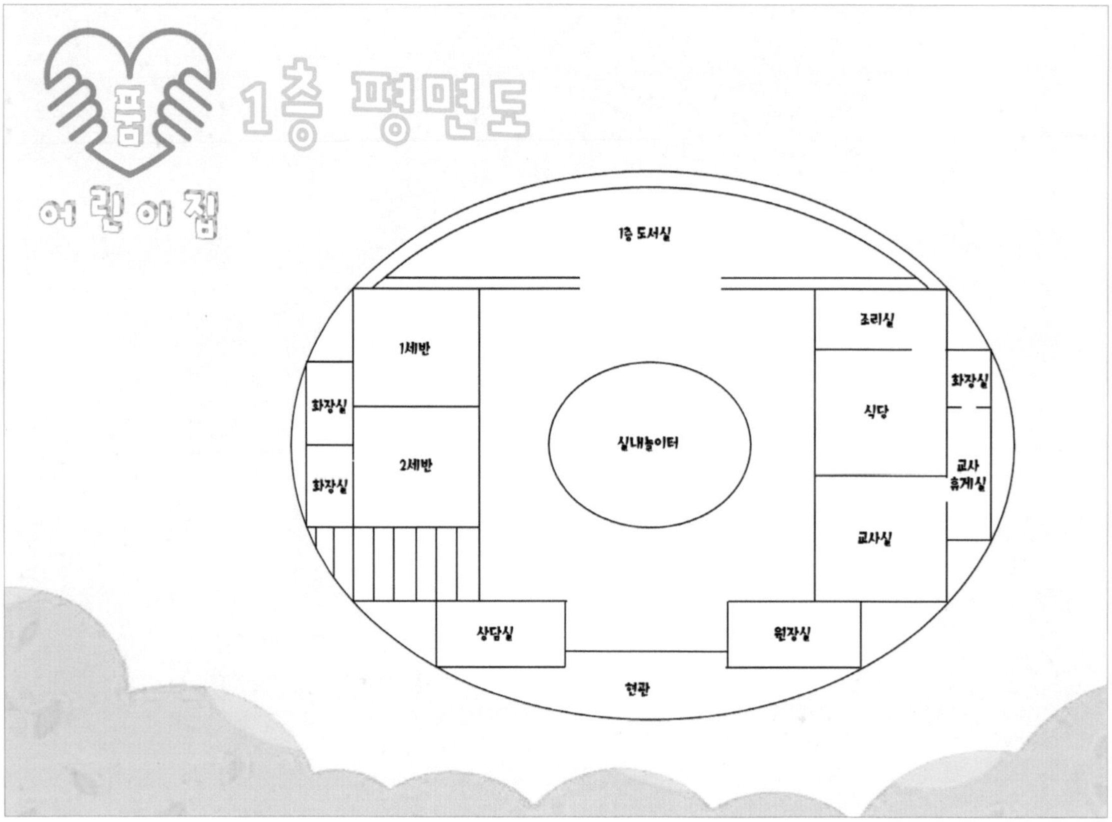
1층 평면도
품
어린이집
1층 도서실
1세반
2세반
화장실
화장실
실내놀이터
조리실
식당
화장실
교사
휴게실
교사실
상담실
원장실
현관

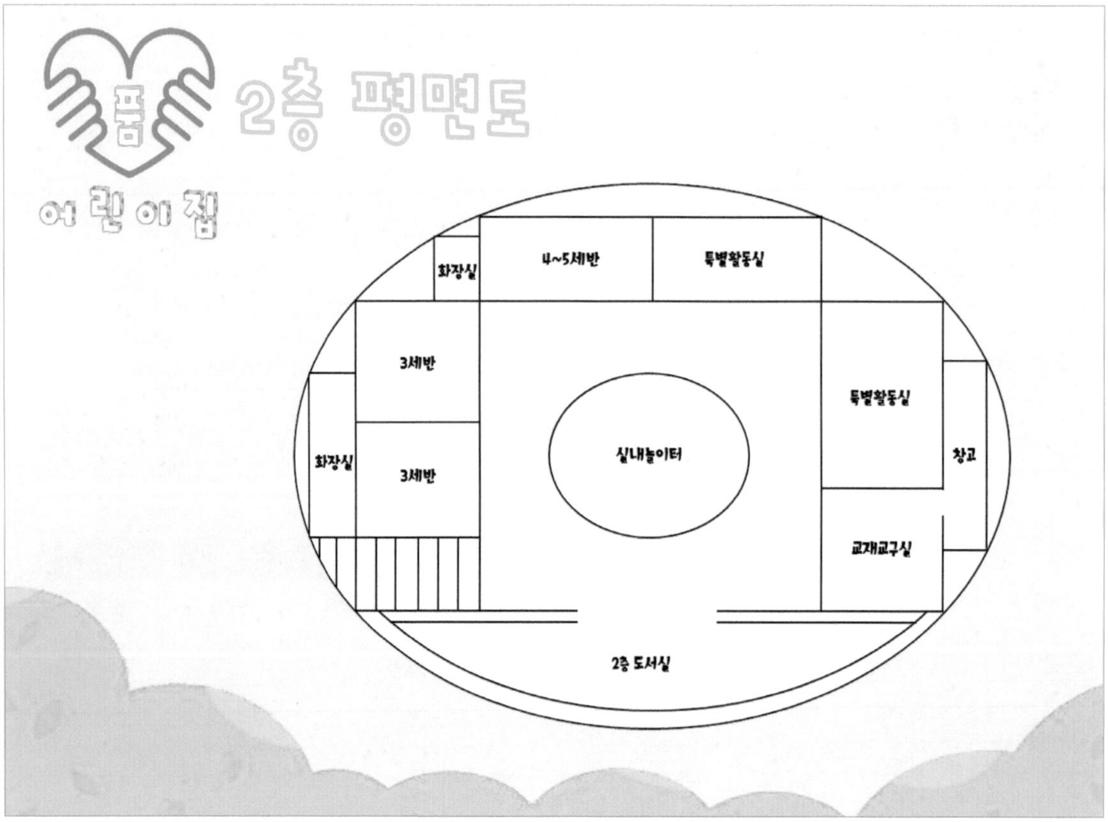
2층 평면도
품
어린이집
화장실
4~5세반
특별활동실
3세반
3세반
화장실
실내놀이터
특별활동실
창고
교재교구실
2층 도서실

영아반 영역 배치도
품
어린이집
매트리스
감각 및 탐색 영역
개인 사물함
휴식 및 언어 영역
신체 영역
출입구
미술 영역
역할 및 쌓기 영역
화장실
음률 영역

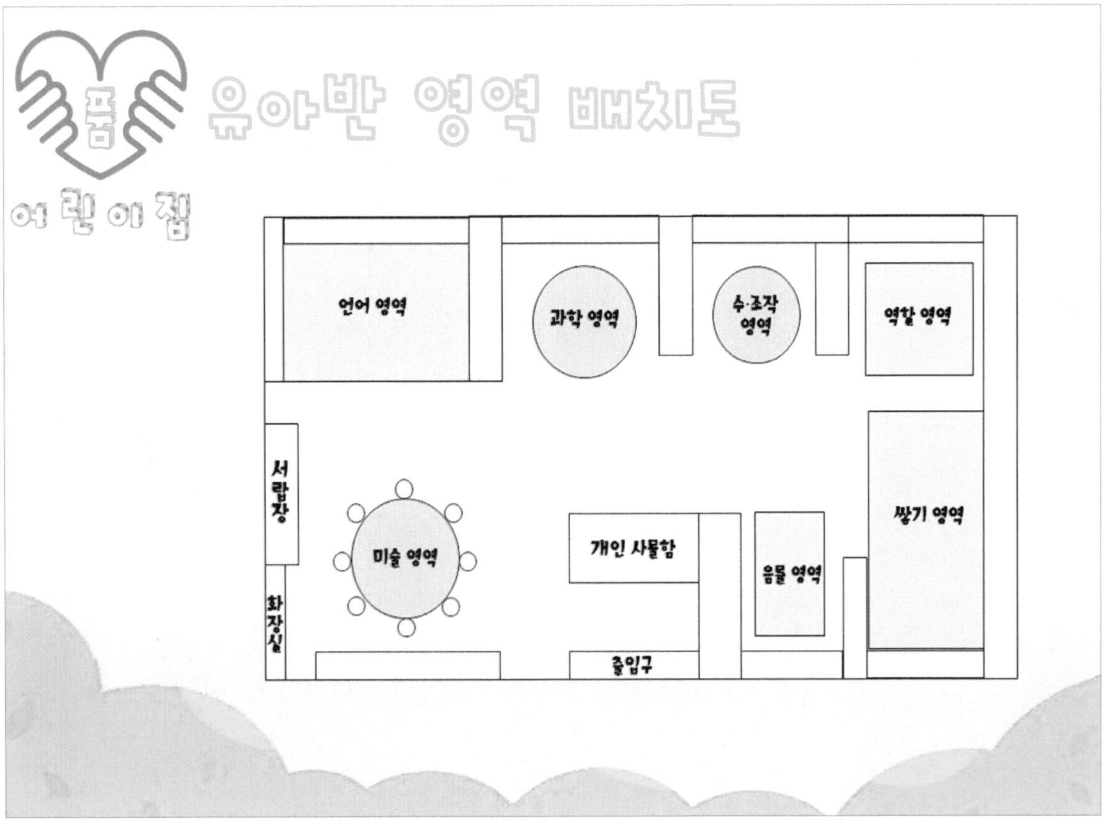
유아반 영역 배치도
품
어린이집
언어 영역
과학 영역
수·조작 영역
역할 영역
서랍장
쌓기 영역
미술 영역
개인 사물함
음률 영역
화장실
출입구

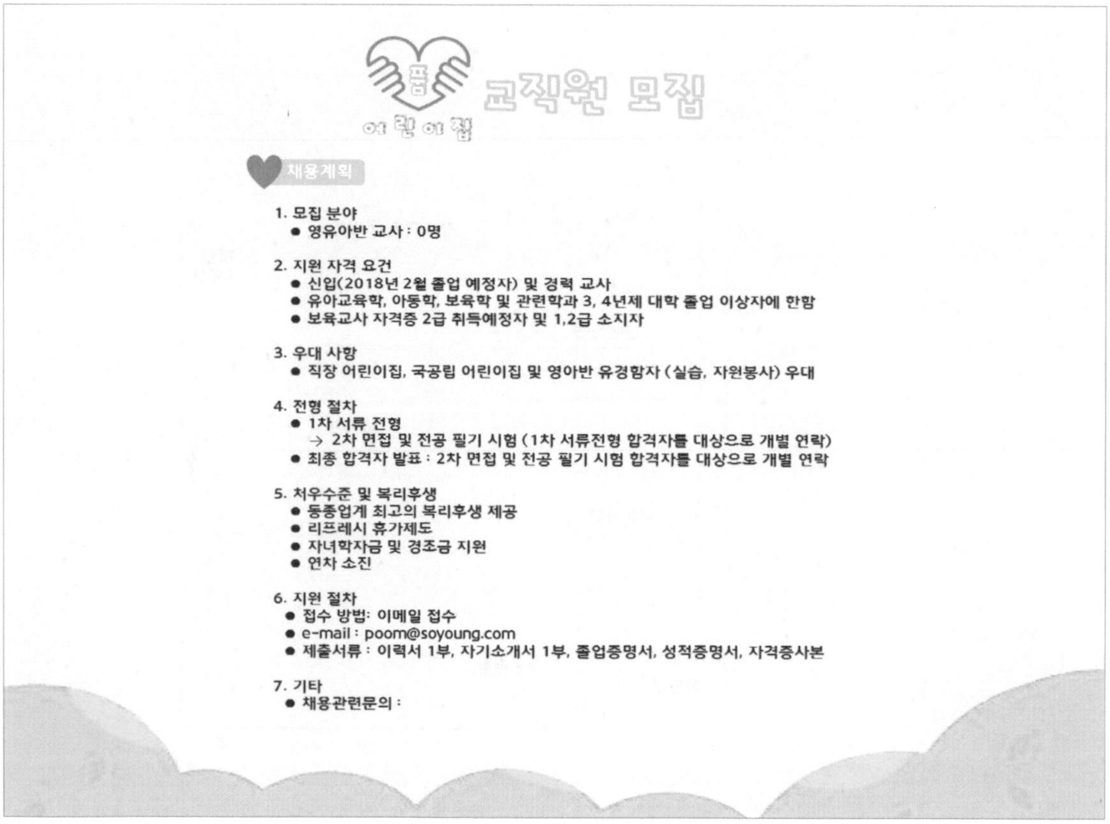

품 어린이집 교직원 모집

채용계획

1. 모집 분야
   - 영유아반 교사 : 0명

2. 지원 자격 요건
   - 신입(2018년 2월 졸업 예정자) 및 경력 교사
   - 유아교육학, 아동학, 보육학 및 관련학과 3, 4년제 대학 졸업 이상자에 한함
   - 보육교사 자격증 2급 취득예정자 및 1,2급 소지자

3. 우대 사항
   - 직장 어린이집, 국공립 어린이집 및 영아반 유경험자 (실습, 자원봉사) 우대

4. 전형 절차
   - 1차 서류 전형
     → 2차 면접 및 전공 필기 시험 (1차 서류전형 합격자를 대상으로 개별 연락)
   - 최종 합격자 발표 : 2차 면접 및 전공 필기 시험 합격자를 대상으로 개별 연락

5. 처우수준 및 복리후생
   - 동종업계 최고의 복리후생 제공
   - 리프레시 휴가제도
   - 자녀학자금 및 경조금 지원
   - 연차 소진

6. 지원 절차
   - 접수 방법: 이메일 접수
   - e-mail : poom@soyoung.com
   - 제출서류 : 이력서 1부, 자기소개서 1부, 졸업증명서, 성적증명서, 자격증사본

7. 기타
   - 채용관련문의 :

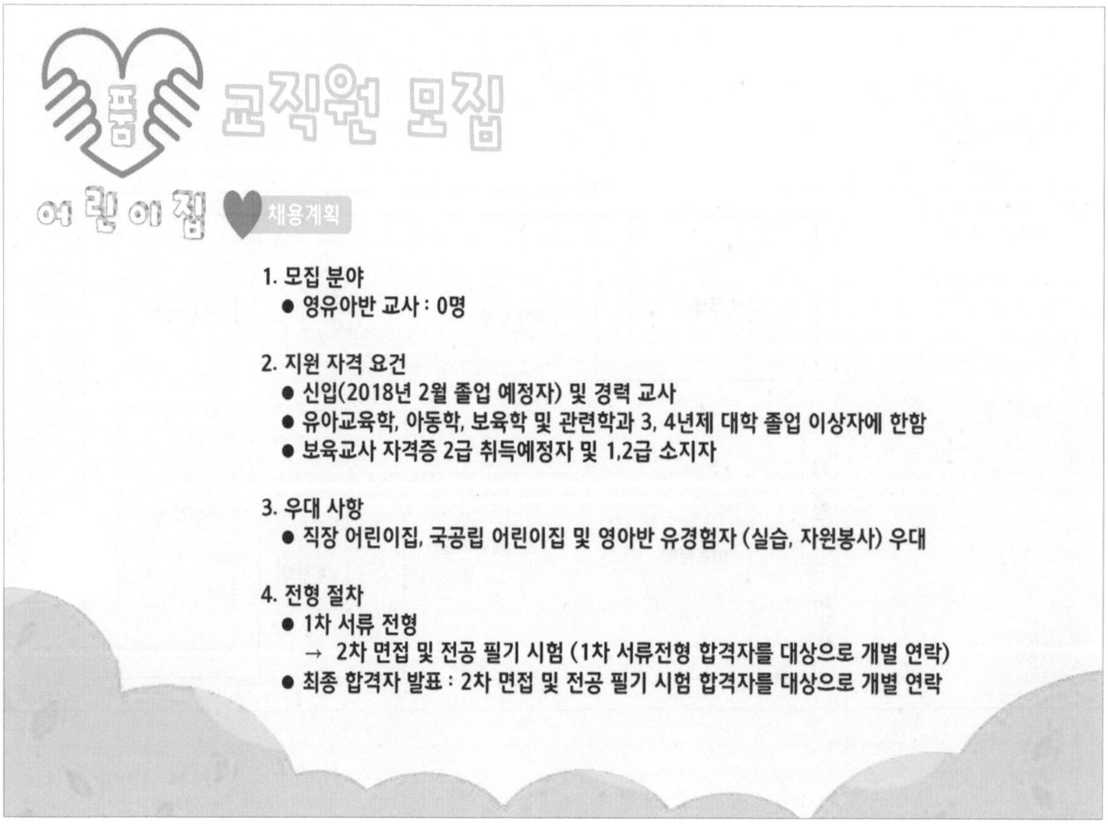

품 교직원 모집

어린이집 채용계획

1. 모집 분야
   - 영유아반 교사 : 0명

2. 지원 자격 요건
   - 신입(2018년 2월 졸업 예정자) 및 경력 교사
   - 유아교육학, 아동학, 보육학 및 관련학과 3, 4년제 대학 졸업 이상자에 한함
   - 보육교사 자격증 2급 취득예정자 및 1,2급 소지자

3. 우대 사항
   - 직장 어린이집, 국공립 어린이집 및 영아반 유경험자 (실습, 자원봉사) 우대

4. 전형 절차
   - 1차 서류 전형
     → 2차 면접 및 전공 필기 시험 (1차 서류전형 합격자를 대상으로 개별 연락)
   - 최종 합격자 발표 : 2차 면접 및 전공 필기 시험 합격자를 대상으로 개별 연락

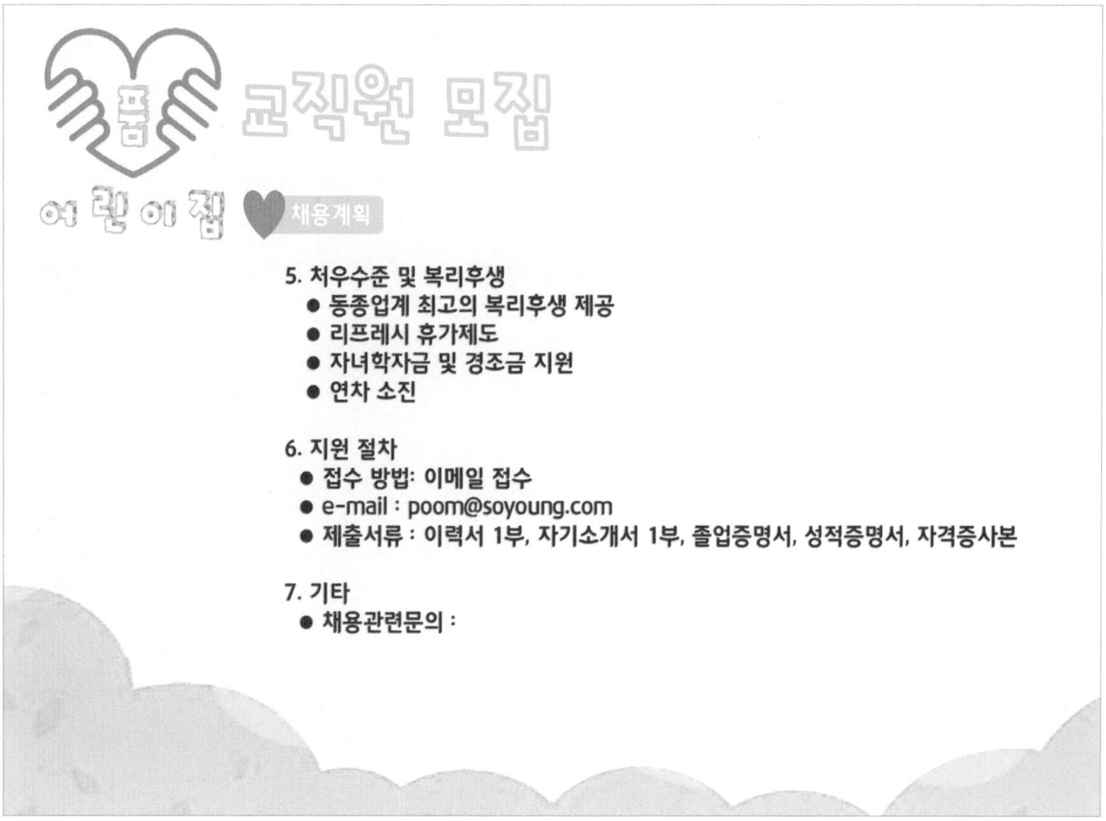
품
교직원 모집
어린이집
채용계획
5. 처우수준 및 복리후생
● 동종업계 최고의 복리후생 제공
● 리프레시 휴가제도
● 자녀학자금 및 경조금 지원
● 연차 소진
6. 지원 절차
● 접수 방법: 이메일 접수
● e-mail : poom@soyoung.com
● 제출서류 : 이력서 1부, 자기소개서 1부, 졸업증명서, 성적증명서, 자격증사본
7. 기타
● 채용관련문의 :

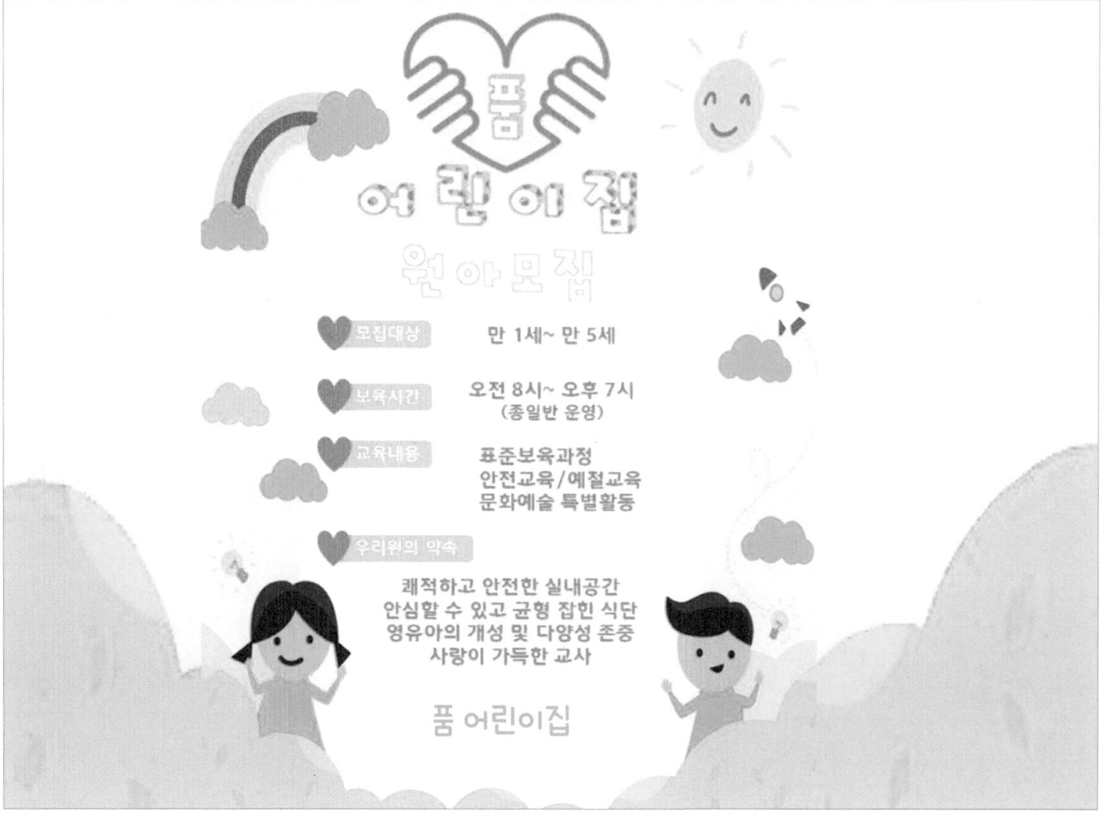
품
어린이집
원아모집
모집대상
만 1세~ 만 5세
보육시간
오전 8시~ 오후 7시
(종일반 운영)
교육내용
표준보육과정
안전교육/예절교육
문화예술 특별활동
우리원의 약속
쾌적하고 안전한 실내공간
안심할 수 있고 균형 잡힌 식단
영유아의 개성 및 다양성 존중
사랑이 가득한 교사
품 어린이집

참고문헌

근로복지공단(2017). 직장어린이집 운영관리.

김경희, 문혁준, 김선영, 김신영, 김지은, 김혜금, 서소정, 안선희, 안효진, 이희경, 정선아, 황혜원(2016). 보육학 개론(4판). 서울: 창지사.

문혁준, 김정희, 김혜연, 서기남, 이성복, 정다운(2015). 어린이집 운영관리. 서울: 창지사.

박찬옥, 전경화, 조희순, 이순이, 이완희, 유경숙, 김성혜, 안은정(2016). 영유아교육기관 운영관리. 경기: 정민사.

박혜경, 최윤영(2002). 어린이집의 시설 및 설비에 관한 연구. 생활과학연구, 7(1), 254-275.

보건복지부(2013a). 4세 누리과정에 기초한 어린이집 프로그램 ①.

보건복지부(2013b). 5세 누리과정에 기초한 어린이집 프로그램 ①.

보건복지부(2013c). 어린이집 표준보육과정에 기초한 영아프로그램 1세 ①.

보건복지부(2014). 어린이집 평가인증 안내: 40인 이상 어린이집.

보건복지부(2016). 2016년도 보육사업안내.

보건복지부(2017). 2017년도 보육사업안내.

보건복지부, 교육과학기술부(2013). 3-5세 연령별 누리과정 해설서.

보건복지부, 육아정책연구소(2013). 3차 어린이집 표준보육과정 해설서.

보건복지부, 한국보육진흥원(2017a). 보육제도 주요사항 안내.

보건복지부, 한국보육진흥원(2017b). 3차 어린이집 평가인증 설명회 자료집.

서울특별시, 서울시 육아종합지원센터(2016). 서울시 어린이집 업무매뉴얼.

성미영, 민미희, 정현심(2013). 아동안전관리. 서울: 학지사.

식품의약품안전처, 어린이급식관리지원센터(2013). 영유아 단체급식 가이드라인 1인 1회 적정 배식량.

신유림, 문혁준, 나종혜, 박진옥, 서소정, 신혜영, 신혜원, 유경애, 이미란, 조혜정, 김선영, 김숙이(2013). 놀이지도. 서울: 창지사.

신화식, 이영미, 윤길근, 이희경, 김지영, 진성애, 심윤희, 김민선(2014). 유아교육기관 운영관리. 경기: 양서원.

여성가족부(2007). 보육프로그램 총론. 서울: 육아정책개발센터.

이경희, 정정옥(2014). 영유아교육기관 운영관리. 서울: 학지사.

이기숙, 김순환, 조혜진(2014). 유아교육기관 운영관리. 경기: 양서원.

이순형 외(2013). 보육학개론(4판). 서울: 학지사.

이순형, 성미영, 이성옥, 권혜진, 김미정, 권기남, 소은주, 임송미(2000). 보육교사 보수교육. 서울: 보건복지부.

이순형, 이성옥, 권기남, 김지현, 김진욱, 김정민, 민미희, 정현심, 김유미, 임여정, 김민경(2012). 어린이집 운영관리. 경기: 양서원.

이순형, 이혜승, 이성옥, 황혜신, 이완정, 이소은, 권혜진, 이영미, 정윤주, 한유진, 성미영(2013). 보육학개론(제4판). 서울: 학지사.

이영자, 신동주(2012). 유아교육기관 운영관리(개정판). 서울: 창지사.

정옥분, 권민균, 김경은, 김미진, 노성향, 박연정, 손화희, 엄세진, 윤정진, 이경희, 임정하, 정순화, 정현희, 최형성, 황현주(2016). 보육학개론(3판). 서울: 학지사.

중앙육아종합지원센터(2016). 2016 어린이집설치운영길라잡이.

Decker, C. A., & Decker, J. R. (2001). *Planning and administering early childhood programs* (6th ed.). Upper Saddle River, NJ: Prentice Hall.

Deiner, P. L. (2009). *Infants & toddlers: Development and curriculum planning* (2nd ed.). Clifton Park, NY: Delmar Cengage Learning.

Frost, J. L., & Kissinger, J. B. (1976). *The young child and the educative process*. New York: Holt, Rinehart and Winston.

Marilyn, A. R. (2007). Sense of place in child care environments. *Early Childhood Education Journal, 34*(6), 382-392.

Morrison, G. S. (2008). *Early childhood education today* (11th ed.). Upper Saddle River, NJ: Pearson Education, Inc.

NAEYC (1973). *Ideas for learning environment*. Washington, DC: National Association for the Education of Young Children.

Taylor, B. J. (2002). *Early childhood program management* (4th ed.). NJ: Merrill Prentice-Hall.

국가법령정보센터 http://www.law.go.kr
서울시 육아종합지원센터 http://seoul.childcare.go.kr
서울시 육아종합지원센터 녹색장난감도서관 https://seoultoy.or.kr
세이프키즈코리아 http://www.safekids.or.kr
어린이급식관리지원센터 http://cctsm.foodnara.go.kr
어린이집 정보공개포털 http://info.childcare.go.kr
예방접종도우미 http://nip.cdc.go.kr
중앙육아종합지원센터 http://central.childcare.go.kr

찾아보기

저자 소개

성미영(Sung Miyoung)

서울대학교 대학원 아동학박사

서울법원어린이집 원장

서경대학교 아동학과 교수

현 동덕여자대학교 아동학과 교수

정현심(Jung Hyunsim)

서울대학교 대학원 아동학박사

SK하이닉스어린이집 원장

서울대학교 어린이보육지원센터 백학어린이집 원장

현 한국방송통신대학교 생활과학과 교수

이세라피나(Lee Seraphina)

중앙대학교 대학원 사회복지학과 아동복지전공 박사과정 수료

고양시 보육정보센터 센터장

SK텔레콤푸르니어린이집 원장

GS리테일푸르니어린이집 원장

현 LG서울역어린이집 원장

영유아교육기관 운영관리

-질 높은 어린이집 운영관리 포트폴리오 작성하기-

Management of Child Care Center

2017년 12월 30일 1판 1쇄 발행
2022년 2월 10일 1판 2쇄 발행

지은이 • 성미영 · 정현심 · 이세라피나
펴낸이 • 김 진 환
펴낸곳 • (주) 학지사
04031 서울특별시 마포구 양화로 15길 20 마인드월드빌딩 5층
대표전화 • 02) 330-5114 팩스 • 02) 324-2345
등록번호 • 제313-2006-000265호
홈페이지 • http://www.hakjisa.co.kr
페이스북 • https://www.facebook.com/hakjisabook

ISBN 978-89-997-1458-0 93370

정가 20,000원